作者简介

李世辉　2012年博士毕业于南开大学，专业为国外马克思主义研究。现为哈尔滨工程大学马克思主义学院副教授、硕士研究生导师，中央编译局博士后科研工作站在站，中国社会科学院世界社会主义研究中心特邀研究员，牡丹江师范学院特聘教授。主要从事前苏联地区马克思主义信仰现状、俄罗斯爱国主义教育、苏联腐败与反腐败历史研究。

李世辉 ◎ 著

俄罗斯联邦共产党的
社会主义思想研究

人民日报学术文库

人民日报出版社

图书在版编目（CIP）数据

俄罗斯联邦共产党的社会主义思想研究 / 李世辉著.
—北京：人民日报出版社，2016.7
ISBN 978-7-5115-4057-7

Ⅰ.①俄… Ⅱ.①李… Ⅲ.①俄国共产党（布尔什维克）—社会主义—政治思想史—研究 Ⅳ.①D351.23
②D095.12

中国版本图书馆 CIP 数据核字（2016）第 160788 号

书　　　名：俄罗斯联邦共产党的社会主义思想研究
著　　　者：李世辉

出　版　人：董　伟
责任编辑：袁兆英
封面设计：中联学林

出版发行：人民日报出版社
社　　　址：北京金台西路 2 号
邮政编码：100733
发行热线：(010) 65369527　65369846　65369509　65369510
邮购热线：(010) 65369530　65363527
编辑热线：(010) 65363105
网　　　址：www.peopledailypress.com
经　　　销：新华书店
印　　　刷：北京欣睿虹彩印刷有限公司

开　　　本：710mm×1000mm　1/16
字　　　数：221 千字
印　　　张：14
印　　　次：2016 年 8 月第 1 版　　2016 年 8 月第 1 次印刷
书　　　号：ISBN 978-7-5115-4057-7
定　　　价：68.00 元

序

  李世辉在其博士毕业论文基础上经过修改、补充和完善，将出版学术生涯中第一部专著《俄罗斯联邦共产党的社会主义思想研究》。书稿即将付印之际，他请我作序以向学界推荐。在此，我就本书谈一些个人观点，以飨读者。

一

  我所主持的南开大学国外马克思主义研究二级学科，自2006年成立以来，一直将独联体中东欧原来的社会主义国家古巴等现存的社会主义国家的共产党和左翼力量作为主要的研究对象。我的博士、硕士研究生运用第一手外文资料陆续完成了一系列研究：以西班牙语资料研究了古巴共产党；以德语资料研究了德国左翼政党；以俄语资料研究了俄罗斯联邦共产党、乌克兰共产党、白俄罗斯共产党、哈萨克斯坦共产党、摩尔多瓦共产党人党和俄罗斯新马克思主义学派；以英文资料研究了波兰、捷克、匈牙利等国左翼政党及其社会主张；以日语资料研究了日本共产党等。

  世辉是我的国外马克思主义研究专业首届硕士和博士研究生，可谓"开门弟子"，也是我执教近四十年来唯一一位在我指导下连续攻读硕士和博士学位的学生。双重开门弟子的身份、掌握俄语的教育背景、南开园连续求学五年的时间等因素，使我得以对世辉进行系统培养，对他的学术道路有一个长远规划。出身于马克思主义理论与思想政治教育专业的世辉，若终生以俄语为主要科研工具，捷足先登的理应是卓越的俄语水平。除了他本人日夜兼程的努力之外，我还请南开大学外国语学院俄语专家米锦芙老师定期对他进行一对一的辅导。

世辉的硕士毕业文为《苏联解体以后乌克兰共产党的发展研究》，是完全依靠第一手外文资料完成的。困难的是乌克兰的官方语言为乌克兰语，他查找到的大量资料为乌克兰语的，正是依靠将近两年的初步外语阅读翻译技巧的训练，他成功地将资料从乌克兰文转译为俄文再译为中文，最终完成了毕业论文的撰写。

辛勤的付出得到了回报，毕业论文答辩时，他的论文得到老师们的一致好评，后来被评为2009年南开大学优秀硕士毕业论文一等奖。上述学术经历，为其后来撰写博士毕业论文奠定了基础。

二

2009年9月博士入学以后，世辉的成长出现了跨越的态势。一方面滚动进行对乌克兰共产党和左翼力量的研究，发表了论文《乌克兰青年中的马克思主义信仰》。一位青年学者，首篇论文就发表在《马克思主义研究》杂志上，是很令人欣喜的起点。另一方面拓展视野全面了解前苏联地区的共产党和左翼力量。前苏联地区较有影响的共产党主要有俄罗斯联邦共产党、乌克兰共产党、摩尔多瓦共产党人党、白俄罗斯共产党。俄罗斯联邦共产党是前苏联地区最大的共产主义政党，长期位居俄罗斯国家杜马第二大政党的地位。俄罗斯是我国最大的邻国，是我们的全面战略协作伙伴。俄罗斯是世界上第一个社会主义国家，目前正处于从中央计划经济向市场经济转轨之中，对俄罗斯的深入研究无论如何都是十分必要的，既具有典型价值，又具有借鉴意义。世辉决定将俄罗斯联邦共产党作为自己博士毕业论文的研究对象。

博士三年不懈地努力，不仅仅是日复一日的早起晚睡，特别是临近毕业的一年，世辉寒暑假都没有回家，最终顺利地完成了自己的博士毕业论文《俄罗斯联邦共产党的理论观点研究》。博士毕业答辩时被誉为优秀论文。博士毕业转年，获得了国家社科基金青年项目《前苏联地区青年中的马克思主义理想信仰问题研究》。

三

世辉在其博士毕业论文基础上即将出版的这本专著《俄罗斯联邦共产党的社会主义思想研究》具有三方面特点，可以概括为"三新"。

一是资料新。我所说的资料新,主要是指托举世辉博士论文的是大量第一手俄文资料。我对我的博士、硕士研究生有一个共同的要求,既然研究外国问题,主要应当依靠第一手外文资料进行。国内现有的译文资料、研究成果可以参考,但绝不可以照样搬来完全依附。几十年研究外国问题的经历使我深深体会到,外语专业人士的译文大多虽言辞规范,但专业涵义把握有可能不够准确严谨,以讹传讹的情况也时有发生。与英语不同俄语为专业人士中的小众所掌握,信手拈来的现成资料较为鲜见,即使遇到往往是相当严重的老化。所以,我们形成了亲自搜集、翻译、整理、提炼第一手外文资料从事学术研究,并对于所关注的问题不断跟踪最前沿学术动向的习惯和传统。这种研究方式在世辉那里得到了传承和发扬。当年世辉在博士论文撰写中运用的是当时最新的俄文资料,而今出版的专著又援引和补充了新近的资料。

二是角度新。据我们调查,当前已经出版的关于俄罗斯联邦共产党的专著仅有一部,已经公开发表的论文百余篇。上述研究成果侧重关注俄罗斯联邦共产党的发展历程、实践活动、机遇与挑战的分析,有关该党的理论主张则散见于对现实经济、政治、社会等问题的阐释之中。世辉的这部专著是在充分研读国内已有研究成果的基础之上,以俄罗斯联邦共产党的社会主义思想为主线撰写完成的。将俄罗斯联邦共产党关于社会主义的思想提炼为一条主线串联着三大问题,即反思苏联社会主义,批判现实资本主义,展望未来社会主义,从整体上呈现俄罗斯联邦共产党对社会主义的思考、理解和愿景。

三是观点新。一本好的研究外国问题的专著,既要依据大量的外文资料对所要研究的问题进行一番全面、客观、科学的梳理、归纳和总结,更要在此基础上发现、提出一些创新性的观点引发读者的思考。有些观点会得到学界的认可,有些观点可能引发学界的争议和商榷,有些观点需要等待时间的检验。我认为在世辉的这本专著中提出了一些很有意义的新观点,比如说,对于现行社会主义国家的共产党而言,一个需要不断思考、研究的重要理论问题是"什么是社会主义,怎样建设社会主义"。那么对于现在尚未取得执政地位的共产主义政党而言,他们需要认真思考研究的首要理论问题是什么呢?世辉在其专著中提到,这就是"什么是社会主义,怎样建立社会主义"。将"建立"和"建设"区别开来,有助于深化对社会主义理论问题的认识。再比如,世辉在其专著结束语部分提出了这样的一个观点,即今后我们需要打破一个误区,勿要一提苏联、苏共就想到的是剧变和垮台,对这个国家、这个党要有一个全面、客观和历史的分析,苏联、苏共的教训我们必须认真总结、引以为戒,但苏联、苏共的一些成绩,一些好的做法、想法,也是值得我们认真思考和研究的。我认为,这是一种十分辩证的观点,值得赞同。

当然,任何一本著作都是既有优点、特点,也有缺点和不足的。世辉的专著也有一些需要提高、改进、完善的内容。比如有些内容厚重感欠缺,有些内容理论发掘尚浅等等。不足是前进的动力。希望,在今后的学术征途上,世辉锲而不舍、加倍努力,用自己的辛勤耕耘取得一个又一个成绩。

是为序。

丁 军

2016 年 6 月 20 日于天津南开园

目 录
CONTENTS

导　论

20世纪90年代初期,共产党在苏联失去执政地位,世界上第一个社会主义国家轰然倒下。在俄罗斯反社会主义力量掌控了政权,国家退回到资本主义发展道路。然而,社会主义事业在俄罗斯并没有就此销声匿迹。以俄罗斯联邦共产党代表的共产主义力量,在逆境中重建、发展和壮大,在马克思列宁主义指导下,继续为伟大的社会主义事业进行艰苦而有力的斗争。在苏联解体的20多年里,作为苏共的最大继承者,以继承苏共的事业为己任,与反社会主义势力和资本主义制度进行了不屈不挠的斗争,彰显了自己在国家政治舞台上不可忽视的重要地位。① 今天我们研究该党的一些理论观点具有重要意义。

一、选题意义

(一)有助于坚定马克思主义信仰

苏联解体苏共垮台使国际共产主义运动陷入空前低潮,但是低潮并不意味着失败。正如邓小平在1992年断然指出:"我坚信,世界上赞成马克思主义的人会多起来,因为马克思主义是科学。"②"不要惊慌失措,不要认为马克思主义就消失了,没有用了,失败了。哪有这回事!"③事实正是如此。苏联解体,未能阻挡住前苏联地区各国人民对马克思主义的信仰。当前,在这片苏联故土上,社会主义作

---

① 丁军,王承就,等. 转型中的俄罗斯、乌克兰和白俄罗斯[M]. 北京:世界知识出版社,2010:67
② 邓小平文选(第3卷)[M]. 北京:人民出版社,1993:382
③ 邓小平文选(第3卷)[M]. 北京:人民出版社,1993:383

为一种学说、一种思潮,尤其是一种社会运动依然存在。仅以共产党组织为例,苏联解体以后的几年中,苏联各加盟共和国的共产党组织相继恢复重建,并于1993年3月结成前苏地区共产党组织联盟"共产党联盟—苏联共产党"(俄文全称:Союз коммунистических партий—Коммунистическая партия Советского Союза,俄文缩写:СКП—КПСС),宣布自己是苏共的继承者。当前"共产党联盟—苏联共产党"包括苏联各加盟共和国的17个共产党组织。其中俄罗斯联邦共产党是该共产党国际组织的发起者、主创者和领军者。俄罗斯联邦共产党中央委员会主席根季纳·久加诺夫(Геннадий Зюганов)①自2001年起,担任该共产党际组织的领袖。通过对俄罗斯联邦共产党的研究可以窥见前苏地区马克思主义信仰现状之一斑。

(二)有助于深入研究苏联解体苏共垮台的原因

我党成立伊始便高度重视以世界视域和比较眼光研究世界社会主义问题,为我国的社会主义革命、建设和发展服务。苏联解体苏共垮台使世界社会主义运动遭受重大挫折。这一客观形势为我国的世界社会主义研究提出了一系列亟待解决的重大课题,总结苏联解体苏共垮台的经验和教训、跟踪国外社会主义发展、研究世界资本主义的新变化成为新时期研究的重点。研究苏联故土上社会主义运动的现状,无疑是我国世界社会主义研究中的重要领域,具有极其重要的历史和现实意义。在这里建立了世界上第一个社会主义国家——苏联。世界上第一个人民当家做主的社会主义国家,在布尔什维克党的领导下诞生了。科学社会主义第一次由理论变成实践。对苏联故土上、苏共最大继承者的研究,我们非常值得关注的是其对苏联社会主义的反思。每年中共中央外联部、中央编译局、中国社会科学院都会与俄罗斯联邦共产党举行各种形式的交流活动,其主要议题是听取该党对苏联解体苏共垮台原因的反思和研究进展。比如,2011年4月,由中国社会科学院、北京大学、《当代世界》杂志社等12家单位联合承办了"中国社会科学论坛——苏联解体20周年国际学术研讨会"。在前苏地区各国共产党组织中,仅邀请了俄罗斯联邦共产党代表,代表人为该党中央委员会意识形态书记德米特里·诺维科夫(Дмитрий Новиков)。

---

① 根季纳·久加诺夫(1944—),俄罗斯国务活动家、俄罗斯联邦共产党中央委员会主席、俄罗斯联邦共产党国家杜马党团主席。

值得特别说明的是俄罗斯联邦共产党反思苏联社会主义有两大智囊团：

一个是成立于 1997 年的、隶属于俄共中央委员会的中央顾问委员会（Центральный консультативный совет при ЦК КПРФ）。这是一个前苏共政要组织，其成员包括，原苏共中央政治局成员、中央委员会书记、原苏联政府部长、原俄罗斯苏维埃联邦社会主义共和国党政领导等。现任主席为原苏联最高苏维埃主席阿纳托利·卢基扬诺夫（Анатолий Лукьянов）。另一个是成立于 1994 年的俄罗斯社会主义取向协会（Российские ученые социалистической ориентации）。这是一个理论家团体，其成员包括院士、教授、博士等具有高级职称或学历的专家、学者。主要工作是致力于研究苏联历史和俄罗斯现实问题。现任主席为俄共中央委员会委员、俄罗斯农业科学院院士维克多 · 舍韦卢哈（Виктор Шевелуха）①。

（三）有助于全面掌握解体 20 年最大邻国资本主义发展之现实

俄罗斯联邦共产党是该国最大的反对派政党。重建至今的 20 多年来，它曾在俄罗斯政治舞台上发挥了举足轻重的作用，几乎改变了国家政治发展进程。进入新世纪以来，虽然该党实力远不如从前，尽管经历各种各样的风云变化，但是其国家杜马第二大党的地位不可动摇。俄罗斯联邦共产党以反对派视角，对 20 年俄罗斯资本主义发展之现实进行了分析，准确地说是无情批判。透过俄罗斯联邦共产党的分析，我们对世界大国、最大邻国的现实发展情况和未来走向能有一个比较全面的把握。

此外，如何为苏联解体苏共垮台这一人类历史上的重大事件定性，是一场大灾难还是一次进步。前几年，无论是在俄罗斯还是在其他国家，对这一重大问题都展开了激烈的争论。从一定意义上讲，"好得很"与"糟得很"各不相让。② 在这场争论中让我们听一听来自俄罗斯内部最大反对派的声音。在俄共看来，在俄罗斯，摆脱共产党和苏维埃执政的 20 年，看不出有何飞跃。没有苏联的 20 年，没有苏维埃政权的 20 年，没有共产党执政的 20 年，未给俄罗斯带来许诺过的资本主义的"天堂"，取而代之的是资本主义的奴役。战前 20 年苏联领导者能把国家变

---

① 维克多·舍维卢哈（1929—），苏联、俄罗斯学者，政治活动家，1979—1984 担任苏联农业部副部长。

② 李慎明. 居安思危——苏共亡党二十年的思考[M]. 北京：社会科学文献出版社，2011：7

成强国,战胜凶残的德国法西斯。战后10年苏联成为超级大国,成为世界上第一个进入太空的国家。叶利钦—普京—梅德韦杰夫执政的20年,这是破坏、退化之路。所以,只有社会主义才能拯救俄罗斯。

(四)有助于加深对社会主义基本问题的认识

中国社会科学院副院长王伟光教授在2011年4月出版的八卷本丛书《社会主义通史》的总序中,开宗明义,首先指出历史经验告诉我们:必须搞清楚"什么是社会主义,怎样建设社会主义"这个首要的基本问题。笔者认为,这主要是对执政的共产党而言。对于那些尚未取得执政地位的共产党来说,必须搞清楚的首要、根本性问题是"什么是社会主义,怎样在本国建立社会主义",而后才能谈怎样建设社会主义。俄罗斯联邦共产党成立之初,始终坚持对"什么是社会主义,怎样建立社会主义"这一问题不懈探索。当前在俄罗斯联邦共产党党内基本达成了以建立"21世纪革新社会主义"为战略目标,以和平过渡为途径的共识。研究俄罗斯联邦共产党对适合于本国国情的社会主义发展道路的探索,有助于加深我们对社会主义基本问题的认识,增强建设社会主义的科学性。

二、研究现状

(一)发表了大量学术论文

目前国内对俄罗斯联邦共产党的称谓是不统一的,也有人称该党为"俄罗斯共产党"、"俄共"。根据不同的称谓,使用中国知网、维普等网路搜索引擎查找,可以将搜索到的期刊论文分成以下几类:

1. 按关键词"俄罗斯联邦共产党"搜索可找到相关论文31篇

按照时间跨度划分:1991年2篇,1994年1篇,1995年4篇,1996年2篇,1997年2篇,1999年1篇,2001年3篇,2002年1篇,2003年2篇,2004年2篇,2005年2篇,2006年1篇,2009年3篇,2010年2篇,2011年4篇,2012年4篇,2013年4篇,2014年3篇,2015年9篇,硕士论文4篇。

2. 按关键词"俄罗斯共产党"搜索可找到相关论文20篇

按照时间跨度划分:1994年2篇,1995年1篇,1996年2篇,1999年3篇,2000年1篇,2002年1篇,2003年3篇,2004年2篇,2006年2篇,2007年1篇,2008年1篇,2009年2篇,2012年2篇,2013年1篇,2014年2篇,硕士论文1篇。

3. 按关键词"俄共"搜索可找到相关论文 101 篇

按照时间跨度划分:1993 年 3 篇,1994 年 1 篇,1995 年 6 篇,1996 年 19 篇(因在 1996 年俄罗斯总统大选中,久加诺夫险些战胜叶利钦,俄罗斯联邦共产党引起世界关注),1997 年 3 篇,1998 年 3 篇,1999 年 5 篇,2000 年 5 篇,2001 年 7 篇,2002 年 11 篇,2003 年 5 篇,2004 年 11 篇,2005 年 6 篇,2006 年 3 篇,2007 年 4 篇,2008 年 6 篇,2009 年 6 篇,2010 年 3 篇,2011 年 4 篇,2012 年 3 篇,2013 年 1 篇,2015 年 2 篇。

(二)出版了几部相关著作

迄今为止,可以找到以俄罗斯联邦共产党为研究对象的专著 1 部,涉及该党的专著多部(一般以一章、一节甚至是一目出现)。下面按照出版时间做个大致的排列。

1.《1989 年以来东欧、中亚政党嬗变》

此书由杨元恪、陈刚主编,中共中央党校出版社 1993 年 1 月出版。书中对 1989 年以来,在苏联 15 个加盟共和国和原东欧 8 个国家,共 23 个国家的 1300 个政党的基本情况进行了介绍。其中以几百字的篇幅介绍了俄罗斯联邦共产党诞生的经过。

2.《各国共产党总览》

此书由中共中央对外联络部编撰,由当代世界出版社 2000 年 1 月出版。书中收录了世界各大洲 91 个国家和地区的 128 个共产党的材料。所用材料截止时间到 1997 年年底。书中对俄罗斯联邦共产党在内的 128 个共产党的简史、基本理论、对内政策、对外政策、同其他政党的关系、组织状况等内容进行了介绍。就研究内容而言,该书属于政党大辞典之列。

3.《俄罗斯议会》

此书由刑广程、潘德礼、李亚君编著,华夏出版社 2002 年 1 月出版。书中着重介绍了以下几方面内容:20 世纪上半叶俄国杜马和苏联苏维埃制度、20 世纪下半叶苏联苏维埃制度和俄罗斯议会、俄罗斯国家政治制度和议会的地位、俄罗斯议会的构成与职能、俄罗斯议会——各种力量角逐的场所、俄罗斯议会选举与议员的地位、俄罗斯的地方议会等七个方面的内容。其中在第五章政治斗争与多党政治现实一节,谈到了俄罗斯联邦共产党在 2002 年以前的议会活动。

4.《列国志——俄罗斯》

此书由潘德礼主编,社会科学文献出版社2005年8月出版。书中从以下几个方面对俄罗斯的国情进行了介绍:国土与人民、历史、政治、经济、军事、科教文卫、外交等。在第三章政治第四节政党、团体中,第俄罗斯联邦共产党2003年6月之前的基本情况进行了简要介绍。

5.《政坛10年风云——俄罗斯与东欧国家政党研究》

此书由张月明、姜琦编著,上海社会科学院出版社2005年12月出版。书中对俄罗斯、波兰、匈牙利、捷克斯洛伐克、斯洛文尼亚、罗马尼亚、南斯拉夫、波黑、马其顿、罗马尼亚、保加利亚阿尔巴尼亚等12个国家的政党格局进行了分析研究。其中在第一章多党政治格局不成熟的俄罗斯第三节俄罗斯的基本政治格局和主要政党中,谈到了俄罗斯联邦共产党20世纪90年代在国家政坛上的一些活动,突出说明其对政治进程的影响。

6.《当代俄罗斯政党》

此书由中国社会科学院刘淑春研究员等著,中央编译局出版社2006年12出版。全书分为上、中、下编,共11章。上编20世纪90年代以来俄罗斯政党的演变,中编当前俄罗斯国家杜马内的主要政党,下编当代俄罗斯的其他政党和组织。中编第二章俄罗斯联邦共产党。这一章分为5节,依据第一手外文资料从发展历程、纲领主张、组织状况、面临的挑战、主要领导人等对俄罗斯联邦共产党进行了较为全面的叙述。所用俄文资料截止时间为2006年6月。

7.《原苏东地区社会主义运动现状研究》

此书由北京大学国际关系学院东欧研究中心主任孔寒冰教授等编著,上海人民出版社2010年4月出版。全书共分三编,分别为俄罗斯社会主义运动的现状、原苏联地区其他国家社会主义运动的现状、东欧地区社会主义运动的现状。具体划分成二十章,其中论及的各式各样的社会主义政党150多个。其中第一编第一章第一节介绍了俄罗斯联邦共产党的兴衰历程,将该党近20年的发展历程划分成三个阶段复兴——强盛——衰落。第二章第一节介绍了俄罗斯联邦共产党的理论主张,包括对社会主义的看法、对苏联历史的评价、政治主张和经济主张、社会政策与对外政策等四个问题。以上几个问题都属于介绍性的,篇幅也很小,共计不足6000字。

8.《俄共的理论与政策主张研究》

此书由山东大学外国语学院俄语系李亚洲教授编著,是在作者博士毕业论文基础上修改完成的,中国社会科学出版社 2010 年 10 月出版。全书分为十一章,分别为:第一章俄共的发展历程,第二章俄共的理论探索,第三章俄共的社会基础,第四章俄共关于政治、经济和社会发展的基本主张,第五章俄共与俄政党政治,第六章俄共与议会,第七章俄共对执政当局的策略方针,第八章俄共的统一战线政策,第九章俄共的宗教政策,第十章俄共的国际政策与主张,第十一章俄共的近况与前景。此书是目前国内惟一部关于俄共的专著,对该党 2008 年 5 月之前基本情况做了全面梳理分析。其中俄共的理论探索一章,主要是分析俄共 1995 年通过的旧版纲领。所用俄文资料截止时间为 2008 年 5 月。

9.《转型中的俄罗斯、乌克兰和白俄罗斯》

此书由南开大学丁军教授等著,世界知识出版社 2010 年 12 月出版。全书分为上、中、下篇,共 10 章。上篇转型中的俄罗斯问题研究,中篇转型中的乌克兰问题研究,下篇转型中的白俄罗斯问题研究。其中上篇第二章是苏联解体后的俄罗斯联邦共产党、第三章是俄罗斯联邦共产党的社会主义思想及其实践。所用俄文资料截止时间为 2008 年 6 月。

(三)研究现状评析

目前国内对于俄罗斯联邦共产党的研究成果较多,可以找到 100 多篇期刊论文,多篇硕士论文(这些硕士论文基本上都是采用与俄罗斯联邦共产党有关的中文资料,即二手资料)、一部有关俄罗斯联邦共产党的专著,还多部专著或多或少涉及这个党。以上研究主要集中在对俄罗斯联邦共产党发展历程、党的代表大会、杜马选举情况、现状和困境、兴衰原因、久加诺夫及其思想主张的介绍和评析上。关于介绍该党基本发展历程和政治社会活动的成果较多。如果说从时间跨度上看,国内对梅德韦杰夫执政以来俄罗斯联邦共产党的研究较少。需要指出的是,以往国内学术界对俄罗斯联邦共产党理论观点的评介,主要是依据该党 1995 年通过、1997 年和 2002 年修改的党纲。2008 年 11 月底至 12 月初,俄罗斯联邦共产党召开第十三次代表大会,对党纲作了大幅度的修改,新修改的党纲篇幅比原来少四分之一,删去了不少过时的内容,根据新形势增添了新内容。依据俄罗斯联邦共产党新版党纲,对该党的理论观点进行解读是本论文应该完成的任务。此外,在很多与俄罗斯联邦共产党有关的学术成果中,都会介绍俄罗斯联邦共产党的纲领性主张、奋斗目标。但是仅仅局限于对纲领和章程的一般性介绍上。未能围绕其中的观点,结合俄罗斯联邦共产党的其他材料,展开论述。也就是介绍到了,但是未能较为充分展开论述。还应该指出的是,虽然在数量上看,国内关于俄罗斯联邦共产党的学术论文比较多,但是通过笔者梳理整理发现,许多成果内容重复率较大,引用第一手外文资料的不多。

三、研究思路

对俄罗斯联邦共产党的研究,笔者首先从该党对社会主义的相关认识着手,通过阅读相关俄文资料,发现其社会主义理论观点中呈现这样一个特点,即该党在论及社会主义过程中,通过一条红线将三个大问题串起来。第一个问题是如何看待苏联社会主义,可以用"反思"二字概括。第二个问题是如何认识俄罗斯现实资本主义,可以用"批判"二字概括。第三个问题是如何憧憬俄罗斯的未来社会主义道路,可以用"展望"二字概括。所以本论文对俄罗斯联邦共产党社会主义思想的研究,从反思过去、批判现实和展望未来的角度展开论述。具体而言包括以下五部分:

第一部分,俄罗斯联邦共产党的基本情况。对俄罗斯联邦共产党的发展历史、青年工作、监察工作、财经工作四个方面的内容进行了梳理归纳。以便于我们在了解该党基本情况的背景下,对其理论观点进行深入研究。俄罗斯联邦共产党的发展历程,主要是对该党成立至今20余年的历程进行了梳理,并将其划分成为诞生、被禁、重建、复兴、势衰、回升六个阶段。俄罗斯联邦共产党的青年工作,梳理了其发展青年党员的办法,实施干部年轻化的措施。俄罗斯联邦共产党的监督工作,从它同苏共在监察制度上的区别和联系入手,弄清楚它的党内监察工作如何开展。俄罗斯联邦共产党的财经工作,主要想弄清楚在资本主义国家、作为反对派的共产主义政党如何开展财经工作,其资金来源渠道。其实就是研究这个党开展活动的物质保障。以上四个问题,除第一个问题外,其他三个问题在国内都尚不多见,对今后国内学者了解、研究这个苏共最大继承者、俄罗斯政党第二大党,会有一定的帮助。

第二部分,俄罗斯联邦共产党对苏联社会主义的反思。首先分析了该党对苏联社会主义发展阶段的定位,即早期社会主义,也称社会主义的早期形式。分析说明了该党认为在苏联社会主义的基本特征,以及面临的困难。其次分析说明虽然在苏联建立起来的仅仅是早期社会主义,但却取得了诸多辉煌业绩,这里集中研究俄罗斯联邦共产党心目中苏联社会主义最辉煌的三大成就:十月革命、卫国战争和加加林太空之行,着重论述伟大成就取得的原因及国际影响。同时也对苏联是否存在"停滞"期进行了说明。再次,对俄罗斯联邦共产党关于苏联社会主义失败的原因展开系统论述,包括执政党苏共内部的几个严重问题、戈尔巴乔夫叛变性质的改革、西方的长期和平演变三个方面。

第三部分,俄罗斯联邦共产党对俄罗斯现实资本主义的批评。该党通过 20 年来,国内各领域衰退甚至崩溃结果的盘点,说明在俄罗斯资本主义复辟是一场巨大的民族灾难。具体从四个方面论述了该党对俄罗斯资本主义现实的批判。一是可能沦西方附庸的原料出口型经济,分述了这种经济的基本表现、主要危害等问题。二是侵蚀整个社会的腐败,分述了在俄罗斯腐败的整体状况、根源、具体表现等问题。三是陷入毁灭性的人口危机,分析了人口问题的重要性、认为危机的具体表现、人口危机的具体原因等问题。四是面临丧失国防能力的危险,分述了俄罗斯兵源质量下降、军队环境恶化,国防工业综合体衰退,违背国家利益的军事改革等问题。

第四部分,俄罗斯联邦共产党对 20 世纪社会主义的展望。这一部分主要分析该党对两个基本问题的认识,即什么是社会主义和怎样建立社会主义。首先,阐述了俄罗斯联邦共产党对社会主义的一般性思考,通过该党新旧版本党纲探究其对社会主义的当代思考,包括介绍了该党几位领导人对社会主义的理解和认识,还有该党对与社会主义有关的几个问题的阐释。其次,分析说明俄罗斯联邦共产党以在本国建立"21 世纪革新社会主义"为奋斗目标,从俄罗斯需要社会主义、不能复制苏联社会主义、要建立面向未来的社会主义等几个方面加以论述。再次,分析说明俄罗斯联邦共产党以和平途径在本国建立社会主义制度为取向,从和平执政的途径、党的社会基础、执政后国家渐进发展的三个阶段等方面加以解读。

第五部分,通过对俄罗斯联邦共产党基本情况和理论观点的研究,尝试性提出今后几个值得思考的问题。

四、研究方法

对于外国问题的研究,在借鉴现有中文研究成果的同时,掌握第一手、最新外文资料尤为重要。俄罗斯联邦共产党是动态的对象,每一天都在发生变化。欲对它有全面、准确、系统地把握,必须依托最新外文资料进行跟踪研究。况且本论文研究的绝大多数问题是没有中文资料可参考借鉴的。本论文的写作资料基本是从俄文正规、权威网站获得。即资料的基本渠道是俄文网站。第一步是从外文网站上搜索、获取相关资料;第二步是对获取的外文资料进行归类;第三步是筛选、翻译外文资料;第四步是对翻译成中文的外文资料去伪存真、去粗取精,加工提炼,经过思考、分析得出客观的结论。所以本论文主要采用的研究方法是实证法、文献法和系统分析法。

五、新意和不足

对俄罗斯联邦共产党的研究不能停留在一些旧材料、老问题面前,止步不前。应该不断发现、占有新资料,开拓新领域。本论文的新意主要体现在以下两方面:

一是资料新。本论文基本上都采用第一手、最新俄文资料。这些资料来源于俄罗斯联邦共产党中央和地方党委会官方网站,俄罗斯联邦共产党中央主办的党报党刊电子版(《真理报》、《政治教育报》),以及俄罗斯一些有影响力报纸的电子版:《独立报》、《消息报》、《共青团真理报》、《苏维埃俄罗斯报》等。

二是角度新。当前,国内对俄罗斯联邦共产党的研究成果,科研论文有一些,主要侧重于对该党发展历史、议会活动、党代会内容介绍等。系统研究俄罗斯联邦共产党理论观点的科研成果尚未看到。本论文从反思过去、批判现实、展望未来角度,对俄罗斯联邦共产党的理论观点进行了分析研究。当然,以上所言的两点新意,也只是个人一管之见。

本论文也有诸多不足:由于个人能力有限,所引用的大都是十分零散的俄文报刊、网站上的报道性资料,而不是较成熟的科研论文和学术专著,虽然在翻译、整理上花费很大力气,但是在论文的理论性、系统性、厚重感等方面,还是明显不足,有待今后不断完善。

第一章

俄罗斯联邦共产党的生存和发展（背景情况）

俄罗斯联邦共产党成立于苏联时期，即 1990 年 6 月，重建于苏联解体以后，即 1993 年 3 月。至今已经走过了 20 多年的发展历程。期间经历了成立、被禁、重建、复兴、势衰、回升等几个阶段。该党始终坚持以马克思列宁主义为指导思想，以社会主义为奋斗目标。目前是俄罗斯最大的反对派、最大的共产主义政党。

第一节　发展历程

在苏联的 15 个加盟共和国中，唯独俄罗斯苏维埃联邦社会主义共和国没有自己共和国一级的党组织，其境内的党组织直接归苏共中央领导。俄罗斯苏维埃联邦社会主义共和国共产党直到 1990 年 6 月才成立。

一、成立

有别于其他苏联加盟共和国，直到 1990 年 6 月之前，在俄罗斯仍没有自己的共和国一级党组织。这种状况引起了某些党员代表的不满，但是他们的意见没有被考虑。直到 20 世纪 80 年代中期以后，伴随着对戈尔巴乔夫改革不满的加剧等因素，在俄罗斯境内部分党员开始筹备成立俄罗斯苏维埃联邦社会主义共和国共产党。

1990 年 4 月 21 日，在列宁格勒市召开了俄罗斯共产党人倡议大会（Инициативный съезд российских коммунистов），有来自俄罗斯各地的 600 名代表参会。大会决定筹备成立共和国一级的党组织。① 1990 年 6 月 19 至 20 日，召开了俄罗斯共产党代表会议（Российская партийная конференция），大会参加者一致决定将此次会议更名为"俄罗斯苏维埃联邦社会主义共和国共产党成立大会"。其中倡议者包括，苏共中央委员会书记、政治局成员奥列格·舍宁（Олег Шенин）②，苏共中央委员会书记瓦连京·库普佐夫，苏共中央委员会意识形态部副部长久加诺夫，克拉斯诺亚尔斯克边疆区人民代表苏维埃主席伊万·波洛兹科夫（Иван Полозков）③，等等。大会认为，俄罗斯苏维埃联邦社会主义共和国共产党是苏共的组成部分，将分布在俄罗斯境内的苏共党组织团结起来。其不是独立的党组织，没有自己的纲领和章程，不需要注册，没有法人资格。

1990 年 6 月 23 日，库波洛兹科夫被选为俄罗斯苏维埃联邦社会主义共和国共产党中央委员会第一书记。1991 年 7 月 6 日，俄罗斯苏维埃联邦社会主义共和国共产党中央委员会全体会议接受了库波洛兹科夫的请求，辞去了他的党中央委员会第一书记、中央局成员职务。1991 年 8 月 6 日，库普佐夫被选为俄罗斯苏维埃联邦社会主义共和国共产党中央委员会第一书记。库普佐夫于 1990 年 7 月 14 日，被选举为苏共中央委员会书记，此前担任苏共中央委员会社会政治组织工作部部长。库普佐夫积极参加俄罗斯苏维埃联邦社会主义共和国共产党的建立。

二、被禁

1991 年"8.19"事件以后，俄罗斯苏维埃联邦社会主义共和国总统叶利钦于 8 月 23 日颁布了《关于暂时停止苏维埃联邦社会主义共和国共产党活动》（"О приостановлении деятельности Коммунистической партии РСФСР"）的第 79 号总统令，于 8 月 25 日颁布了《关于苏共和俄罗斯苏维埃联邦社会主义共和国共产党财产》（"Об имуществе КПСС и Коммунистической партии РСФСР"）的第 90 号总统令，于 11 月 6 日颁布了《关于苏共和俄罗斯苏维埃联邦社会主义共和国共

---

① В борьбе за воссоздание Компартии России[EB/OL]. http://kprf.ru/2003 - 03 - 28
② 奥列格·舍宁（Олег Шенин）（1937—），苏维埃国务活动家、俄罗斯政治家，1990—1991年担任苏共中央政治局成员、苏共中央委员会书记。
③ 伊万·波洛兹科夫（1935—），苏联政治和国务活动家，1985—1990 年但任苏共克拉斯诺亚尔斯克区委员会第一书记，从 1990 年 2 月起担任克拉斯诺亚尔斯克边疆区人民代表苏维埃主席，同年 7 月被选为苏共中央政治局成员。

产党活动》("О деятельности КПСС и КП РСФСР")的第 169 号总统令。这三道总统令的内容可概括为以下几点:在俄罗斯境内苏共和俄罗斯苏维埃联邦社会主义共和国共产党的活动被停止,俄罗斯内务部负责保障俄罗斯苏维埃联邦社会主义共和国共产党财产的安全,俄罗斯苏维埃联邦社会主义共和国中央银行暂时冻结共产党组织和机关的账户,在俄罗斯境内苏共和俄罗斯苏维埃联邦社会主义共和国共产党的财产被宣布为国家所有。最终共产党被终止活动,中央机关被解散,党的财产转交国家。此后在苏共和俄罗斯苏维埃联邦社会主义共和国共产党废墟上出现了一些小型共产主义政党。同时,部分共产党员不打算成立新的组织机构,决定复兴老党。他们向宪法法院提出申请。①

1991 年 11 年 16 日,俄罗斯苏维埃联邦社会主义共和国共产党 8 名中央委员会书记发表声明,呼吁社会各界支持他们关于依据国家法律决定苏共和俄罗斯苏维埃联邦社会主义共和国共产党命运的要求。与此同时,俄罗斯人民代表大会中近三分之一的代表席位依然被共产党人占据着,他们通过各种合法手段为共产党的重建积极活动。1991 年 12 月初,36 位俄罗斯人民代表向宪法法院提请申诉,要求依据宪法审查涉及苏共、俄罗斯苏维埃联邦社会主义共和国共产党活动和财产的总统令,并要求承认这些总统令的违宪性。这就是人们常说的"苏共案件"(《Дела КПСС》)

俄罗斯联邦②宪法法院于 1992 年 5 月 26 日对"苏共案件"进行正式受理。1992 年 11 月 30 日,发布了俄罗斯联邦宪法院第 9 号决议,认定叶利钦三道总统令大部分条款符合宪法要求,认定关于属于国有和市政所有的苏共财产转交政权执行机关合法,认定解散苏共和俄罗斯苏维埃联邦社会主义共和国共产党中央领导机构合法,但解散依据区域原则形成的基层组织不符合基本法律。③ 共产党虽然对宪法院的判决不满,但也看到了不小的希望,因为党的重建可以从恢复基层组织开始。也就是宪法院的判决为共产党基层组织开展活动创造了法律基础。

---

① Коммунистическая партия Российской Федерации[EB/OL]. http://duma. lenta. ru/2010 – 11 – 08

② 1991 年 12 月 25 日,苏联解体,俄罗斯苏维埃联邦社会主义共和国最高苏维埃决定将国家正式更名为"俄罗斯联邦"(简称俄罗斯)。

③ Дело о проверке конституционностиУказов Президента Российской Федерацииот 23 августа 1991 года N 79[EB/OL]. http://www. panorama. ru/2001 – 02 – 03

恢复重建共产党的过程开始了。

三、重建

1992 年 11 月,成立了筹备俄罗斯苏维埃联邦社会主义共和国共产党第二次代表大会(特殊大会)的组委会,主席为库普佐夫,有成员 68 人。1993 年 2 月 13 日至 14 日,在莫斯科市郊区召开了俄罗斯苏维埃联邦社会主义共和国共产党第二次非常代表大会,共有来自全国各地的 650 名代表,其中包括 65 名俄罗斯联邦人民代表①,10 名原苏联人民代表。在代表大会召开之前,库普佐夫收到了两封官方的警告信,第一封是俄罗斯联邦总检察长瓦列京·斯捷潘克夫(Валентин Степанков)的来信,警告库普佐夫个人对召开代表大会承担责任;第二封是叶利钦的来信,警告库普佐夫要对代表大会通过的决议承担政治责任。政权的恐吓未能阻挡住大会的进行。

大会研究了以下问题,国内形势、共产党的任务、章程草案、党的中央机构的选举,确认了党的新名称为"俄罗斯联邦共产党"("Коммунистическая партия Российской Федерации")(以下简称俄共),通过了俄共章程和纲领性宣言,选举产生了由 89 人组成的中央执行委员会。

在代表大会的纲领性宣言中,一方面,强调"社会主义符合俄罗斯和国家绝大多数公民的现实利益",宣布忠诚于马克思列宁主义和唯物辩证法,另一个方面,提出社会主义和市场兼容性的思想,主张将社会主义价值和爱国主义价值结合起来。大会通过的决议包括:《俄罗斯联邦共产党人同原苏联加盟共和国共产主义政党和运动的相互关系》、《争取共产党人权利和政治观点的自由》、《俄罗斯联邦共产党的财产》、《主张共产党人行动的统一》。这些决议成为恢复和重建俄共基

---

① 人民代表大会(Съезд народных депутатов),1990 年 5 月 16 日至 1993 年 10 月 4 日作为俄罗斯苏维埃联邦社会主义共和国/俄罗斯联邦的国家政权最高机关。于 1990 年 3 月 4 日选举产生,任期五年,法定代表人数为 1068 人。1991 年 12 月 25 日之前,全称为俄罗斯苏维埃联邦社会主义共和国人民代表大会,1991 年 12 月 25 日起,全称为俄罗斯联邦人民代表大会。职能包括:通过宪法,批准对政府元首、最高国家机关领导人的任命,选举国家宪法法院成员,指定全民公决,等等。1993 年 9 月 21 日,叶利钦颁布总统令,宣布解散人民代表大会。1993 年 10 月 4 日,通过武力实施了这一总统令。此后在俄罗斯人民代表大会制度被废除。

层、区、市、州、边疆区、共和国党组织的基础。①

大会确定了俄共的标志(象征)是互相协调的、合在一起的镰刀、锤子、打开的书,象征着工、农、知识分子的无产阶级团结,这是同苏联时期相比一个重要变化,当时知识分子被称之为"阶层"(1936 年斯大林在全苏维埃第八次非常代表大会上明确提出苏联社会主义社会的阶级结构是"三成员公式"亦称"二阶一层公式",即两个阶级:工人阶级和农民阶级,一个阶层是知识分子②)。

在代表大会后的中央组织全体会议上,原乌拉尔军区副司令员阿尔贝特·马卡绍夫(Альберт Макашов)③极力反对库普佐夫当选中央执行委员会主席,最终中央全体会议选举久加诺夫为中央执行委员会主席,原苏共列宁格勒州书记尤利·别洛夫(Юрий Белов)④、原俄罗斯苏维埃联邦社会主义共和国最高苏维埃副主席斯维特兰·戈里亚切娃(Светлана Горячева)⑤、原苏共中央委员会委员维克多·佐尔卡利采夫(Виктор Зоркальцев)⑥、俄罗斯苏维埃联邦社会主义共和国人民代表米哈伊·拉普申(Михаил Лапшин)、伊万·雷布金(Иван Рыбкин)等为中央执行委员会副主席。1993 年 3 月,俄共正式被国家司法部注册,注册号为1618。注册党员人数为 50 万。

四、复兴

1993 年 10 月,叶利钦以武力结束了国家最高权力执行机关和国家最高立法机关之间的对立,根本改变了苏维埃体制,建立了新的议会体制(俄罗斯议会分为上下两院,上院为联邦委员会,下院为国家杜马)。1993 年 12 月 12 日举行了第一

---

① История партии[EB/OL]. http://tver – kprf. ru/2007 – 05 – 04
② 斯大林选集(下卷)[M]. 北京:人民出版社,1979:399
③ 阿尔贝特·马卡绍夫(1938—),俄罗斯反对派政治家,1989 年 1 月至 8 月任俄罗斯联邦乌拉尔军区第一副司令员,1989 年 9 月 1 日至 1991 年 8 月 13 日任伏尔加—乌拉尔军区司令员。
④ 尤利·别洛夫(1938—),俄罗斯政治活动家,1990—1991 年担任苏共列宁格勒州书记。1993—2004 年担任俄共中央委员会主席团成员。现任俄共中央委员会成员。
⑤ 斯维特兰·戈里亚切娃(1947—),俄罗斯政治活动家。1990 年被选为俄罗斯苏维埃联邦社会主义共和国最高苏维埃副主席。1993—2000 年担任俄共中央领导人,2002 年 6 月被开除俄共党籍。
⑥ 维克多·佐尔卡利采夫(1936—2010),苏联、俄罗斯国务活动家,1986—1990 年担任苏共中央委员会委员。

届国家杜马选举,重建不久的俄共参选,并且取了不错的成绩。根据官方公布的最终结果,俄共排在自由民主党、"俄罗斯选择"党之后,成为国家杜马第三大党团。俄共的选民支持率为12.40%①,获得42张席位。还有13名党员被选进联邦委员会(议会上院)。因此,俄共获得了为进一步同"憎恶的政体"做斗争的议会场所,至今从未离开过。

在1995年12月举行的第二届国家杜马选举中俄共获得了此后至今再未取得的战绩。在这次选举中俄共的选民支持率为22.3%,获得158个席位,成为国家杜马第一大党团。俄共议员领导了9个委员会:立法委员会,安全委员会,老战士事务委员会,科学和教育委员会,妇女、家庭和青年事务委员会,经济政策委员会,联邦和地区事务委员会,宗教和社会组织事务委员会,旅游和运动委员会,俄共党员根季纳·谢列兹尼奥夫(Геннадий Селезнёв)被选为国家杜马主席(有231位议员支持)。② 除了俄共议员,还有在选举期间公开支持俄共的23名独立个体、农业党、"政权—归人民所有!"的代表进入杜马,他们在选举期间公开宣布支持俄共。这样的选举结果迫使大众传媒谈论共产主义复仇的威胁,因为1996年国家总统大选临近,所以显得特别迫切。

在1996年6月16日举行的第一轮俄罗斯联邦国家总统大选中,只有叶利钦和久加诺夫获胜,二者的选民支持率分别为35.28%、32.04%。在1996年7月3日举行的第二轮总统大选中久加诺夫获得了40.41%的选民支持率(叶利钦的支持率为53.82%),有3000万选民支持他。虽然失败但也说明,俄共领袖当时是可以同叶利钦相较量的唯一对手。如此高的选民支持率,见证了久加诺夫的个人威望和俄共这一时期的社会影响。

也有分析人士指出,俄共的高选民支持率得益于他们对叶利钦本人及其团队的尖锐批判,因为政权在内外政策方面有严重失误,首先是1993年10月流血事

---

① 一直以来,在俄罗斯大选中获得7%及以上选民支持率的政党方可进入国家杜马。2011年11月根据梅德韦杰夫总统的提议,"统一俄罗斯党"主导的第五届杜马修改了选举法,将政党进入国家杜马的门槛从得票率7%降至5%。此项法案从第七届国家杜马选举实行。

② Ситуация вокруг КПРФ[EB/OL]. http://elibrary.ru/2007-09-11

件、第一次车臣战争①。叶利钦执政时期,俄共定期(几乎是每年一次)提起弹劾总统的问题。最后一次弹劾行动发生于 1999 年 5 月。指控总统有以下罪行,别洛韦日协定(Беловежские соглашения:1991 年 12 月 8 日,俄罗斯、乌克兰、白俄罗斯三个斯拉夫国家的领导人正式向外界发表声明,并签署建立独立国家联合体的协议,宣布苏联作为国际法主体和地缘政治实体停止存在,车臣流血、炮打最高苏维埃、军队崩溃、对俄罗斯族的大屠杀等事情要制止。尽管大多数议员赞同罢免总统,弹劾还是未果,因为以上五条罪行无论哪一条都至少需要有 300 位国家杜马议员支持(俄罗斯国家杜马共有 450 个席位)。

尽管俄共对叶利钦当局持批判态度,但是该党内部一些有管理国家丰富经验的党员还是被政权机关启用。1998 年 8 月后,俄共几名代表被列入到普里马科夫政府成员之列。其中包括俄共杜马议员尤利·马斯柳科夫(Юрий Маслюков)②任副总理。这种情况并没有持续很长时间,俄共发起在国家杜马中就弹劾总统投票表决前夕,普里马科夫政府被叶利钦解散。

在 1999 年国家杜马大选中,俄共支持率开始下降,但仍然保持杜马第一大党的地位。俄共杜马代表团由 132 人组成。随后杜马中派政党向俄共发起进攻,要求重新分配委员会职位。最终俄共失去了对国家杜马大多数委员会的领导。期间,因拒绝服从俄共中央关于俄共党员离开杜马领导岗位的决定,以下三人被开除党籍:根季纳·谢列兹尼奥夫(Геннадий Селезнёв),斯维特兰娜·戈里亚切娃(Светлана Горячева)和尼古拉·古边科(Николай Губенко)。③

2000 年春天,久加诺夫再一次参加总统大选,竞争对手为普京。久加诺夫的

---

① 车臣共和国是俄罗斯的一个联邦主体,位于北高加索地区,面积约 2 万平方公里,车臣富产石油,又是通往中亚各地油气管道和铁路运输的枢纽,战略地位十分重要。人口 120 多万,居民多信奉伊斯兰教,与信奉东正教的俄罗斯不论在种族及文化都大有不同,也正因此,此后车臣闹独立的人士层出不穷。1991 年 10 月杜达耶夫当选车臣总统,并于 11 月宣布车臣脱离俄罗斯联邦,成立独立的车臣共和国,由此引发了一场旷日持久的车臣危机。由于杜达耶夫在车臣奉行与俄联邦中央相对抗的政策,并招兵买马,成立自己的武装。1994 年 12 月,俄罗斯政府为了阻止车臣匪帮的分裂活动出兵车臣,第一次车臣战争(Первая чеченская война)爆发。1996 年 6 月 28 日,俄罗斯政府军以惨重代价取胜。

② 尤利·马斯柳科夫(1937—2010),苏联、俄罗斯国务活动家,1989—1990 年任苏共中央委员会政治局成员、苏联政府第一副总理。

③ Коммунистическая партия Российской Федерации［EB/OL］. http://duma. lenta. ru/parties/kprf/2000 - 01 - 04

竞选纲领建立在以下内容基础之上,即恢复苏维埃经济和居民社会保障模式,因爆发第二次车臣战争指责普京。这一次久加诺夫也进入了第二轮选举,获得了29.24%的选民支持率,不敌普京。

在俄罗斯政坛上俄共牢固占据第二位置,成为人数最多的反对派政党。专家称,俄共拥有稳定、忠诚的老年选民队伍,这些人最美好的生活是在苏联渡过的。但是,由于该类群体自然锐减,俄共的选民土壤面临着严峻挑战。

五、势衰

在 2003 年的杜马选举中,俄共的选民支持率为 12.61%,在国家杜马中获 52 个席位。同上届杜马选举结果相比,俄共失去了 850 万张选票。应该说,在这次杜马选举中,俄共遭受重创,在国家杜马中位居"统一俄罗斯"党(партия《Единая Россия》)之后,实力远不如从前。

2003 年 12 月底在俄共召开的第六次非例行代表大会上,推举克拉斯诺达尔边疆区原州长尼古拉·哈里托诺夫(Николай Харитонов)为俄共的总统候选人①在 2004 年的总统大选中,俄共候选人尼古拉·哈里托诺夫获得 13.69% 的选民支持率。

为何久加诺夫没有作为候选人参加此次总统大选,从"莫斯科之声"("Эхо Москвы")2003 年 12 月 27 日的报道中,可以略知一二。"莫斯科之声"报道,俄共领袖久加诺夫请求自己的党内战友不要推举他作为总统候选人。久加诺夫强调,在左翼力量中有许多可以推荐的总统候选人。俄共在议会选举中遭受严重失败之后,久加诺夫指责俄罗斯联邦中央选举委员会"伪造结果",并宣布可能抵制总统大选。但是后来,他又宣布在俄共党内出现了年轻、有前途的总统候选人。②

同年发生了"谢米金事件"("семигинщина"),俄共险些一分为二。在 2003

---

① Кандидатом в президенты от КПРФ стал Николай Харитонов[EB/OL]. http://lenta. ru/vybory/2003 – 12 – 28

② Зюганов отказывается баллотироваться в президенты[EB/OL]. http://lenta. ru/vybory/2003 – 12 – 27

年12月，俄共代表大会上，一些俄共党员试图推举"俄罗斯人民爱国联盟"①执行委员会主席谢米金为总统候选人。根据相关资料，谢米金是俄共的主要投资人之一。久加诺夫支持尼古拉·哈里托诺夫。久加诺夫和谢米金之间的冲突已经潜伏几年，终于浮出水面。2004年1月26日，俄共中央主席团命令所有党员终止自己在"俄罗斯人民爱国联盟"内的活动，俄共中央监督—检查委员会建议将谢米金开除党籍。作为回应，谢米金召集了俄罗斯爱国者大会，呼吁更换俄共领导层。5月18日，谢米金被开除党籍。5月31日7名俄共中央委员会委员——谢米金的拥护者向全体党员发出久加诺夫主动退休的呼吁。7月1日，在莫斯科市同时召开了两个二者必居其一的俄共中央委员会全体会议——"谢米金"中央委员会全体会议会、"久加诺夫"中央委员会全体大会。"谢米金"中央委员会全体会议的参加者要求久加诺夫、俄共中央委员会副主席、中央书记处和主席团集体辞职，而后通过秘密投票宣选出了俄共中央新的领导层，选举伊万诺夫州州长弗拉基米尔·吉洪诺夫（Владимир Тихонов）②为俄共中央委员会主席。"久加诺夫"中央委员会全体会参加者，宣布"谢米金"中央委员会全体会议是非法的，因为按照党章的规定，只有中央委员会主席团才有权召集中央委员会全体会议。"久加诺夫"中央全体会议一致决定免去参加"谢米金"中央委员会全体会议的几位中央书记的职务。最终，"久加诺夫"一方获胜。"谢米金"中央委员会全体会议被国家司法部认定为非法的，因为伪造了出席大会的代表人数。谢米金随后成立了自己的党"俄罗斯爱国者"（партия "Патриоты России"）。

2006年夏天，在俄罗斯形成了一个与俄共争夺左翼选民的、倾克里姆林宫"左翼"政党——"公正俄罗斯"（Справедливая Россия）党，这是一个由"祖国"党、生活党、退休者党合并而成的政党。"公正俄罗斯"党也谈论建设社会主义的问题，

---

① "俄罗斯人民爱国联盟"（Народно-патриотический союз России）——俄罗斯的一个政治联盟。1996年8月7日，由在总统大选中支持久加诺夫的200个政党和社会运动组建。2000年，俄罗斯著名商人根季纳·谢米金（Геннадий Семигин）担任这个联盟的执行委员会主席。2004年以后这个联盟实际上丧失了自己存在的政治意义。

② 弗拉基米尔·吉洪诺夫（1947—），2000—2005年任伊万诺夫州州长。2004年领导了俄共党内久加诺夫的反对派，创建了一个新的共产主义政党—全俄罗斯未来共产主义政党（Всероссийская Коммунистическая партия будущего），担任党的中央局主席。原俄共中央委员会书记、中央主席团成员、俄共中央组织工作委员会主席谢尔盖·波塔波夫被选为党的中央局副主席。成立之初党员人数超过5.1万。

但不以马克思列宁主义为指导。同时其与同俄共有一个明显区别,即它们期望获得现政权的支持。所以被戏称为"政权口袋里的反对派"。该党完全快速地向"老左翼"——俄共压进,争夺左翼选民。2007 年夏天,"公正俄罗斯"党领袖谢尔盖·米罗诺夫(Сергей Миронов)甚至宣布计划将俄共并入到自己的党组织中。①

六、回升

2007 年 9 月 22 日在莫斯科举行的俄共第十二次非例行代表大会上,确定了俄罗斯联邦第五届国家杜马选举的俄共候选人名单。其中,名列前三位的有俄共领袖久加诺夫、诺贝尔物理学奖获得者饶勒斯·阿尔费罗夫(Жорес Алфёров)、2004 年俄罗斯联邦总统大选俄共候选人尼古拉·哈里托诺夫。2007 年 12 月 2 日举行的国家杜马选举中,俄共的选民支持率为 11.57%,在国家杜马中获 57 个席位。较上一届相比,增加 7 个杜马席位。

2011 年 12 月 4 日,举行了俄罗斯联邦第六届国家杜马选举。在这次选举中俄共的选民支持率为 19.19%。俄共并不认为这个选择结果能反映选民的真实愿望,称被严重降低、伪造。同时俄共也认为,"尽管有伪造存在,但是党的支持率还是持稳定增长的趋势。"②

2003 年国家杜马选举中俄共的选民支持率是 12.61%,2007 年为 11.57%,都是刚刚跨过 10% 的选民支持率。2011 年国家杜马选举中官方公布的俄共选民支持率将近 20%,在国家杜马中的席位增至 92 席。同 2007 年的 57 席有相比有明显的增加,2003 年是 52 席。俄共在第六届国家杜马中的席位已经接近 1999 年,当时是 113 席。俄共认为,根据独立社会调查机构的调查结果,自己的选民支持率应该不低于 30%。

俄共的支持者大幅度增加。2007 年同 2003 年相比,支持俄共的选民增加 40 万。2011 年同 2007 年相比,支持俄共的选民增加 455.2621 万。根据俄罗斯联邦

---

① Нам, социалистам, есть о чем поспорить с коммунистами〔EB/OL〕. http://www.spravedlivo.ru/2006 – 09 – 11

② Необходимо сплотить вокруг нашего лидера Г. А. Зюганова весь протестный фронт! Доклад И. И. Мельникова об итогах думских выборов на XIV съезде КПРФ〔EB/OL〕. http://www.kprf – udm.ru/2011 – 12 – 18

中央选举委员会发布的信息，在 2011 年国家杜马选举中，支持俄共的选民是 1260 万，2007 年仅为 800 万多一点。俄共的主要对手"统一俄罗斯"党在这次大选中大幅度降分。就各项指标而言都遭遇了失败。其一，支持该党的选民减少 1250 万。同上一届国家杜马选举结果相比，该党的选民支持率减少 15%。其二，它失去了宪法多数（конституционное большинство），杜马席位从 315 降至 238，减少 77 个。

特别应该提到的是，在 2007 年国家杜马选举中，在任何一个联邦主体内，俄共均未获得超过 20% 的选民支持率。在 2011 年国家杜马选举中，俄共在 44 个地区选民支持率超过 20%，也就是超过俄罗斯一半以上的联邦主体①。在 2 个州——奥廖尔州、新西伯利亚州，俄共的选民支持率超过 30%。在科斯特罗马州、下诺夫哥罗德州、伊尔库茨克州、奥伦堡州、阿穆尔州、莫斯科州、加里宁格勒州、普斯科夫州，俄共获得了 25% 到 30% 的选民支持率。在 34 个地区俄共获得了 20% 到 25% 的选民支持率。

在 2011 年的国家杜马选举中，在全国 30 个地区，俄共的选民支持率提高 10% 及以上。在伊尔库茨克州俄共的选民支持率提高 17%，在下诺夫哥罗地州、科斯特罗姆斯科耶州、卡巴尔达—巴尔卡尔共和国选民支持率提高 14%。在 51 个地区俄共的选民支持率超过全俄罗斯平均水平，仅仅在 6 个地区没有克服 7% 进入议会的选民支持率门槛。②

2011 年 12 月 2 日，在莫斯科市举行了俄罗斯联邦第六届国家杜马第一次会议。会议选出了杜马领导机构。俄共杜马党团获得了一个第一副主席职位和六个委员会主席职位③。俄共杜马党团成员伊万·梅利尼科夫被选为国家杜马第

---

① 俄罗斯联邦宪法第五章规定，俄罗斯联邦由权利平等的主体组成，联邦主体（субъект федерации）没有脱离联邦的权利。目前，俄罗斯有 83 个联邦主体：21 个共和国、9 个边疆区、46 个州、2 个直辖市、1 个自治州、4 个自治区。2008 年 3 月 1 日前，在俄罗斯有 89 个联邦主体。

② Доклад И. И. Мельникова об итогах думских выборов на XIV съезде КПРФ[EB/OL]. http://www. kprf – udm. ru/2011 – 12 – 18

③ 在第一届国家杜中形成了 23 个委员，第二届、第三届国家杜马委员会形成了 28 个委员会，第四届国家杜马形成了 29 个委员会，第五届国家杜马委员会形成了 32 个委员会，第六届国家杜马形成了 29 个委员会。

一副主席①(第五届国家杜马只选举产生了一位第一副主席,是"统一俄罗斯"党代表奥列格·莫罗佐夫,选举产生9位副主席,其中包括俄共代表梅利尼科夫)。俄共杜马党团成员有7人被选为国家杜马相关委员会主席:弗拉基米尔·卡申(Владимир Кашин)(自然资源、环境和生态委员会)、尼古拉·哈里托诺夫(地区政策、远东问题委员会)、弗拉基米尔·科莫叶多夫(Владимир Комоедов)(国防委员会)、谢尔盖·加夫里洛夫(Сергей Гаврилов)(所有制委员会)、阿列克谢·鲁斯基赫(Алексей Русских)(土地管理和建设委员会)、谢尔盖·布科(Сергей Собко)(工业委员会)。②

第二节　青年工作

当前我们经常可以听到俄罗斯联邦共产党(以下简称俄共)是"老年人"党的评价。需要对俄共的老年人形象做一个全面客观的分析。实事求是地讲,当前党员队伍老化是苏联地区各国共产主义政党面临的一个共性问题,也就是老年党员,尤其是高龄党员在全党中占有很高的比例,所以给俄共戴上"老年人"党的"桂冠"有一定道理。但是"老年人"党形象绝不意味着在俄共内部没有青年党员,绝不代表着这个政党持续"衰老"和丧失发展前景。需要澄清和说明的是,俄共内部青年党员有一定比例,并且近些年来这个比例一直在稳步、小幅度提升。这与俄共多年开展的青年工作密不可分。俄共的青年工作涉及的内容主要包括三个方面:吸引青年支持者、发展青年党员、留住青年党员。本文主要围绕发展青年党员这个核心内容,对俄共的青年工作进行述评。

---

① 选出的另一位国家杜马第一副主席为"统一俄罗斯"党代表亚历山大·茹科夫(Александр Жуков)。选出6位国家杜马副主席,其中"统一俄罗斯"党4位,"公正俄罗斯"党、自由民主党各1位。"统一俄罗斯"党代表谢尔盖·纳雷什金(Сергей Нарышкин)被选为国家杜马主席。

② У КПРФ - посты первого вице - спикера и шести председателей комитетов палаты[EB/OL]. http://kprf. ru/ 2011 - 12 - 21

一、队伍年龄构成

政党作为代表特定阶级或阶层利益、以夺取或参与政权为直接行为目标的政治组织，其成员多少已经成为衡量它在一国实力和影响力的重要标准。而在政党内部青年党员人数的比例更关乎其发展前景，甚至是生死存亡。俄共作为俄罗斯也是苏联地区最大的共产主义政党，其成员构成，尤其是年轻党员①的比重，一定时空范围内代表了在苏联故土上以马克思主义为指导思想、以社会主义为奋斗目标的政党的发展后劲问题，关系到薪火相传和革命继承人问题。所以俄共的队伍建设，尤其是党员年轻化问题一直以来备受关注。

俄共对自身队伍年轻化问题的认识，同俄罗斯其他政党相比，应该说认识较早。这从该党在 1998 年通过的《俄共青年政策方案》中可以窥见。在这份文件中清晰写道："党的年轻化，这是 1 号、2 号、3 号优先方向。"②但是在实践中这种政策没有得到很好地落实，加之苏联解体后俄罗斯反苏反共的大环境的不利影响，俄共在吸引青年支持者、发展青年党员、留住青年党员等方面，工作效果不尽人意，最终导致了队伍老化问题的显现。所以，早在 2004 年俄共领袖久加诺夫在俄罗斯克拉斯诺达尔边疆区党组织第十次总结选举大会上指出："为了使党组织处于最大程度被动员起来的军事状态，时刻准备在政权机构工作，以及组织群众开展游行示威，必须将党组织的平均年龄下降到 45 岁以下。队伍年轻化是首要任务。只有在这种情况下才能真正提出'有战斗力'的任务，实现党对国家的管理。"③

在 2006 年召开的俄共第七次中央委员会全体会议上公布了这样一组数据：截至 2006 年年初，俄共党员总人数为 18.4 万，党员的平均年龄为 58 岁。在俄共党内几乎一半（48%）党员的年龄超过 60 岁，43%——在 30 至 60 周岁。仅仅有 7% 党员的年龄不满 30 周岁。对于一个政党而言，它的一个重要问题就是人数。

---

① 在俄罗斯青年群体的年龄范围为 14 至 30 周岁。

② Выступление Зюганова Г. А. на X краевой отчетно - выборной конференции КПРФ（Краснодар, 2004 год）[EB/OL]. // http://www.kprf.ru.

③ А. Дюкенн: МОЛОДЕЖНАЯ ПОЛИТИКА КПРФ: РОЛЬ СКМ И ПЕРСПЕКТИВЫ ОБНОВЛЕНИЯ РУКОВОДЯЩЕГО СОСТАВА. ПОЛИТЭКС Том 9 №1 за 2013

而俄共党员的人数却在年复一年地减少。2005年俄共发展党员0.98万,党员自然死亡原因减员2.1万。① 所以当时久加诺夫高呼:"党员人数是党面临的一个重要问题。"②可见,从当时俄共党员队伍"添一减二"之境况,反映出该党老化之严重程度。

直到2009年才出现了一个拐点,俄共基本遏制住了党员人数持续减少的趋势,以后逐年人数小幅度增加。从以下俄共官方最新权威统计数据清晰可见。2013年2月23—24日,在莫斯科市俄共召开了全党第十五次总结选举代表大会。这次代表大会是在俄共成立20周年大背景下召开的。因此,无论是俄共自身的重视程度还是外界的关注热情,都是比较高的。在这次代表大会上召开前夕,俄共《真理报》授权发布了,2009年1月至2013年1月俄共党员队伍的建设情况统计数据。③ 其中包括2009—2013年各年度俄共党员的总人数、各年发展党员人数、党组织建设情况、党员职业构成比例、党内平均年龄,干部队伍建设,等等。应该说,截至当前,这是一组关于俄共队伍建设情况的最新、最权威数据。为了便于说明问题,笔者将选举俄共发布的相关数据制作成一个图表。

表1:2009—2012年俄共党员人数变化情况一览表

年份	党员总人数 (当年元月元日)	发展党员人数	同上年比 增加党员数
2009	152844	13035	
2010	153202	15569	358
2011	154244	17103	1042
2012	156197	15360	1953
2013	158900		2703

---

① Зюганова тревожит, что численность КПРФ из года в год снижается. [EB/OL]. http://ria. ru/politics/20060617/49649570. html

② Пленум ЦК КПРФ поставит задачу в 3 раза увеличить численность партии. [EB/OL]. http://forum - msk. org/material/news/11471. html

③ Облик партии перед XV съездом. [EB/OL]. http://kprf. ru/party - live/cknews/115734. html

由此可见，2009 年至 2012 年，这四年俄共平均年发展党员人数为 15200 人以上，但这四年平均年度人数增幅仅为 1514，年发展党员人数与新增人数之比例为 10∶1。出现这种情况的原因是多方面的，但主要症结在于俄共党内老年党员比例过高，新发展党员抵不过高龄党员自然离世的人数。截至 2013 年 1 月，俄共党员中退休者的人数为 69341 人，占总人数的 43.6% 由此可见，俄共党员构成的老化程度。

与此同时，也可以发现这样的趋势，即一是连续四年俄共党员总数在稳步小幅度增加；二是连续四年俄共党员人数的年增幅再不断提升，这种趋势间接说明了中青年党员比例再不断微浮提高，老年党员的比例相应下调。将 2013 年发布的统计数据同 2006 年、2009 年、2010 年的统计数据进行比较，可以证实以上结论。截至 2013 年 1 月俄共党员的平均年龄为 56.4 岁（上年一年同期为 57 岁），不满 30 岁的俄共党员（青年党员）共计 16761 人（占总人数的 10.5%）。同上一年同期相比，青年党员人数增加了 1047 人。2006 年俄共党内 30 岁以下青年党员比例为 7%，2009 年为 9%（14000），①2010 年为 10%。② 青年党员人数的增幅虽然不高，但是"星星之火可以燎原"。

俄共的"退休者"党形象和老化问题正在逐步改善。这与俄共的思想上高度重视、行动上积极而为密切相关。其中包括俄共为实现党员队伍、干部群体的年轻化采取的系统措施。

二、队伍年轻化工作

对于一个背负"老年人"党形象的俄共，在实现队伍年轻化方面开展了哪些工作，值得关注。本文依据俄共相关文献资料，梳理、归纳总结了该党青年工作的几方面内容。

---

① 《О работе с кадрами в современных условиях》. Доклад Председателя ЦК КПРФ Г. А. Зюганова на Ⅲ совместном Пленуме ЦК КПРФ и ЦКРК КПРФ[EB/OL]. http://kprf.ru/party_live/68610.html

② В. Ф. Рашкин：Подводя итоги и уверенно смотря в будущее[EB/OL]. http://www.qwas.ru/russia/kprf/V－F－Rashkin－Podvodja－itogi－i－uverenno－smotrja－v－buduwee/

（一）重视青年组织的后备军作用

当前俄罗斯政坛上的主要政党都有自己的领导下的青年组织。以俄罗斯政党上的四大党为例，统一俄罗斯党的青年组织——统一俄罗斯"青年近卫军"；俄罗斯自由民主党——"索科兰·日里诺夫斯基"青年组织；"公正俄罗斯党"——全俄罗斯社会运动"公正力量""青年社会民主联盟"。

俄共也有在其直接领导下的青年组织，即成立于1999年2月的俄罗斯联邦列宁共产主义青年团。该青年团当前有成员2万余人，是俄罗斯最大的共产主义青年组织。① 对于俄共而言，自己青年组织的作用表现为两个方面：一是党组织开展各项工作的助手；二是承担后备军作用。后备军作用主要表现为列宁共青团每年80%的超龄团员选择加入俄共，这些青年中大中学生占有很大的比例。对俄共而言，这绝对是一笔最新鲜的青年血液。所以，俄列宁共青团有更多的团员和青年支持者，也就意味着俄共有更多的青年后备。

俄列宁共青团在实现队伍年轻化方面的重要角色和作用，近些年俄共在经费十分紧张的情况下，以扩大共青团在俄罗斯青年中的影响、吸引更多青年加入其中为立足点，想尽办法加大对青年组织工作的帮扶，突出表现为从人力、物力、财力等方面帮助俄列宁共青团搭建便于青年人的交流合作、解决青年面临的实际问题的平台，其中包括组建运动俱乐部、军事运动俱乐部、大学生建设队、青少年夏令营、青年劳动交易所、房屋租售服务部门、地方因特网上的物品交换电子平台、免费的法律服务，等等。实现了在交流合作中向青年宣传主义，在互帮互助向青年渗透思想之目的。

俄共也高度重视通过大众传媒扩大共产党、共青团在青年中的影响。所以这些年俄共比较注重从人力、财力、物力和技术等方面帮助俄列宁共青团创建面向青年的传媒工具。当前，俄列宁共青团中央和一些地方团组织已经建立起自己的官方网站。在注重网络建设的同时，尤其重视共青团报纸的创办和出版。到2012年6月，在俄罗斯各地由俄列宁共青团主办的报纸已经有20家。出版共青团报纸已经成为该组织的一项重要活动。

---

① 截至2010年初，俄列宁共青团总人数为21318人，成为俄罗斯人数最多的共产主义青年组织。团员平均年龄为26周岁，60%是大学生，15%是中学生。

(二)大力推进各级干部年轻化

干部年轻化是一个政党自身队伍建设的一个重要方面。一般而言,年轻干部都比较经历充沛、思想前卫,便于接受新思想、新事物。其工作方式方法,也都比较符合同龄人的口味。他们还清楚青年问题、青年的思维方式、青年的感觉和文化,有能力保持同青年有密切联系。所以,从降低党员平均年龄、实现队伍年轻化的角度,实现干部年轻过可能是一项关键的环节。所以,我们可以看到在1993年通过的俄共党章中有这样的阐述:"在领导机构青年代表的比例不应该低于20%。"①往往书面规定和现实情况之间总有这样那样的差距。实事求是地讲,我们时常听到的俄共老化问题,不仅仅是反映在普通党员队伍之中,在干部层面更为严重。分析统计俄共全党代表大会代表的平均年龄,结果是1997年俄共代表大会代超过60岁代表的比例为9.7%,到了2008年剧增至42%,由此可见俄共干部队伍老化之速度和程度。②

俄共在为改变自身干部老化、实现年轻化进程中,注重从三个方面着手开展工作,分别为中央到基层党组织干部的年轻化、各级国家杜马俄共议员的年轻化、党的青年组织领导的年轻化。

中央到基层党组织干部的年轻化。在实现干部年轻化中,俄共这方面的工作最多、努力最大、成效也较为显著。俄共实现中央到基层党组织干部进程中,有两次比较大规模的换血行动。一次是2008年俄共十三大对中央领导人的换届选举,一次是2012年俄共地区、地方和基层党组织的大规模换届选举。在俄共第十三次代表大会上选出的中央委员会委员、候补委员中,有60名年龄不到40岁的青年党员,2004年选出的这一年龄阶段的党员仅有22名。40至50岁的中央委员会委员、候补委员人数从原来的15人增至27人。原来超过70%的中央委员会候补委员被更换。俄共中央委员会委员、候补委员的平均年龄是49.9岁,较上一届年轻6岁。中央委员会候补委员的平均年龄是43.6岁。在105位中央委员会候补委员中有47人年龄在20至40岁之间(2004年这一年龄段的候补委员仅有14

---

① Устав КПРФ[EB/OL]. http://kprf. ru/party/charter

② Депутат Левичев: заявление КПРФ об 《 омоложении кадров 》— 《 бутафория 》[EB/OL]. http://news. mail. ru/politics/2211149/

人）。① 2012 年俄共地区、地方（市、区）、基层党组织开展了大规模的干部重新选举工作，突出的工作结果为干部平均年龄下降、青年党员干部人数增加。2012 年选举产生的俄共地区党委委员共计 4139 人、地区党委候补委员 1091 人，其中不满 30 岁者人数分别为 333 人、339 人。选举产生了地区党委常委 1029 人，其中不满 30 岁者为 101 人。选举产生了 376 名地区党委书记，其中不满 30 岁者 28 人。选举产生的俄共地方党委第一书记的平均年龄为 56.2 岁，俄共基层党组织第一书记的平均年龄为 55.6 岁。②

各级国家杜马俄共议员的年轻化。俄共各级政权机关中的代表（议员）可视为党的一种身份特殊的领导干部。2003 年俄罗斯国家杜马议员的平均年龄为 50 岁，俄共议员的平均年龄为 58 岁。俄共干部老化在这里面也显现出来。③ 为改变这种老化的形象，俄共的年轻化工作，在国家和地区议会层面开始行动。以 2011 年俄罗斯联邦第六届国家杜马选举俄共候选人名单为例。为了顺应全党、全社会关于俄共议员候选人名单年轻化的需要，在该党中央推荐的议员候选人名单的前 10 位，有 3 位年轻的俄共中央委员会书记，并且时任俄列宁共青团领袖尤里·阿福宁在此名单中位居第 3 名，排在了许多资深老前辈之前。④ 在 74 个地区俄共组织推荐的杜马议员候选人名单中，有 36 个地区名单的候选人的平均年龄不满 50 岁。在斯维尔德洛夫斯克州、图拉州、巴什基尔自治共和国俄共党组织推荐的杜马议员候选人名单的平均年龄甚至不满 40 岁。⑤

党的青年组织领导干部的年轻化。俄共的干部青年化，也体现在其领导下的青年组织俄列宁共青团内部。以 2013 年俄列宁共青团中央主要领导人的改选为标志性特征。2013 年 6 月，根据俄共中央的授意，执掌俄列宁青团十年之久的俄

---

① XIII съезд партии КПРФ[EB/OL]. http://ria. ru/trend/kprf_syezd_20081129/
② Облик партии перед XV съездом [EB/OL] .. http://kprf. ru/party – live/cknews/115734. html
③ Электоральный ландшафт России [EB/OL] . http://www. demoscope. ru/weekly/2004/0157/tema04. php
④ Госдума в цифрах[EB/OL]. http://kprf – saratov. ru/2013/05/госдума – в – цифрах/
⑤ ДокладИ. И. Мельникова об итогах думских выборов на XIV съезде КПРФ[EB/OL]. http://kprf – murman. ru/component/content/article/37 – news/499 – neobhodimo – splotit – vokrug – nashego – lidera – ga – zjuganova – ves – protestnyj – front – doklad – ii – melnikova – ob – itogah – dumskih – vyborov – na – xiv – sezdeprf

共中央委员会书记、时年36岁的尤里·阿福宁退位让贤,将青年领袖的衣钵传于1986年出生的、俄罗斯滨海边疆区立法委员会议员阿纳托利·托卡乔夫,并选举1987年出生的、俄罗斯乌拉尔国立大学研究生亚历山大·伊万乔夫为团中央委员会第二书记。① 从俄共青年组织高层的领导更换,与选举80后青年领袖等举措,方可见俄共在实现队伍年轻化方面的决心和力度。

(三)建立组织员制度

久加诺夫曾经指出,党组织虽然不是基层组织简单累加的复合体,但是基层组织在其中的作用是特殊,即支撑性作用。② 基层组织与群众联系最为紧密,是党组织链条中的关键性环节。其中基层组织的多与少、工作的效果等等,直接影响着俄共发展党员情况。2012年久加诺夫在《提高现代化条件下基层组织工作效率》的报告中高度评价了基层组织在遏制全党人数下降中的重要作用。"从2009年开始,俄共成功遏制了党员减少的趋势。这得益于坚定开展了保障每年新发展成员数不少于全党人数10%的工作。而恰恰要知道,这是根据基层组织的倡议而制定的标准。"③2004年俄共中央委员会决定"在没有基层组织的居民点,为开展工作和代表党的利益,可以任命党的组织员。"④

党的组织员(парторганизатор)是根据党组织的指示,在暂时还没有建立起党的基层组织的地区开展党的工作的俄共党员。组织员将党的支持者团结到自己周围,同社会活动家、工会领导者、劳动团体积极分子、大学生组织积极分子、普通居民建立联系。组织员的基本任务是,捍卫劳动者的权利和利益,在党组织指示其工作的地方建立党的基层组织。通过这一制度可以使青年展示自己。俄共认为,组织员工作是青年党员施展才华、证明工作能力的机会,可以获得必要的党

---

① Депутат Законодательного Собрания Приморья Анатолий Долгачев возглавил комсомольскую организацию страны. http://www.zspk.gov.ru/activity/press/4127.html

② О повышении эфф [EB/OL]. ективности низовых звеньев партии в современных условиях. Доклад Председателя ЦК КПРФ Г.А. Зюганова на XIII (июньском) 2012 года пленуме ЦК КПРФ[EB/OL]. http://kprf.ru/party_live/107343.html

③ О повышении эффективности низовых звеньев партии в современных условиях. Доклад Председателя ЦК КПРФ Г.А. Зюганова на XIII (июньском) 2012 года пленуме ЦК КПРФ[EB/OL]. http://kprf.ru/party_live/107343.html

④ Устав КПРФ[EB/OL] [EB/OL]. http://kprf.ru/2011-07-10

的工作经验。俄共力求使每一名新党员都有党的组织员工作经历。① 据 2008 年 11 月 29 日在莫斯科市召开的俄共第十三次代表大会的资料,当时在俄共有党的组织员人数超过 2.3 万。② 2010—2011 年,俄共的基层组织增加了 200 个,这是许多年未曾出现过的形势。③

组织员制度虽不是为实现队伍年轻化而制定的专门办法,但也属于青年工作的范围,因为其对吸引青年支持者、发展青年党员有一定推动作用。

(四)修改党的《青年政策方案》

基于青年的特殊性,政党一般都会制定党的青年政策,阐述自己对青年、国家青年政策的相关认识,明确申明政党青年工作的基本内容、方式、重点等。同时政党的青年政策也是青年了解某个政党的重要平台。

俄共青年政策的开端始于 1998 年,当时制定并通过了在青年工作领域内的基本文献——《俄罗斯联邦共产党青年政策方案》。制定系统的青年政策的需求,源自于党对新的青年成员的需求。

时隔 10 年以后鉴于俄罗斯社会发生的巨大变化,2008 年俄共完成了对这份方案的修改工作。在新修改的俄共《青年政策》方案中共分三个部分:一是资产阶级政权给青年带来的严重社会问题;二是俄共青年政策的目标;三是俄共青年政策的基本任务。在这份修改过的《青年政策》中分析了为何修改党的青年政策的原因:一是青年政策对象发生了改变,不同于 20 世纪 90 年代有过苏联经历的年轻人,当前都是在国家反苏反共环境下成长起来的新生代,对马克思主义、社会主义有模糊感和偏见;二是出现了新生的青年群体,例如进城务工青年、"办公室无产阶级",要求俄共开展有针对性的青年工作;三是现在俄共在各级国家机关中的影响力远不如 20 世纪 90 年代,党的影响受限。这极大限制了俄共对国家青年政策的影响,尤其是自己提交的青年政策方案很难为议会通过。这些事实要求俄共

① Парторганизаторы —новая основа партийнойработы [EB/OL] . http:∥www. kprf – udm. ru/2010 – 06 – 17

② Г. А. Зюганов об укреплении партии и ключевых проблемах организационно – партийной работы[EB/OL]. http:∥www. qwas. ru/ 2008 – 11 – 29

③ О повышении эффективности низовых звеньев партии в современных условиях. Доклад Председателя ЦК КПРФ Г. А. Зюганова на XⅢ (июньском) 2012 года пленуме ЦК КПРФ[EB/OL]. http:∥kprf. ru/party_live/107343. html

将自己青年工作的中心从国家政策领域转移。笔者认为,以上修改原因的分析,较为深刻、客观、全面,引人思考。

(五)建立青年协会制度

2005 年俄共修改党的章程,决定"为了促进工作的开展,隶属于党的基层组织或党委会,可以成立将不满 30 岁的青年党员联合起来的青年协会(молодёжные секции)。"而后颁布了《俄罗斯联邦共产党青年协会条例》(下文简称条例)。①

条例对青年协会成员的规定:不满 30 岁的青年党员和党的青年支持者可以成为青年协会成员。一般情况下,青年协会成员不能少于 3 人。个别情况下,青年协会成员年龄可以在 30 至 40 岁之间。青年协会成员不允许超过 40 岁。根据青年协会大会决议,可以发展新成员或开除原协会成员。

条例对青年协会职能的规定:寻找、团结和组织俄共的青年支持者,组织青年党员、党的青年支持者与其他青年进行交流,通过多种形式在各类青年中开展宣传鼓动工作,参与为在党和国家机关工作的青年干部的培训工作,为发展青年党员向基层党组织提供建议,促进青年参加由党组织的各种社会活动。

目前关于俄共青年协会具体运行情况、对队伍年轻化的影响等方面的资料少之又少,所以本文只能对这一制度的基本规定做一个最简单的介绍。这种介绍一方面希望能较为全面梳理俄共的具体青年工作,一方面希望抛砖引玉引起学界对这方面问题的重视和思考。

三、思考与评价

通过分析研究俄共队伍状况和实施的年轻化政策等问题,引发笔者以下四方面思考。

第一,俄共队伍中青年党员的比例不高,既是该党自身问题的反映,也是苏联解体以后俄罗斯青年社会积极性的显现,突出反映到青年的政治积极性。也就是新世纪以来,俄共队伍中青年党员比例不高,既有该党自身的原因,比如党的政策主张、发展党员手段等等,对青年的吸引度不高,也与整个俄罗斯青年的政治积极性不高有很大关联。青年政治积极性不高,突出表现为其不加入任何政党。

---

① Положение о Молодежной Секции КПРФ[EB/OL]. http://www. skmrf. ru/2005 - 10 - 11

2009—2011 年俄罗斯科学院乌菲姆斯基科学中心经济社会研究所的专家们,以生活在俄罗斯巴什科尔托斯坦共和国首府——乌法市的青年为社会调查对象,分析俄罗斯青年的政治积极性问题。调查结果为青年的政治积极性普遍不高。其中一项调查数据为,仅有 4.3% 的受访青年是某一政党的党员。① 通过这组调查数据可以得出这样的结论,当前在俄罗斯各大政党中青年比例不高具有普遍性,不仅仅是俄共特有的诟病。也就是我们对俄共队伍年轻化问题的评介,要放到俄罗斯整个国家的大环境中,评介要客观、全面。

第二,对于一个政党而言,党员其中包括青年党员数量,是衡量其生命力、影响力的一个重要标准,但绝不是唯一尺度。面对党内老年人的高比例,党员人数的锐减,俄共高度重视队伍年轻化问题,是绝对正确的,抓住了问题的要害。但是为了数量而不惜使用任何手段,不可取。党员的质量,特别是对党的纲领和宗旨的认可度、忠诚度,是最为重要的。否则不纯洁的党员队伍,更是致命的毒药。为了吸引更多的青年人入党,俄共采取了一种笔者称之为"仕途诱惑"的手段。具体表现为,俄共党内正运行着一种机制,即依靠共产党员议员召集助手的队伍年轻化。俄共中央委员会副主席瓦列里·拉申在 2012 年 6 月曾经指出:"我们党内运行着依靠党的议员招募助手来实现队伍年轻化的制度。他们当中每一个可以配备 45 名助手,如果他们可以很好地表现,那么可以推荐为议员候选人。"②我们都知道,在议会制国家,被选举产生的各级议员,在物质待遇、工作条件等方面,国家为其提供了各种优待,这通过俄罗斯每名议员可以配备 45 名助手可以窥见。但是如果通过议员身份来诱因青年入党,是否可取? 青年接近俄共议员,成为其助手,积极争取在各级议员选举中成为俄共议员候选名册中的一员。试问要让青年人关注的是俄共的宗旨和奋斗目标,还是俄共这个议会第二大党的扶梯和跳板?对于马克思主义政党而言,党员的质量和纯洁度是最为重要的。

第三,实现俄共领导队伍的年轻化,是现实全党队伍年轻化的关键环节。通过上文的梳理可以发现,俄共在实现自身领导队伍年轻化方面,确实迈出了很大的步伐,做出了很大的努力。但是实事求是地讲,在实现各级领导层年轻化方面,

---

① А. Ю. Гайфуллин, Н. В. Рыбалко: Диагностика развития политической активности молодежи, Вестник ВЭГУ № 6 (56) 2011

② Зюганов нашел рецепт омоложения[EB/OL]. http://izvestia. ru/news/519290

俄共内部的阻力还是很大的。总结起来这种阻力来自两个方面:一是一些老干部不相信青年能担当大任的保守主义;二是一些老干部看重党内领导职务及带来的物质待遇和社会地位。以下是一组来自俄共官方文件的关于各类党组织主要领导人在国家政权机构任职情况的人数统计:截至 2013 年 1 月,65 位地区党委第一书记(约 80%)、863 位地方党委第一书记(约 35%)、3386 位基层组织第一书记(约 25%)是地方自治机关和政权立法(代表)机构的代表。① 由于担任俄共的相应级别的领导,进入国家机关任职的机会较高,还能享受到较高的福利待遇,所以当前俄共的各级老领导们还是比较看中在党内担任一定的领导职务。一些领导以年轻化不能破坏领导队伍的"稳定化"为口实,阻挠、拖延推荐年轻干部。在俄共的官方文件中曾经谈到,对党的领导干部的年轻化,不能一刀切,既要看重领导干部的年龄,也要看重能力。有实力的领导者,担任领导的年限可以没有年限。并通过苏联时期几位担任某一部门领导职务几十年的领导者为例子进行说明。我们知道,实现领导干部的退休制度是一种科学的机制,对党的长远发展是有利的。领导者的年龄太大,在领导岗位时间过长,会带来很多负面问题,比例领导者精力不够,观念保守,形成小团体等等。所以俄共今后要实现党员队伍年轻化程度的提高,还要继续加大推进各级领导干部的年轻化问题。这是绕不过的一步。青年的领导干部,辅之以经验丰富的老干部,必定会给俄共的发展带来新生机。

第四,必须打破苏联青年模式的束缚,与时俱进地开展工作。在俄共关于自身队伍年轻化和对俄罗斯现行青年政策的评价中,经常可见这样的论述"创造性运用苏联青年政策的经验"。可见,俄共的青年政策,在理论基础、思维方式、运行模式等方面,还是没有完全脱离苏联模式的束缚。在其论述自己青年政策的优越性,批判俄罗斯政府、俄罗斯其他政党的青年政策时,在其言行表露中有深深的苏联模式痕迹。从青年政策角度,给人一种俄共是"面向过去、回到过去"的政党。该党对苏联青年政策持高度肯定的态度。实际上,正确的态度是对苏联青年政策要做辩证的分析。苏联的某些做法在当时看来是先进性的,但是放到今天,未必对 80 后、90 后、00 后俄罗斯青年具有吸引力。所以俄共要走出党员队伍老化、青年比例不高、青年党员人数增长缓慢的困境,就必须打破传统模式束缚,将马克思

---

① Газета《 Правда 》. Облик партии перед XV съездом[EB/OL]. http://kprf.ru/party - live/cknews/115734. html

列宁主义基本原理同当今的时代特征、俄罗斯具体国情相结合,走出一条自己青年政策道路,这是一个重要的突破口。

在俄罗斯逐步走出转型混乱、国力逐渐恢复,普京权威主义影响力不减,政党"统一俄罗斯党"在国内政党独占鳌头,公正俄罗斯党加紧争夺传统左翼选民的情况下,俄共能遏制住党员人数下降,自2009年起党员人数小幅度增加、党员平均年龄下降、青年党员人数增加,实属不易。今后俄共在现实自身年轻化的道路上效果如何,让我们拭目以待。

第三节　监察工作

苏共的灾难(相当一部分高层领导资产阶级蜕变,但党的机构又无能及时予以清除),迫使俄共认真思考如何构建自己的党内监察机关。下文主要从俄共同苏共在党内监察制度上的区别入手,归纳分析俄共的监察工作。

在1993年2月14日召开的恢复重建大会上,决定取代隶属于中央委员会的监察委员会,成立独立的监察机构,即俄共中央监督—检查委员会(Центральная контрольно-ревизионная комиссия КПРФ)。现任俄共中央监督—检查委员会主席为弗拉基米尔·尼基京(Владимир Никитин)。①

一、俄共同苏共在监察制度上的区别

(一)苏共的监督机关(Контрольные органы КПСС)

联共(布)——苏共中央检查委员会(Центральная ревизионная комиссия ВКП(б)—КПСС),是按照党章对党的财经报告负责的苏共机关。成立于1919年,最初名称是检查委员会(Ревизионная комиссия),1920年更名为监督委员会

---

① 弗拉基米尔·尼基京(Владимир Никитин)(1948—),1975年加入苏共。从1974年开始从事共青团和党务工作,先后担任俄罗斯普斯科夫州大卢基市共青团第一书记、苏共普斯科夫州大卢基市委第一书记。从1995年开始担任俄共普斯科夫州第一书记。2000年被选为俄共中央监督—检查委员会主席。第二、三、四、五、六届俄罗斯联邦国家杜马议员。

(Контрольная комиссия)。1921 年监督委员会划分成中央检查委员会(Центральная ревизионная комиссия)和中央监督委员会(Центральная контрольная комиссия)。中央检查委员会负责党的财经监督,中央监督委员会负责党的纪律监督。

1934—1952 年取代中央监督委员会,存在着隶属于联共(布)中央委员会的党的监督委员会(Комитет партийного контроля при ЦК КПСС),1952—1990 年存在着隶属于苏共中央委员会的党的监督委员会。① 1990 年苏共召开第二十八次代表大会,将中央检查委员会和隶属于中央委员会的党的监督委员会合并成统一的机关苏共中央监督委员会(Центральная контрольная комиссия КПСС)。

纵观苏联历史,可以看出在苏共内部,在各级水平上长期存在着两个监督机关:②

一个是隶属于苏共中央委员会,苏共州、市、区党委会的党的监督委员会(Комитет партийного контроля)。作为各级党委会的一个机关开展工作,向所属党委会汇报工作。另一个是苏共检查委员会(ревизионные комиссии КПСС)(中央、州、市、区检查委员会),在党的代表大会上选举中央检查委员会,在党的代表会议上(州、市、区)选出相应检查委员会,独立于相应党委会。

(二)俄共的监督机关(Контрольные органы КПРФ)

在俄共内部,在各级党组织存在着一个监督机关。俄共中央监督—检查委员会,这是党的一个中央监督机关。在党的代表大会同时选出中央委员会和中央监督—检查委员会。中央监督—检查委员会独立于中央委员会,只向党的代表大会汇报工作。俄共州监督—检查委员会,在州党的代表会议上与州党委会同时选出,它独立于州委会,只向州党的代表会议汇报工作。总而言之,州监督—检查委员会不是州党委会的一个机关,而是俄共州党组织的一个机关(орган областного партийного отделения КПРФ)。俄共地方、基层组织中的监督—检查委员会的产生和职能也同上。

---

① 1952 年 10 月举行联共(布)第十九次代表大会,讨论苏联发展第 5 个五年计划(1951—1955),修改党章,改称苏联共产党。

② В. С. Никитин: О действиях контрольных органов партии в период обострения политической борьбы против КПРФ[EB/OL]. http://kprf－zelenograd.ru/2011－03－26

由此,在俄共内部,监督—检查委员会的职责包括监督相应党委会的财经活动(征收、登记、分配、花销党费),俄共章程赋予了监督—检查委员会对党委会的独立性和自主性。例如,州监督—检查委员会每年要对俄共州委会的财经活动开展检查,根据俄共章程的要求,检查结果的报告要向俄共州委会和州监督—检查委员会联合全体会议汇报。保证了对党费征收和开支的经常性监督。为此,确定了这样的工作规则:每月实现业务监督,每季在俄共州监督—检查委员会主席团会议上审查党费征收和开支的结果,每半年在俄共州监督—检查委员会全体会议上总结工作。

俄共章程规定俄共监督—检查委员会的职能还包括:①

(1)为了组织俄共中央监督—检查委员会的工作,从这个委员会成员中选出有权限、任期的监督—检查委员会主席团、监督—检查委员会主席团成员以及主席、副主席。俄共中央监督—检查委员会成员可以参加俄共中央委员会及其机关的工作,但是有讨论权,无表决权。在必要情况下,俄共中央委员会和中央监督—检查委员会可以召开联合会议。(2)在俄共地区、地方和基层组织监督—检查委员会决议与党的章程、中央监督—检查委员会决议抵触(矛盾)情况下,俄共中央监督—检查委员会有权废除这样的决议。在自己职权范围内通过的俄共中央监督—检查委员会的决议,对俄共所有党员、所有机关、机构而言都必须执行。(3)对党的部门、党员遵守党章情况进行监督。

可见,俄共和苏共在监督机关上的区别是:②第一,在俄共内部创建了一个监督机关(监督—检查委员会),在其中将苏共两个监督机关的职能(检查委员会和监督委员会)的职能联合起来;第二,最重要的区别是俄共的监督机关完全独立、自立于相应党委会,而苏共的监督机关部分独立于相应党委会。

(三)俄共部内不存在两个中心

某些俄共党员提问,既然俄共是苏共的继承者,那么为什么苏联时期党的监督委员会隶属于苏共中央委员会,向中央委员会汇报工作,而俄共监督—检查委员会是独立于俄共中央委员会的机关。还产生了在俄共内部存在两个中央领导

---

① Устав КПРФ[EB/OL]. http://kprf.ru/party/charter/2011-07-10

② В.С. Никитин: О действиях контрольных органов партии в период обострения политической борьбы против КПРФ[EB/OL]. http://kprf-zelenograd.ru/2011-03-26

机关、两个政权并存的疑问。

俄共中央监督—检查委员会主席弗拉基米尔·尼基京认为，某些党员的担心完全是没有根据的。

第一，从党章规定看。在俄共重建大会上通过的党章中明确规定，俄共中央监督—检查委员会及其主席团是俄共的中央监察机关，俄共中央监督—检查委员会有成员 37 人。如同中央委员会一样，在全党代表大会上选举产生中央监督—检查委员会，只向党的代表大会汇报工作。同时俄共的章程中形成了不允许出现两个中心的规定。其一，中央监督—检查委员会没有惩办党员的权利；其二，只有中央委员会才有解释党章的权利；其三，没有全党代表大会的决定，任何一位中央监督—检查委员会成员都不能领导党组织。①

第二，从具体工作内容看。在俄共中央、地区、地方和基层组织那里，除了各种党内工作，还有许多党外活动方向（宣传—鼓动和信息活动，参加选举运动，对其他政党、工会、青年组织、妇女组织、老战士组织等的工作）。而作为党的监察机构，中央监督—检查委员会、各地监督—监察委员会主要工作领域，仅是党内活动。它们的主要事业、主要职责是对党员、党的部门遵守党的章程情况进行监督，发现和遏制对党的章程和纲领性目标的破坏。

可以形象地说，党的监察机关——这是党的盾牌（щит партии）。为了提高监察机关在捍卫党组织、巩固党的纪律和党员队伍统一方面的作用，俄共第十次、十一次代表大会扩大了中央监督—检查委员会，地区、地方和基层监督—检查组织的权力。

弗拉基米尔·尼基京指出，俄共监察机关要承担更多责任。俄共监察机关，现在有更多的权力。随着权力的扩大，其责任也随之提高。正如他所言："应该理智地、经过全面权衡地、正确地使用这些权力"②鉴于此选拔监督—检查委员会干部具有特殊意义：其一，应该是这样的党员在监督—检查委员会中工作，即他们有丰富的群众政治工作经验，又有丰富的生活经验。其二，其中工作的党员应该

① В. С. Никитин：О действиях контрольных органов партии в период обострения политической борьбы против КПРФ［EB/OL］. http://kprf – zelenograd. ru/2011 – 03 – 26

② В. С. Никитин：О действиях контрольных органов партии в период обострения политической борьбы против КПРФ［EB/OL］. http://kprf – zelenograd. ru/2011 – 03 – 26

是这样的,即讲原则、廉洁、正直、没有贪欲和在党内享有威信的人。他们工作的标准,首先应该是党的利益,而不是个人的倾向,注重客观性、公正性。

二、俄共监察机关地位和作用被提高

2004 年"谢米金事件"以后,在俄共十次代表大会上做出了重要的举措,通过了《提高监督—检察机关在巩固党组织、实现党战略性目标中作用和意义》的决议。当时提出了这样的任务,即创建俄共的监察机关体系(создать систему контрольных органов партии)。为了完成这一任务,制定和确认了新的标准性文件:《关于俄共中央监督—检察委员会》的条例(Положение о Центральной контрольно - ревизионной комиссии)、《关于俄共地区、地方和基层监督—检查机关》的条例(Положение о контрольно - ревизионных комиссиях региональных, местных и первичных отделений КПРФ)。

俄共第十次代表大会明确了作为中央监察机关的中央监督—检查委员会主席团的地位,为的是其决议的权威性不受任何质疑。俄共中央监督—检查委员会主席团、全体会议的决议下发到地方党委会之后,必须认真贯彻执行。代表大会决定,为防止中央监督—检查委员会成员被迫害,不经中央监督—检查的同意,其成员不可以被开除党籍。代表大会赋予中央监督—检查委员会这样的权利,即在自己职权范围内,以中央监督—检查委员会的名义,中央监督—检查委员会主席团有权向全体党员发出号召。

2005 年 10 月 25 日,俄共第十一次代表大会通过了《关于俄共中央监督—检查委员会》的条例,2006 年 10 月 24 日俄共中央监督—检查委员会通过了《关于俄共地区、地方和基层监察机关》的条例,进一步明确了俄共监察机关的作用、地位、权利和职责。对于俄共全党而言,审查党员上诉等事情,其规则和程序将更为统一和完善。为扩大监察机关的能力、明确监察机关的权力、职责、工作形式和方法奠定了标准性基础。这些文件被汇编成专门的手册《俄共监察机关》(《Контрольные органы КПРФ》)。①

整体上看,俄共第十次代表大会召开以后,《提高监察机关在巩固党组织、实

---

① В. С. Никитин: О действиях контрольных органов партии в период обострения политической борьбы против КПРФ[EB/OL]. http://kprf - zelenograd. ru/2011 - 03 - 26

现党战略性目标中作用和意义》决议得以成功实施。就俄共党内重要问题,定期召开俄共中央委员会和中央监督—检查委员会联合会议。在许多地方组织中也付诸了这样的实践。最近几年,俄共中央委员会所有书记、中央主席团成员,都作为普通党员,在俄共中央监督—检察机关会议上汇报自己对俄共章程的遵守和党委派任务的履行情况。俄共中央委员会在言论和实践中一直支持俄共中央监督—检查委员的以下文件精神:《同党内新托洛茨基主义做斗争的必要性》、《对在政权立法和执行机关中工作的党员的工资实行:"最高党费"》、《不允许变圣彼得堡、莫斯科市党组织为分裂党的工具》、《同党内帮派主义、集团主义倾向做坚决的斗争》。

三、俄共监察机关的七大任务

2011 年 3 月 2 日,俄共中央新闻办刊发了中央监督—检查委员会主席尼基京的文章《提高监察机关作用》,文中对俄共监察机关的任务进行了新概括,包括以下七个方面:①

任务一,通过党的要求和党员同志关系的辩证结合,以思想、组织、精神一致性为基础,保证党的统一。设置屏障防止异己因素向党内渗透。履行党的代表大会委派的任务,同党内的集团主义、帮派主义倾向作斗争。无论职位高低都要追究党的纪律破坏者的责任。任务二,严格监督每一名共产党员履行党在这方面的要求,即通过交纳党费和订阅党的刊物从物质上支持党。任务三,经常提醒党领导者和普通党员,党员的主要章程性责任是实现党的纲领性目标,第二个责任是遵守党章中的具体规定。因此,从考虑对实现党的纲领目标有益程度,监督—检察机关应该不断评价党的机构的决议和党员的行动。任务四,提醒党委员会的领导者及其成员,依据党的章程中的规定,党委员会首要的是遵守党的章程,执行上级党组织的决定。任务五,监督履行俄共章程第四章第四款的规定,即每年听取经选举产生的俄共基层组织领导者关于完成党委派任务的工作情况的汇报。任务六,在选举期间谨记,对于俄共而言获得高选民支持率,不是目标,而仅仅是实现目标的手段。对于俄共来说最重要的是,通过议员资源提高党的战斗力。任务

---

① В. С. Никитин: О действиях контрольных органов партии в период обострения политической борьбы против КПРФ[EB/OL]. http://kprf – zelenograd. ru/ 2011 – 03 – 26

七,及时审查党员的申诉。

第四节　财经工作

财经工作是俄共重要的活动内容,保障了该党运行的物质基础。下文就俄共的资金来源做重点阐释。俄共资金主要来自四个方面:一是党员交纳的党费;二是俄共接受的捐助;三是国家预算拨款;四是其他收入。

俄共现任财经工作的总负责人是俄共中央委员会委员、中央事务长(办公厅主任)阿列克谢·波诺马廖夫(Алексей Пономарёв)。阿列克谢·波诺马廖夫生于1942年,俄罗斯政治活动家。1985年2月被选为苏共塔波夫州彼得罗夫斯克区委会第一书记。1988年1月担任俄罗斯塔波夫州农工委员会副主席。1988年12月担任苏共塔波夫州委员会农业经济局局长。曾经获得苏联红星劳动勋章、杰出劳模奖章。苏联解体以后先后被选为第一、二、三、五、六届俄罗斯联邦国家杜马议员。从2005年6月起,担任俄共中央事务长。下文资料主要来自俄共章程、在俄共官方网站刊载的阿列克谢·波诺马廖夫关于俄共财经工作的短文,以及其接受媒体的访谈录等。

一、关于党员交纳党费

按期缴纳党费是每一名俄共党员的义务。1993年俄共二次非例行代表大会上通过的党章规定:"俄共成员要交纳党费,每月交纳党费的数额不少于自己月收入的1%"。[1] 俄共中央事务长阿波诺马廖夫指出,对党而言,征收党费是一项政治任务。"党费问题不仅仅是财经问题,还是纪律和责任问题,是共产党员从物质上支持党组织的有意识行为。"[2]

为进一步加强党费的征收、登记和开支,2006年10月10日俄共中央委员会主席团通过了《关于党费征收、登记和花费规则》的条例(положение о порядке

---

① УСТАВ КПРФ[EB/OL]. http://kprf. ru/2011 – 07 – 10

② Управляющий делами ЦК КПРФ А. А. Пономарёв в Советской России: 《 Сбор средств для партии – работа политическая 》[EB/OL]. http://kprf. ru/2008 – 09 – 09 сбора，учёта и расходования членских партийных взносов）主要内容可概括如下：①

（一）党费的数额

（1）按照俄共章程的规定，俄共成员要交纳党费，每月交纳党费数额不少于自己月收入的1%，党员有权一次性或经常交纳高于统一规定的党费。（2）俄共基层组织大会、地方委员会局，有权决定以下群体每月交纳党费数额是月收入的0.5%，即月收入低于联邦法律规定的最低劳动报酬的四分之三的退休者、大学生等群体。（3）从自己真正获得货币收入当月起，党员就应该交纳党费。

（二）接收党费的规则

（1）俄共基层组织书记或出纳员通过登记表接收党费。（2）无正当理由，党员连续三个月不交纳党费，应该承担俄共章程规定的责任。（3）接收完每月党员应该交纳的党费后，基层党组织书记计算出最终数额，在一个月内上交上一级党组织。连同党费和党费上交清单，党组织同时应该提交每月党费收入的综合性报告。从基层组织书记那里接收完党费之后，俄共地方组织委员会书记将每月接收的党费上交俄共地区党组织，并提交整个地区党组织每月党费收入的综合性报告。

（三）党费的开支

每一个地区党组织必须将不少于20%的党费上交俄共中央委员会。其余党费收入有权自主支配。从以上规定可以看出：一是，交纳党费是俄共党员的义务，每月交纳党费数额也有统一规定，同时对生活困难、低收入党员有特殊照顾，在党费缴纳方面不搞一刀切。二是，从基层、到地方再到地区党组织，党费接收和管理工作基本上由党组织书记负责，可见重视程度。三是，俄共80%的党费收入留于地方，地区党委有权自主支配这部分党费的开支，为地区党组织开展活动奠定了一定的物质基础。

2010年俄共中央到地方全党收入是3.19447亿卢布，其中党费收入是7063万卢布（平均每名党员每月交纳党费40.9卢布），同2009年相比增加1200万卢布。同2009年相比，2010年上交党中央的党费增加24.1%，多出470万卢布。有

---

① УТВЕРЖДЕНО Постановлением Президиума ЦК КПРФ［EB/OL］. http：//kprf – vs. ru/in-dex. php/2006 – 10 – 11

19 个地方组织这方面工作最有成效,每一个组织上交给中央的党费都不少于 20 万卢布。总体上说,同 2009 年相比,绝大多数地区党组织都保障了上交党中央的党费数额。有 29 个地区组织党费上交数额高于上一年 30%,而阿迪格共和国、利佩茨克州党组织上交党费数额提高 2 倍。①

二、关于最高党费制度

最高党费(партийный максимум),一般指进入党的账户的议员工资中的固定份额。这是一个非常重要的问题。在俄共中央的决议中对"最高党费"的标准有明确的规定。

2007 年 3 月 24 日召开的俄共中央委员会、中央监督—检查委员会第九次联合全体会议通过了《关于在党内实行"最高党费"制度》的决议。根据此决议,在俄共内部开始实行"最高党费"制度。2008 年 3 月 25 日召开了俄共中央委员会和中央监督—检查委员会第十三次联合全体会,通过了《关于"最高党费"》的决议,其中明确了两方面内容:一是缴纳"最高党费"的主体,主要包括俄共国家杜马议员及其助手、俄共国家杜马议员党团中的工作人员、俄共地方议会议员。二是每月交纳"最高党费"的数额,不低于俄罗斯联邦各地月平均工资的 75%(截至 2008 年年底,俄罗斯国家议员的平均工资超过 15 万卢布),同时地区党委会有权根据当地实际情况做具体调节。② 在俄共党内"最高党费"执行非常严格,以上交纳主体必须无条件服从。2011 年 7 月俄罗斯斯维尔德洛夫斯克州一名俄共议员因不交纳"最高党费"被开除党籍。③

三、关于国家预算拨款

俄共在联邦选举中获得的每一张选票,都会获得国家预算补贴。2009 年之前,在俄罗斯进入国家杜马的政党,所获每张选票可以得到 5 卢布补贴。从 2009

---

① КПРФ:Источники партийной кассы[EB/OL]. http://work - engels. ru/2011 - 03 - 29

② Постановление ХIII совместного Пленума ЦК и ЦКРК КПРФ 《О партийном максимуме 》[EB/OL]. http://kprf. ru/2008 - 03 - 25

③ Депутата Перского выгоняют из КПРФ за неуплату партийного максимума[EB/OL]. http://www. mr66. ru/2011 - 07 - 15

年 1 月 1 日起,每张选票补贴提高至 20 卢布。国家预算对杜马选举的选票补贴是分年拨付。在总统大选中的选票补贴,一次性支付。2011 年国家预算对俄共的拨款是 1.60938 亿卢布。"这不是克里姆林宫的钱,而是人民的钱。涉及人民对俄共的支持,无论是谁都不能否认这一点。"①俄共认为,从这里可以得出一个结论:"党员、党的支持者、对党的纲领和思想有好感的公民越多,进入选举阶段,党在财经方面就越巩固,党就越有能力为真正的人民政权的胜利而奋斗"。②

四、关于接受捐款

在俄共章程第十章第六款中明确规定,俄共的货币收入包括依照法律程序,从自然人、法人那里接受货币和其他财产形式的捐款。③ 俄共认为,捐款是党的拥护者支持俄共的政治问题。

2001 年 7 月 11 日通过的俄罗斯联邦《政党法》对政党接收捐款进行了明确规定,即赋予权利也提出了要求。《政党法》第三十章规定:(1)政党及其地区组织有权从自然人和法人获得以货币、其他财产形式的捐款,但是捐款要有正规的收据证明和标明其来源。(2)政党及其地区组织接受以货币形式的捐款,通过非现金转账形式实现。从自然人那里获得的捐款,允许通过现金途径交付政党及其地区组织。政党每年接受同一名自然人现金形式的捐款,不应超过联邦法律规定的最低工资的 10 倍。④

在《政党法》中对政党及其地区组织接受捐款有明确的限制。其中包括不允许接受以下自然人和法人的捐款:外国公民、无国籍公民、未满 18 周岁的俄罗斯联邦公民,外资部分超过 30% 的俄罗斯联邦法人,国际组织和国际社会运动,国家政权机关和地方行政组织,权利保护机关,军队,宗教组织,慈善机构,等等。

近几年,俄共接受的捐款不断增加。比如,2010 年同 2009 年相比,俄共捐款收入增加 250 万卢布。2010 年俄共的捐款总收入是 6685 万卢布,其中法人捐款

---

① Управляющий делами ЦК КПРФ А. А. Пономарёв в Советской России:《Сбор средств для партии – работа политическая》[EB/OL]. http://kprf. ru/2008 – 09 – 09

② КПРФ:Источники партийной кассы[EB/OL]. http://work – engels. ru/2011 – 03 – 29

③ Устав КПРФ[EB/OL]. http://kprf. ru/2011 – 07 – 10

④ Федеральный закон от 11 июля 2001 г. N 95 – ФЗ "О политических партиях"[EB/OL]. ht-tp://www. rg. ru/2001 – 07 – 11

855.2 万卢布、自然人捐款 5829.8 万卢布。增加部分的捐款者主要来自以下地区：莫斯科市、圣彼得堡市，克拉斯诺达尔边疆区、克拉斯诺亚尔斯克边疆区、彼尔姆州、哈巴罗夫斯克边疆区、布良斯克州、伊尔茨克州、莫斯科州、秋明州。有 23 个地区党组织接受的自然人捐款同 2010 年相比，增加 1.5 倍。实践证明，"接受的捐款越多，党组织越能在各地一如既往、集中精力开展群众政治工作和宣传鼓动工作。"①

五、关于其他方面的收入

通过俄共党章第 10 章第 9 款的内容，可以概见俄共其他收入来源。章程中明确为完成党的章程和纲领中规定的任务、实现自己的奋斗目标而创造财经和物质条件，党的各级组织有权实施以下经营性活动：为宣传自己的观点、任务和目标，公布自己的活动结果，开展营利性的信息、广告、出版和印刷活动；制作和出售带有俄共标志、名称的商品，以及制作、出售各类印刷品；出售、出租归俄共所有的动产和不动产。② 2010 年俄共的企业活动收入（出售报纸、出租房屋）是 1154.3 万卢布。

六、关于活动经费的重要性

有人指出，在俄共内部评价一个党组织工作的五个标准中，征收党费和接受拥护者的自愿捐款情况是重要方面。在开展工作中，共产党员同其他党组织"积极分子"的一个明显区别是，不依靠金钱，而是思想基础。为何俄共如此重视财经工作。

俄共中央事务长阿列克谢·波诺马廖夫代表俄共中央对此疑问给以明确回答。他指出，这并不矛盾。俄共的党员和拥护者开展工作，自然首先依靠的是"信仰"。但有效的党的工作也需要资金。比如，从各州中心城市向地区、农村运送党的材料（报纸、宣传单和海报），需要交通运输。尽管俄共党内有许多不索取报酬、用自己的交通工具为党工作的同志，但是"他们自己掏腰包购买运输所需的汽油，

---

① КПРФ: Источники партийной кассы[EB/OL]. http://work - engels. ru /2011 - 03 - 29

② Устав КПРФ[EB/OL]. http://kprf. ru/2011 - 07 - 10

是不公正的。"①需要保障党的积极者和拥护者定期集会,意味着需要租金或购买党组织的办公地。需要为这些办公地配备技术设备,向党组织提供交通工具。需要支持出版党的读物、发行传单和海报。这些都是必需的,否则不会有积极有效的工作。每次党的生活中的重要事情——党的代表大会,都有几百位代表和来宾参加。需要一笔不小的路费和住宿费用,需要租赁大厅,等等。② 征收党费和接受捐款对参加各级选举运动也具有重要意义。在俄罗斯各级选举运动中金钱的较量占有一定地位。为了将俄共的立场主张宣传给更多选民,没有资金保障行不通。"需要电视、广播、报纸对俄共进行宣传,也需要费用。制作、出版宣传材料,需要费用。这些都是不小的开销"。③ 所以俄共认为,经费在一个政党的运行中起到非常重要的作用。

---

① A. A. Пономарев в 《 Правде 》 о результатах сбора членских взносов и пожертвований в первом полугодии 2008 года[EB/OL]. http://kprf. ru/2008 - 07 - 10

② 《 Сбор средств для партии - работа политическая 》 [EB/OL]. http://kprf. ru/2008 - 09 - 09

③ A. A. Пономарев: Размер добровольных пожертвований в фонд КПРФ возрос в три раза по сравнению с прошлым годом[EB/OL]. http://kprf. ru/2007 - 10 - 16

第二章

反思苏联社会主义（反思过去）

在俄共党章中开宗明义、旗帜鲜明地指出，以继续苏共、俄罗斯联邦苏维埃社会主义共和国共产党的事业为己任，是它们思想的继承者。所以，反思苏共执政时期的社会主义成为俄共的重要任务。

第一节　早期社会主义

1933 年 1 月在联共（布）中央委员会和中央监督委员会联合全体会议上，斯大林得出两个结论：一是到苏联第一个五年计划（1928—1932 年）末期，苏联从农业国变成工业国；二是这为社会主义奠定了"经济基础"。① 1936 年 11 月 25 日，在全联盟苏维埃第八次非常代表大会上，斯大林递交了一份新版宪法草案，其中明确指出"社会主义体系在国民经济一切部门中的完全胜利，现在已经是事实了。"②强调，苏联社会的阶级结构发生了原则性改变。并得出一个结论："我们苏联社会已经做到在基本上实现了社会主义，建立了社会主义制度"。③ 此后关于苏联是否建立起社会主义制度的争论经久不息，苏联解体以后更为突出。

---

① Когда же в советском союзе был построен социализм？［EB/OL］. http://stalinism. ru/
2011 – 04 – 03
② 斯大林选集［M］. 北京：人民出版社，1985：102
③ 斯大林文集（1934—1952）［M］. 北京：人民出版社，1985：107 ~ 108

一、苏联是否建立起社会主义制度

俄共指出，当代社会主义理论的重要问题之一是，在苏联是否建立起社会主义制度。对这一问题呈现出多元论意见，基本上可以归纳成三种观点：教条主义观点（догматическая зрения）、非马克思主义观点（неомарксистская зрения，по сути право - троцкистская），正统的马克思列宁主义观点（ортодоксальная марксистско - ленинская зрения）。①依据教条主义世界观，在苏联完全建成了社会主义，社会主义就应该是这样的。某些共产主义政党、党的活动家、一批学者持这种观点，例如，布尔什维克全联盟共产党领袖妮娜·安德烈耶娃（Нина Андреева）②、俄罗斯共产主义运动著名女性代表、苏联公民大会执行委员会主席塔季扬娜·哈巴罗夫（Татьяна Хабарова）③。俄共认为，这种观点的积极一面是，它考虑到了建设社会主义实际经验的价值，并承认苏联具备这样的经验。但是这种观点的"跑步前进"（забегание вперед）性是消极一面。最基本特点是，没有认清苏联社会主义的发展程度和阶段。

非马克思主义者持否定观点，即在苏联不存在社会主义。他们中部分人认为，在苏联存在的是国家资本主义（государственный капитализм），代表性人物包括安德烈·兹多罗夫（Андрей Здоров），代表性著作《国家资本主义和苏联的现代化》（《Государственный капитализм и модернизация Советского Союза》）；弗拉基米尔·萨配加（Владимир Сапега），代表性著作《阶级斗争．国家和资本主义》（《Классовая борьба. Государство и капитал》）。另一部分人认为是"过渡期"（переходный период）。俄共指出，苏联不存在社会主义的观点拥护者，通常持这样的主张，即社会主义的基本特征在于国家政权的民主化。这是不正确的。任何一个马克思主义者都应该明白，应该在经济中寻找某种社会形态的标志性特征，

---

① Размышления о сущности социализма. [EB/OL]. http://www. kprf - kaluga. ru/ 2009 - 11 - 16

② 妮娜·安德烈耶娃(1938—)，俄罗斯政治家、评论家，因 1988 年 3 月 13 日发表被称之为苏联反改革力量宣言的文章《我不能放弃原则》而出名。从 1991 年 11 月 8 日起，领导布尔什维克全联盟共产党(Всесоюзная коммунистическая партия большевиков)。

③ 塔季扬娜·哈巴罗夫是 1991 年 7 月由反戈尔巴乔夫改革的苏共党员组织成的苏共布尔什维克纲领派领导人。

而不是某一时期的政策中。涉及经济领域,根据俄罗斯一些权威经济学家的统计资料,"到1930年底苏联国有生产部门的比例已经占到了99%。这个数字令人信服地驳斥了这种观点,即似乎在苏联完全没有存在过社会主义。"①

正统的马克思列宁主义认为,依据历史唯物论的观点,判断一个国家的社会性质,主要依据其经济和政治的根本制度及其性质。资本主义国家的基本经济政治特征在于私有制经济占主体和资产阶级掌权。既然苏联是实行公有制和共产党领导的根本经济政治制度,那么就不能通过某些国内外的具体政策、具体体制问题等,否认苏联是社会主义国家。俄共指出,在苏联存在社会主义,但还是早期社会主义,这是正统的马克思列宁主义的观点。

二、苏联存在早期社会主义

俄共新版纲领中指出:"在苏联及其他一系列国家发生的资本主义的复辟,意味着社会主义的暂时退却。但是,失败的并非作为社会制度的社会主义,而是社会主义的早期形式"②。早期社会主义,这是俄共对苏联社会主义发展程度的定位。

在俄共看来,经过深思熟虑的、经典的马克思列宁主义立场是最正确的,依据这种立场,在苏联存在社会主义,是早期社会主义(ранний социализм),不完全的社会主义(неполный социализм),到最后也是没有定型的社会主义(не сформированный социализм)。一批学者持以上的观点,包括俄罗斯社会主义取向学者协会副主席理查德·科索拉波夫(Ричард Косолапов)③,俄罗斯左翼学者弗拉基米尔·萨普雷(Владимир Сапрыки),哲学教授、《哲学与社会》杂志主编、哲学教授达维德·焦哈泽(Джохадзе Джохадзе),等等。按照俄共的观点,恰恰是这样的立场应该成为评价苏联社会主义的基础。从这个观点出发必须划分形式主义的社会化和现实的社会化(формальное и реальное обобществление)。法律

---

① Размышления о сущности социализма[EB/OL]. http://www. kprf – kaluga. ru/2009 – 11 – 16

② Программа КПРФ[EB/OL]. http://kprf. ru/2011 – 07 – 10

③ 理查德·科索拉波夫(1930—),苏联、俄罗斯哲学家,罗曼诺索夫莫斯科国立大学教授,原苏共中央《共产党人》杂志主编。

设定公有制、没收剥削者财产、无产阶级专政的苏维埃社会主义国家实行的国有化仅仅是形式社会化。理查德·科索拉波夫指出:"从自己经济内容的观点'流放地主和俄罗斯资本家'意味着,是生产资料和劳动形式上的社会主义的社会化"。实际的社会化要求经过法律设定,还要具备一定的生产力发展水平,技术装备水平。是在实际社会化的情况下,才可以谈建设发达社会主义(将逐渐发展成为共产主义社会)。众所周知,在苏联这一理论观点在现实中是不可能得到承认,特别是20世纪70—80年代。因此,可以得出这样的结论,即在苏联建立了社会主义(был построен социализм),是社会主义的早期发展阶段(ранний этап развития социализма),为向社会主义的发达阶段过渡,必须具备更高的生产力发展水平。①

根据俄罗斯科学院、莫斯科大学学者的倡议,2003年3月25至26日,在莫斯科市举办了"社会主义经济理论中几个值得讨论的问题"科学实践研讨会。120位专家学者出席大会,其中包括4位院士、26位教授、40位博士。大会认为,在苏联存在过的社会制度,可以被评定为"早期的社会主义"(ранний социализм)。它具有社会主义制度的基本特征,尽管这些特征还没有获得充分发展,有的时候还被变形。②

三、苏联社会主义的基本特征

明确完在苏联建立起社会主义制度后,不可避免讨论到苏联社会主义的基本特征。俄共突出强调,这里谈及的基本特征,不是"杜撰、抽象社会主义的特征,而是现实社会主义的特征"③,是在苏联真正存在过的、早期社会主义的基本特征。空谈"社会主义模式"、"社会主义体系",是对社会主义建设实际经验的漠视,更容易搅乱人民思想。

俄共认为,斯大林在自己的著作中有关划分社会主义基本特征的理论遗产。

---

① Размышления о сущности социализма[EB/OL]. http://www. kprf - kaluga. ru/2009 - 11 - 16

② Конференция по проблемам экономической теории социализма [EB/OL]. http://kprf. ru/2003 - 03 - 31

③ Конференция по проблемам экономической теории социализма [EB/OL]. http://kprf. ru/2003 - 03 - 31

为人民认清苏联社会主义的基本特征提供给了无价帮助。在联共(布)第十六次代表大会①的政治报告中(В политическом отчете XVI съезду ВКП（6）)，斯大林总结了苏联存在的社会主义的六个特征：

1. "资产阶级和地主阶级的政权已经被推翻而代之以工人阶级和劳动农民的政权"。② 俄共认为，这一论述的实质在于，社会主义条件下，苏联是依靠所有劳动群众的、无产阶级专政的国家。

2. "生产工具和生产资料即土地和工厂等已经从资本家那里夺取过来并转为工人阶级和劳动农民群众所有"。③ 俄共认为这一论述的核心思想是，生产资料公有制占统治地位。

3. "生产的发展所服从的不是竞争和保证资本主义利润的原则，而是计划领导和不断提高劳动者物质和文化生活水平的原则"。④ 俄共认为从这一论述中可见，社会主义生产方式的基础是开展经济建设的计划性。

俄共强调，在这里可以发现社会主义的巨大优越性。社会主义开辟经济建设的计划手段可以得出这样的结论，即社会主义将人类提到更高的发展水平上，废除了经济生产的自发性，在实践中宣布和实施了对社会和生产过程有意识、有计划的领导。

4. "国民收入的分配不是为了保证剥削阶级及其为数众多的寄生仆役发财致富，而是为了不断提高工农的物质生活和扩大城乡社会主义生产"。⑤

在俄共看来，在社会主义制度下，分配如同生产一样，具有社会性质，这样可以为了劳动人民的利益解决资本和劳动之间的矛盾。应该说，对于社会主义而言这一特征是最具特色的。俄共认为，当前就全世界范围而言，在社会主义和无产阶级影响下，有计划管理经济生产的手段被资本主义国家利用。"资本家力求最大程度的发财，将计划自己的活动，在相反的情况下，它就会破产"。⑥

---

① 1930 年 6 月 26 日至 7 月 13 日，在莫斯科市召开了联共(布)第十六次代表大会，有 2159 位代表出席。
② 斯大林全集(第 12 卷)[M]. 北京:人民出版社,1955:280 ——笔者注
③ 斯大林全集(第 12 卷)[M]. 北京:人民出版社,1955:280 ——笔者注
④ 斯大林全集(第 12 卷)[M]. 北京:人民出版社,1955:280 ——笔者注
⑤ 斯大林全集(第 12 卷)[M]. 北京:人民出版社,1955:280～281 ——笔者注
⑥ 斯大林全集(第 12 卷)[M]. 北京:人民出版社,1955:281 ——笔者注

　　因此,在当代资本主义社会就生产本身而言,同在社会主义社会的生产区别很少。而分配生产成果是社会主义和资本主义的分界线。事实上,甚至在发达资本主义国家在完全可以容忍的情况下,资本家、雇佣劳动和资本的存在,不能按照公正原则分配生产成果。必然,附加产品中大部分将被个别人占有。根据俄共的观点,分配制度是社会主义社会的基本评价标准。

　　5.“劳动者的物质生活状况的不断改善和劳动者的需求（购买力）的不断增长既然是扩大生产的日益增长的源泉,因而也就保证劳动者免遭生产过剩的危机,免受失业增长和贫困的痛苦”①。到了 1952 年斯大林对社会主义基本经济规律进行了表述:“保证最大限度地满足整个社会经常增长的物质和文化的需要,就是社会主义生产的目的;在高度技术基础上使社会主义生产不断增长和不断完善,就是达到这一目的的手段。”②作为社会主义生产方式的最高目的——社会福利（Благо общества）。

　　6. 经过分析,斯大林得出一个结论:“工人阶级和劳动农民是国家的主人,他们不是为资本家而是为自己劳动人民做工的。”③在这里可以重新看到社会主义的人道本质,社会主义将为社会工作,继而是为自己工作,消灭人对人的剥削。

　　在俄共看来,斯大林划分出的社会主义社会这些特征,具有重大的理论意义。在这六个特征中,斯大林给出了评价社会主义形态的基本和通用参数。在这个六个特征中简洁描述了社会主义制度的基本实质:社会主义生产和分配方式的特殊性。这六个基本特征既适用于在苏联存在过的早期社会主义,也适合于今后要建设的更为发达的社会主义。斯大林社会主义基本特征应该作为评价某一种社会“社会主义性质”的基本标准。

　　俄共强调,依据以上特征苏维埃科学对社会主义做了普遍的定义:“社会主义是共产主义的第一个阶段。生产资料的公有制是社会主义的经济基础,政治基础——在马克思列宁主义政党领导下的工人阶级起领导作用的劳动群众政权。社会主义是消灭人剥削人、为了提高人民福利和每一个社会成员全面发展而合理

---

① 　斯大林全集（第 12 卷）[M]. 北京:人民出版社,1955. :281 ——笔者注
② 　斯大林选集（下卷）[M]. 北京:人民出版社,1979:598 ——笔者注
③ 　斯大林全集（第 12 卷）[M]. 北京:人民出版社,1955:281 ——笔者注

发展的社会制度"。①

四、苏联社会主义难以逾越的障碍

早期社会主义概念是由马克思主义哲学家、莫斯科大学教授维克多·瓦秀林（Виктор Вазюлин）最先提出的。在他看来，其理论意义可以同早期资产阶级革命、英国革命、法国革命进行类比。早期社会主义在自己发展的某个阶段都具有"跑步向前（забегали вперед）"的特点，经济基础还没有完全适应新的上层建筑。

苏联社会主义，作为社会主义的早期形式，具有明显的特点：社会主义革命在一个这样的国家取得胜利，即在这个国家四面受敌、面临着第二次世界大战即将爆发的情况下，应该在压缩的时间内、以急速方式建设社会主义，为社会主义夺取最大的生存空间。也就是超速发展是社会主义国家的现实需求。因此，尽管生产力发展水平还没有要求出现充分准备的、十足的公有化，但还是尝试实施这样的公有化。在早期社会主义条件下，"人既是目的也是手段"的目标，实现得不是最好。在这一阶段只能这样，也是必需的，因为取决于现实社会条件。

2010 年 1 月 30 日，在莫斯科市召开了俄罗斯劳动集体第一次全国性代表大会。俄共中央委员会副主席弗拉基米尔·卡申（Владимир Кашин）在题为《在俄罗斯劳动人民团结中挽救俄罗斯》的发言中，对苏联社会主义的发展历程进行了简要回顾。在卡申看来，苏联在建设社会主义过程中面临着三方面难以摆脱的障碍：一是苏联的起跑线非常不好，沙皇俄国在经济上是落后的国家，没有像西欧国家那样经历过 300 至 400 年的资本主义发展道路。二是苏联总是有敌人——资源富饶、人口稠密的西方国家。苏联被迫将自己 70% 的资源用到实现与美国、西欧在军事和政治平等上。三是苏联国家的大部分，实际上是整个俄罗斯都分布在严寒的大陆气候带，在这里生存成本高于美国和西欧 2 至 3 倍。所有这些引发了在苏联对消费的限制，成为苏联赤字的一个原因。在他看来，这些因素直到现在也没有"消失"，大概永远也不能消失。②

---

① Размышления о сущности социализма［EB/OL］. http://www. kprf - kaluga. ru/2009 - 11 - 16

② Спасение России - в единстве действий трудового народа！［EB/OL］. http:// kprf. debesi. ru/2010 - 01 - 30

在前苏地区共产党组织联盟"共产党组织联盟——苏联共产党"的纲领中也指出了苏联社会主义建设的面临的障碍"现实历史条件,使得社会主义建设面临很多困难,不允许它完全施展自己的潜能:有沙皇俄国的落后、小资产阶级的自发性(стихия)、来自帝国主义的不断的外部威胁,外国情报机关的破坏性活动,对国防被迫而又必需的支出。"①

简言之,俄共认为,早期社会主义(ранний социализм)("早期"并不意味着"不合时宜")有两个基本特点:第一,在优越资本主义世界力量的情况下,早期社会主义产生。第二,早期社会主义的产生和发展,不是建立在完全符合社会主义的物质技术基础之上,这也就决定了其建设过程的长期性和艰巨性。

第二节 苏联社会主义的辉煌业绩

反思,顾名思义就是冷静思考过去的事情,从中总结经验和教训。上一节主要分析了俄共对苏联社会主义发展程度的定位。本节则主要阐明,在俄共看来,虽然在苏联存在过的还仅仅是早期社会主义,但是其业绩是辉煌的,这是社会主义优越性的鲜活体现。本节主要归纳总结俄共视域中苏联社会主义取得的辉煌业绩、原因及其国际影响等。同时俄共也要扭转一种认识上的误区,即"勿要一谈到苏联社会主义就想到苏联解体和苏共垮台。苏联社会主义的优越性和取得辉煌业绩的原因是值得认真研究的。"②

苏联建立起早期社会主义,在其中以满足劳动者物质和精神文化需求为社会生产目的,完全确立了一种新的经济基础——基本生产资料的公有制。在此基础上消灭了人与人之间的剥削和压迫,保障了社会的平等。这一切都是20世纪世界社会发展中的最大成就。社会主义极大加速了苏维埃国家生产力的发展,保障了科学、教育和文化水平的提高,保障了人民生活水平的改善,促进了独具特色的

---

① Программа Союза коммунистических партий – КПСС [EB/OL].http://www.politpros.com/2009 – 10 – 24

② Председатель ЦК КПРФ Геннадий ЗЮГАНОВ беседует с писателем и публицистом Виктором КОЖЕМЯКО[EB/OL].http://gazeta – pravda.ru/2010 – 04 – 26

社会主义联邦制国家形成。

俄共看来,在苏联社会主义诸多辉煌业绩中,有三件改写历史、决定人类历史进程的大事,分别是 1917 年伟大的十月社会主义革命、1945 年伟大的卫国战争的胜利、1961 年伟大的太空之行。它们是苏联社会主义辉煌业绩的代表。这些都是社会主义制度巨大能量的体现,博得了世人的尊敬和称赞。同时俄共也对关于勃列日涅夫执政时期是"停滞时期"的说法予以批驳。

一、伟大的十月社会主义革命

苏联历史,苏联社会主义始自于十月社会主义革命,有关这场革命是否应该发生,布尔什维克党在 1917 年十月是否应该发动武装起义,革命后应该建立一个怎样的政权等问题,还在十月武装起义前就已经出现争议,苏联解体前后甚至直到今天,争议依然存在,从"俄国历史还没有磨好将来用它烤社会主义馅饼的那种面粉"①,将十月社会主义革命后建立的社会主义苏维埃制度视为"一个疯狂蹦跳的孕妇"所生下的"活不长的早产儿"②,到苏联解体之初将十月社会主义革命视为苏联解体的"原罪"……在近一个世纪的时间里,对这场曾经震惊世界的革命的评价可谓纷纭繁杂。③ 作为苏共的最大继承者,俄共对这次历史性事件有自己的评价。

每年临近十月社会主义革命胜利日,俄共都会通过并发布该党中央委员会主席团关于十月社会主义革命周年纪念日的决议,作为全党开展各种纪念性活动的总号召和指南。综合俄共新版纲领,俄共中央委员会主席团 2007 年以来关于十月社会主义革命周年纪念日的决议,俄共中央领导人在有关十月社会主义革命国际研讨会上的发言,俄共中央委员主席团关于列宁诞辰 140 周年的决议,等等,现将俄共关于十月社会主义革命的综合评价总结如下。

1917 年 11 月 7 日(旧历 10 月 25 日),依照起义的俄罗斯人民的意愿,第二届

---

① 普列汉诺夫. 在祖国的一年[M]. 上海:三联书店,1980:462 ~ 464
② 中共中央马克思恩格斯列宁斯大林著作编译局. 考茨基言论[M]. 上海:三联书店, 1966:295
③ 李慎明. 历史的风——俄罗斯学者论苏联解体和对苏联历史的评价[M]. 北京:人民出版社,2009:1

全俄工人和士兵代表苏维埃代表大会宣布在俄罗斯所有权力转交到劳动者手中。大会代表选举成立了世界上第一个工农兵苏维埃政府——人民委员会,列宁被选为人民委员会主席。世界各地的进步力量、知名政治家等,纷纷表示拥护这次革命。

（一）十月社会主义革命发生的历史必然性

"十月社会主义革命的发生合乎历史规律。并不是如资产阶级思想家宣称的那样——个别政治家'密谋'的结果,而是沙皇俄国社会矛盾及其尖锐化的结果。"①俄共新版纲领指出:"在军事、政治和经济上破产,国家分崩离析,执政的资产阶级—地主联盟完全无能的情况下,伟大的十月社会主义革命对俄罗斯来说,是唯一实现民族自我保护的机会。多民族国家苏联的建立是伟大十月社会主义革命创造性的合乎规律的表现"。② 俄共认为十月社会主义革命的发生符合历史规律,从以下三个主要方面可见:

一是社会矛盾尖锐化。"不是个别政治家的密谋,而是沙皇俄国社会矛盾及其尖锐化的结果"。③ 到20世纪初期,世界革命运动的中心转到了俄罗斯。建立资本主义制度以后,在俄罗斯带有对抗性质的经济、政治、社会、民族以及其他社会矛盾都进一步尖锐化。第一次世界大战使这些矛盾尖锐到极度。在战争中,沙皇捍卫的不是民族利益,而是满足剥削阶级和外国资本主义的自身利益,不顾及整个国家遭受的痛苦。俄罗斯处于民族灾难之中。这时只有通过革命性的转变才能有出路。革命性转变的必然性,源于走向衰亡的沙皇制度和资产阶级政府解决现实迫切问题的昏庸无能。由于二月资产阶级民主革命执政的临时政府,仅仅实施了国家正面的化妆性修补。临时政府没有制止俄罗斯参与世界大战,没有废除资本对劳动的剥削,没有解决农民问题。临时政府立足于满足外国资本主义的

① Выступление И. И. Мельникова на международной научно – практической конференции "Октябрь 1917 года в судьбе мировой цивилизации" [EB/OL]. http://www. qwas. ru/ 2007 – 11 – 03

② Программа партии [EB/OL]. http://kprf. ru/party/program/

③ Постановление Президиума ЦК КПРФ 《 О 140 – летии со дня рождения Владимира Ильича Ленина 》 [EB/OL]. http://www. flb. ru/2009 – 09 – 07

利益,致使国家的崩溃加速。①

二是布尔什维克正确领导。列宁和布尔什维克政党是十月社会主义革命的发起者和组织者。俄共突出强调列宁的领导作用。"由于天才的布尔什维克领导人列宁,十月社会主义革命的胜利才成为可能"。② 上述观点在纪念列宁诞辰140周年的俄共中央委员会主席团决议中得以体现:"在列宁的著作中创造性发展了马克思、恩格斯的理论遗产。在完善中他掌握了辩证唯物主义方法。这使得可以正确评价客观现实,看清楚经济、政治和社会过程的本质。布尔什维克的领袖揭示出国际帝国主义体系的实质,指出了在此阶段国家发展的不均衡性。他的创新性思想使得可以科学论证在帝国主义强国链条中,作为薄弱环节的沙皇俄国的地位,恰恰是俄罗斯帝国提供了可以冲破国际反动派阻塞的裂口。以马克思主义理论和对世界解放运动的经验的研究为基础,列宁发现了革命环境发生和发展的合理性,论证了社会主义革命在单独一个国家取得胜利的可能性。"③(1916年8月,列宁在《无产阶级革命的军事纲领》一文进一步指出:"资本主义的发展在各个国家是极不平衡的。而且在商品生产下也只能是这样。由此得出一个必然的结论:社会主义不能在所有国家内同时获得胜利。它将首先在一个或者几个国家内获得胜利,而其余的国家在一段时间内将仍然是资产阶级的或资产阶级以前的国家。"④——笔者注)

三是民众广泛参与。与资产阶级临时政府的名声扫地形成对比,列宁领导的布尔什维克政党在人民群众中威信提高并巩固。他们坚持不懈地为在自己纲领中提出的目标而奋斗。将思想的坚定性同战术的灵活性结合起来,为发动群众参加革命奠定了基础。十月社会主义革命成为1917年执政的地主—资产阶级联盟完全垮台的结果。工人阶级是社会主义革命的主导力量,除了革命他们看不到解决所有制、政权、免费教育、劳动和休息权利等问题的其他办法和途径。追随革命

---

① Постановление Президиума ЦК КПРФ " О 90 - летии Великой Октябрьской социалистической революции"[EB/OL]. http://www. kprf - luber. ru/2007 - 02 - 11

② Объективные причины Октябрьской революции 1917 r. [EB/OL]. http://nevk-prf. my1. ru/2011 - 03 - 05 - 03

③ Постановление Президиума ЦК КПРФ 《 О 140 - летии со дня рождения Владимира Ильича Ленина 》[EB/OL]. http://www. flb. ru/2009 - 09 - 07

④ 列宁专题文集(论社会主义)[M]. 北京:人民出版社,2009:8

的有饱受没有土地、挨饿、地主和富农雇佣奴役之苦的农民群众,注定要在帝国主义战争的战壕里丧命的战士和水兵,民主主义平民知识分子基本群体等。他们不能忍受农奴制的残余、公民的无权、官员的虚伪和自由主义者的超级谎言。对于那些在国家边境的民族,十月社会主义革命变成了为彻底的民族民主转变的斗争。

（二）十月社会主义革命对俄罗斯的历史意义

"十月社会主义革命开启了俄罗斯历史上的新时代"。① 国家从世界战争中的血泊中挣脱出来。"1917 年二月革命,国家政权落入当时的临时政府手中。资产阶级自由主义者政权没有能力应对威胁,而是使威胁逼近。俄罗斯处于崩溃的边缘。如果没有 1917 年伟大十月社会主义革命、没有列宁和布尔什维克政党,国家崩溃的结局不可避免。"②按照列宁的说法,顺便解决了早已经成熟的民主改造问题。建立了团结工人、农民和士兵代表的苏维埃政权,并在绝大多数人民手中政权得到巩固。

十月社会主义革命成为俄罗斯历史上转折性事件。在俄罗斯是这样一种革命取得了胜利,即它开辟了通向克服私有制独裁、消灭人剥削人的道路。由于其本身具有的社会政治意义,十月社会主义革命变社会主义为俄国人民维护国家主权、民族独立的一种历史性实践。"1917 年工农的十月社会主义革命将俄罗斯从原本不可避免的灾难中拯救出来,还给俄国人民带来希望,为他们指明了新的发展道路——通向社会主义之路。"③

劳动人民第一次获得了选举和召回自己代表的权利。此前少数人不平等的特权被废除。在年轻的苏维埃共和国企业中确立了工人监督制度。同时解决了农民问题。全俄工兵代表苏维埃第二次通过了《土地》法令,实现了俄罗斯农民关于土地问题的世纪性愿望。革命思想同人民利益的吻合保障了在全国各地苏维埃政权的凯旋前进。新的、公正生活的创建,产生了巨大的激情,保障了在国内战

---

① Постановление Президиума ЦК КПРФ " О 90 – летии Великой Октябрьской социалистической революции" [EB/OL]. http://www. kprf – luber. ru/2007 – 11 – 05

② 《Нравственное значение Октябрьской революции 》[EB/OL]. http://www. cprfspb. ru/2010 – 10 – 19

③ 《Нравственное значение Октябрьской революции 》[EB/OL]. http://www. cprfspb. ru/2010 – 10 – 19

争前线取得胜利,不允许退回到社会剥削状态,克服了崩溃。

十月社会主义革命是苏联形成的前提条件。苏维埃政权消灭了任何一次宗教或民族主义形式的破坏。这些为苏维埃联邦①奠定了基础。1922 年 12 月苏维埃社会主义共和国联盟成立。在苏维埃联盟范围内,任何一种民族文化都获得了发展的"冲动"。任何一个民族的公民都可以享受世界认可的俄罗斯文化的杰出成就,这在 1917 年十月社会主义革命之前是不被允许的。

在苏维埃最初几年通过的法律文件巩固了在分裂势力面前劳动人民的团结。奠定了同志式团结、集体主义、民族友谊的基础。同资产阶级抽象的、虚伪的公式形成对比,新社会确认了妇女、儿童、老人、残疾人受到特殊保护的权利。革命提供了在创造中人类的消费空间。发明、革新、艺术首创精神将百万民众"包围起来"。这些都推动国家更大的前进。废除私有制的独裁,使苏维埃国家迅速着手社会主义建设。内战后仅仅用了五年时间国家大规模的工业化就开展起来。在极短的时间内实现了农业集体化。在 1918 年 7 月通过的世界上第一部社会主义类型的宪法——《俄罗斯苏维埃联邦社会主义共和国宪法(根本法)》中,确立了军队的根本使命是捍卫社会主义国家和广大人民群众的利益。军队不再为资产阶级的利益服务,具有人民性质。②

在俄共中央委员会主席团纪念十月社会主义革命 92 周年决议中特别指出:"1918—1920 年苏维埃国家领土上的战争就形式而言是内战,就内容而言却是卫国战争"。③ 原来俄罗斯在一次世界大战期间的帝国主义同盟,首先是英国、法国并不想苏维埃俄罗斯生活在一个和平的环境中。在苏维埃同德国签订完布列斯特和约后,德国及其同盟着手形成俄罗斯反革命中心。1918—1920 年在苏维埃领

---

① 俄罗斯苏维埃联邦社会主义共和国("Российская Советская Федеративная Социалистическая Республика",РСФСР)简称俄罗斯或苏俄。1917 年 11 月 7 日,列宁领导的十月社会主义革命获得胜利,成立了俄罗斯苏维埃联邦社会主义共和国。1922 年 12 月 30 日,俄罗斯、乌克兰、白俄罗斯和外高加索联邦(包括阿塞拜疆、亚美尼亚和格鲁吉亚)一起正式成立苏维埃社会主义共和国联盟。

② Выступление И. И. Мельникова на международной научно - практической конференции "Октябрь 1917 года в судьбе мировой цивилизации"[EB/OL]. http://www. qwas. ru/ 2007 - 11 - 03

③ Постановление Президиума ЦК КПРФ 《 О 92 - й годовщине Великой Октябрьской социалистической революции 》[EB/OL]. http://yarkprf. ucoz. ru/2009 - 10 - 23

土上出现了帝国主义强国策动的内战（Гражданская война）。内战同外国武装干涉搅在一起。德国、英国、法国、日本、美国、捷克斯洛伐克、波兰、土耳其等外国军队在苏维埃俄罗斯领土境内交战。工农红军不仅仅是在为社会主义理想而战斗，还包括挽救祖国完整性和自由。由于有绝大多数民众的支持，工农红军取得了最后的胜利。因此说，这次战争就形式而言是内战，但就内容来说是卫国战争。俄共认为，如果没有十月社会主义革命，俄罗斯终将被帝国主义国家蚕食。"在第一次世界大战中已经大伤元气的俄罗斯帝国，在世人眼中千疮百孔且淹没在小资产阶级保守主义的意识中。伟大十月社会主义革命挽救了俄罗斯领土的完整性。"①

（三）十月社会主义革命的国际意义

"十月革命具有不可超越的国际意义"。1917 年十月社会主义革命震惊了全世界，更改变了世界。它促进了世界各地革命运动风起云涌。"借鉴苏维埃俄罗斯的经验"，成为世界各地革命进步力量的口号，也将年轻的苏联与它们团结起来。欧洲无产阶级不仅仅在同资本主义的侵略和国外的武装干涉中支持俄罗斯人民，而且还做出了一系列英雄主义尝试，希望在自己的国家建立人民政权。十月社会主义革命的世界意义，首先在于它开启了在世界范围内从资本主义向社会主义过渡的新时代。在世界许多国家建立了共产主义政党，完成了几十个社会主义、人民民主和民族解放的革命。一系列国家开始建设社会主义，帝国主义殖民体系崩溃。②"十月社会主义革命促进了在殖民地国家和附庸国家掀起了民族解放运动的高潮。"③十月社会主义革命是在东方——中国、印度、蒙古，在非洲国家民族解放运动的催化剂。对于全球人民而言，十月社会主义革命成为通向美好生活之路的烽火。

在全世界出现了两种社会经济制度。它们的竞赛确定了 20 世纪的历史面

---

① Постановление Президиума ЦК КПРФ 《 О 140 – летии со дня рождения Владимира Ильича Ленина 》. ［EB/OL］. http://www. flb. ru/2009 – 09 – 07

② Выступление И. И. Мельникова на международной научно – практической конференции "Октябрь 1917 года в судьбе мировой цивилизации" ［EB/OL］. http://www. qwas. ru/2007 – 11 – 03

③ Раздел II. становление социализма и причина кризиса советского общества［EB/OL］. http://socarchive. narod. ru/2003 – 10 – 16

貌。在俄罗斯发生的转变,迫使西方国家的资产阶级向自己国家人民做出了很大的社会政治让步。这些国家的劳动人民沿着摆脱贫穷、文盲、公民无权之路迈出了一大步。他们实现了 40 个小时的工作周,取得了妇女的选举权,增加了工资、受保护的社会保险、罢工和职业联盟的合法化。由于对规模宏大的革命进程的惧怕,西方资产阶级实行大范围的改革。

十月社会主义革命的道德和人文意义是巨大的。它否定了资产阶级意识形态的基本假设——私有制的神圣和不可侵犯。拒绝任何为了暴利而发动战争的理由。将公正列入社会建设的重要原则之中。十月社会主义革命打碎了这样的资产阶级理论,即没有剥削者劳动人民不能存活、劳动人民不能管理国家和组织生产建设。十月社会主义革命确立了对劳动的崇拜。不接受不劳动的生活方式,成为重要的道德信条。十月社会主义革命后建立的苏维埃体制为人类开创了广泛的前景,并证明了劳动人民在创建新型社会关系中的能力。全面中等教育、可享受的高等教育、免费有质量的医疗、变儿童为唯一"特权阶层",群众被广泛吸引到科学和艺术创作之中。①

俄共认为,在苏联以及其他欧洲国家社会主义的暂时失败完全没有降低十月社会主义革命的伟大意义。十月社会主义革命的伟大理想(идей)继续对全世界的政治、社会经济和精神道德过程产生巨大影响。俄共忠实于祖国先辈们的革命传统和十月社会主义革命的伟大理想。②

二、伟大的卫国战争

苏联卫国战争是指第二次世界大战期间苏联军民反抗纳粹德国及其同盟者的战争(1941 年 6 月 22 日至 1945 年 5 月 9 日)。③ 俄共认为,卫国战争的胜利,影

---

① Выступление И. И. Мельникова на международной научно – практической конференции "Октябрь 1917 года в судьбе мировой цивилизации"［EB/OL］. http://www. qwas. ru/ 2007 – 11 – 03

② Выступление И. И. Мельникова на международной научно – практической конференции "Октябрь 1917 года в судьбе мировой цивилизации"［EB/OL］. http://www. qwas. ru/ 2007 – 11 – 03

③ 丁军,李世辉. 俄罗斯如何通过制度保障卫国战争精神的传承和弘扬[J]. 国外理论动态,2012(1):79

响并改变了人类历史进程，是社会主义优越性的彰显。同时呼吁不能歪曲历史事实，在这场伟大的战争中共产党的领导作用、斯大林的统帅作用不容被忘记。

（一）最自豪的历史

俄共认为，卫国战争是苏联社会主义的辉煌业绩之一，是苏联人民最自豪的历史。这集中表现为苏联军民是击溃二战中最凶残敌人纳粹德国的中流砥柱，苏德战场中重大战役直接影响甚至决定着二战的进程和结局。美国总统罗斯福也不得不承认，从宏观的战略角度来看，很难抹杀这样的事实，即苏联军队消灭的敌军的数量，比其他 25 个国家所消灭的敌军总数还多。

苏德战场战线最长的时候达到 6000 公里，范围 300 万平方公里，相当于英、法、德、意等 12 个欧洲国家面积的总和，北美和意大利战线总长也仅为 300—350 公里。① 在苏德战场对峙的 1418 个日夜里，有 93% 的时间都在进行着激烈的战斗。在二战其他战场上，没有如此紧张和残酷。苏联军民对人类的贡献在于，它对击溃纳粹德国及其同盟起到了决定性作用。苏联切断了德国法西斯统治世界之路。苏德战场是二战的主战场之一，纳粹德国在这里损失了三分之二的人员、坦克、枪炮、飞机。在苏德战场上苏军歼灭了纳粹德国 507 个师、他的同盟 100 个师。而在北非战场、意大利战场和西欧战场，被英美等盟国击溃的只有 176 个德国师。② 绝大多数苏联及俄罗斯学者和很多西方学者在战后都认为，如果没有苏联的顽强抵抗，二战的胜负将难以预料。

此外，在俄共看来，在二战中苏联反抗纳粹德国及其同盟者的卫国战争的胜利，促使在社会主义在东中欧、东南亚、古巴等一系列国家的传播。这些国家在 20 世纪中叶取得了民族民主主义革命和社会主义革命的胜利，社会主义建设开展起来。出现了世界社会主义阵营，形成了社会主义国家同盟。③

在 1941—1945 年卫国战争期间，共发生大小战役 100 余次，其中以列宁格勒会战、莫斯科会战、斯大林格勒会战、库尔斯克会战和柏林战役等最为著名，这些

---

① Значение Великой Отечественной войны[EB/OL]. http://revolution. allbest. ru/2004 - 05 - 08

② Россия в годы Великой Отечественной Войны [EB/OL]. http://revolution. allbest. ru/ 2004 - 05 - 09

③ Социализм：теория и практика[EB/OL]. http://kprf - tlt. ru/2011 - 03 - 02

战役直接影响甚至决定二战的进程和结局。

列宁格勒会战:1941 年 7 月 10 日至 1944 年 8 月 9 日,历时 3 年零 1 个月,是卫国战争中持续时间最长的战役。此次会战钳制并消耗了德芬两国大量兵力,迫使芬兰于 1944 年 9 月退出战争,使德军北部战线面临彻底崩溃。①

莫斯科会战:1941 年 9 月 30 日至 1942 年 4 月 20 日,历时近 7 个月。双方参战人数达 300 万,22000 枚大炮、3000 辆坦克、2000 多架飞机。② 此次会战苏军以重大代价在莫斯科城下粉碎了德军的进攻,德军遭遇二战以来首次惨败,死、伤、失踪 77 万余人,宣告了德军此前侵占欧洲其他国家的"闪电战"的破产。这次战役极大鼓舞了世界人民反法西斯斗争胜利的信心,促进了世界反法西斯联盟的最终形成。罗斯福高度评价了这次战役,"制止了侵略浪潮,成了盟军反侵略战争的转折点"。③

斯大林格勒会战:1942 年 7 月 17 日至 1943 年 2 月 2 日,历时近 8 个月。此次战役德国及其盟国损失兵力达 150 万人,约占他们投入苏德战场总兵力的四分之一。这次战役宣告了纳粹德国对苏联进攻的彻底破产。④ 从此,苏联由战略防御转入战略进攻。这次战役对巩固世界反法西斯联盟起了重要作用,是世界法西斯战争的转折点。

库尔茨克会战:1943 年 7 月 5 日至 1943 年 8 月 23 日,历时近 50 天。此次会战德军损失兵力达 50 万人,苏军完全掌握了战略主动权,德军从此彻底丧失了战略进攻能力,全线转入防御。⑤

柏林战役:1945 年 4 月 16 日至 1945 年 5 月 8 日,为尽快结束欧洲战事,苏军发起规模空前的柏林战役,苏军参战兵力达 250 万人。此次战役苏军共击溃德军 93 个师,俘虏德军官兵约 48 万人。柏林战役标志着纳粹德国灭亡、苏德战争和二

---

① Битва за Ленинград 1941 – 1944 г. [EB/OL]. http://lenbat. narod. ru/2005 – 05 – 12
② 7 ноября в Москве пройдет Торжественный марш[EB/OL]. http://www. kosmoskva. ru/2005 – 05 – 12
③ Битва под Москвой октябрь 1941 г. – январь 1942 г. [EB/OL]. http://www. otvoyna. ru/2006 – 05 – 07
④ Сталинградская битва[EB/OL]. http://wwii – soldat. narod. ru/2006 – 05 – 09
⑤ Курская битва[EB/OL]. http://www. otvoyna. ru/2007 – 04 – 27

战欧洲战场战事的终结。①

1941—1945 年卫国战争,是一场全面真正的全民抗击法西斯的战争。当时苏联人口不及 2 亿,战争期间仅奔赴前线作战者就达 2950 万。不能到前线的妇女、老人、儿童,在后方"一切为了前线,一切为了胜利"口号的感召下,忘我劳动,保障前线的供给。基于在战争年代表现出来的爱国主义和英雄主义精神,有超过 700 万苏联前线战士被授予勋章或奖章。有 1610 多万苏联后方援战者被授予"1941—1945 年伟大卫国战争忘我劳动"奖章。有超过 31 万苏联游击队员和地下工作者被授予勋章或奖章。所以俄共认为,卫国战争是苏联人民最自豪的历史,也是苏联每一个家庭的光荣史。

(二)共产党的领导作用

俄共认为,"伟大卫国战争是人民的胜利,同时必须明确一点:这是经过共产党领导、教育和组织过的苏联人民。当时是共产党领导下的国家,如同人民在伟大胜利中的作用一样,这是不争的事实。不可以漠视、歪曲、抹杀伟大胜利中一个关键性因素——共产党的领导作用。"②

1. 党中央的正确领导

2010 年 5 月,卫国战争胜利 65 周年前夕,俄共主席久加诺夫在与俄罗斯作家、评论家维克多·科热米亚科(Виктор Кожемяко)交谈时指出:"在这次战争中联共(布)③和国家领导人采取的措施是高度负责的、极其灵活的和非常正确的。"④1941 年 5 月 6 日,作为联共(布)总书记的斯大林,成为政府元首。集党政领导职能于一身,这不仅仅是正确的,更是英明的,主要受对不断逼近的战争威胁的主使。1941 年 6 月 30 日,卫国战争爆发一周后(1941 年 6 月 22 日卫国战争爆

---

① Основные сражения Великой Отечественной войны[EB/OL]. http://www. ref. by/ 2007 – 04 – 24

② Председатель ЦК КПРФ Геннадий Зюганов беседует с писателем и публицистом Виктором Кожемяко[EB/OL]. http://www. kprf – org. ru/2006 – 05 – 17

③ 苏联共产党前身为 1898 年 3 月成立的俄国社会民主工党。1912 年起称俄国社会民主工党(布尔什维克),1918 年改名俄国共产党(布尔什维克),1925 年称苏联共产党(布尔什维克),1952 年改为现称。

④ Председатель ЦК КПРФ Геннадий Зюганов беседует с писателем и публицистом Виктором Кожемяко[EB/OL]. http://www. kprf – org. ru/2006 – 05 – 17

发),根据苏联最高苏维埃主席团、联共(布)中央委员会、苏联人民委员会①的决定,成立了在斯大林领导下的国防委员会(Государственный Комитет Обороны),集中了国家的全部政权,成员包括联共(布)中央政治局委员、候补委员,联共(布)中央委员。国家的国防利益、协调击溃德国法西斯侵略者的计划、重要的对外政策活动等,经常由中央政治局和国家国防委员会联合决定。在联合会议上,研究包括保障前线需要、发展战时经济、转移工业客体到大后方、完善陆军和海军的组织结构等问题,为的是动员物资和人力资源。

总而言之,在将全国变成了统一阵营的同时,党将所有的管理系统改造成军事模式。"党的严格监督,保障了无条件履行通过的决议。同时,对国家政治、经济、生产和生活的管理,不仅仅是严厉的,更是对现实要求的灵敏反应,致力于取得最大的效率。如果某个环节是低效率的,那么就迅速采取对其进行完善的措施。"②

2. 共产党员的先锋模范作用

卫国战争的胜利是苏联人民精神道德优越性的集中表现。对祖国的爱,对他们来说不是空洞的口号。是苏联人民的自觉爱国主义战胜了德国民族主义者的盲目法西斯主义。"在教育苏联公民过程中,共产党起到了重要作用。在残酷的战争年代,共产党员的模范带头作用处处可见。"③卫国战争期间,超过 300 万共产党员为祖国献出了宝贵生命,这是在军事作战中阵亡和由于受伤而死亡的总人数的45%。很明显共产党员冲锋在前。被授予苏联英雄称号的官兵中有 71% 是共产党员。在战争爆发后的前半年,发展的预备党员人数是以往和平年代同时期的两倍多。1942 年同 1941 年相比,预备党员人数增加 4.7 倍。从 1941 年 7 月 1 日至 1945 年 7 月 1 日,发展预备党员 510 万,发展党员 330 万,相当于战前 12 年发展预备党员、党员的总人数。值得一提的是,约有 1000 万共青团员参与战斗,这是共产党教育出来的青年团体,是党的助手和后备军。"共青团员如同共产党

---

① 苏联人民委员会是 1923 年 7 月 6 日至 1946 年 3 月 14 日的苏联中央政府。1946 年 3 月第二届苏联最高苏维埃第一次会议决定将其改称为部长会议。

② Председатель ЦК КПРФ Геннадий Зюганов беседует с писателем и публицистом Виктором Кожемяко[EB/OL]. http://www. kprf - org. ru/2006 - 05 - 17

③ Постановление Президиума ЦК КПРФ 《 О 65 - летии Победы советского народа в Великой Отечественной войне 》[EB/OL]. http://kprf. ru/2009 - 09 - 23

员一样,用自己的英雄主义功勋,在伟大卫国战争的历史中谱写了光荣华章。"①

超过一半共产党员在武装力量中,其中大多数在作战部队。他们没有隐藏到后面,而是走在前头。在战争第一个时期最惨烈、最重要的战役——莫斯科会战中,有93.66万苏联军人牺牲,其中有40万名共产党员。在战争初期,苏联红军中每100名战士中有共产党员13人,到战争末期100名战士中有30名共产党员。②当时,在前线流行的口号是"共产党员,冲在前头!"。联共(布)中央政治局委员会是领导军事工作的重要部门。根据联共(布)中央委员会的决定,联盟共和国党委会、边疆区党委会、州党委会、市党委会的500名书记被派到陆军和海军中。还有270名联共(布)中央各部负责人、1265名各州的党务工作者被派到作战部队那里。"来到前线的干部似乎越多越好,必须保障各个环节都有可靠的、精干的人。"③

(三)斯大林的统帅作用

久加诺夫在《斯大林与当代》(Сталин и современность)一书中指出:"在为庆祝胜利日的官方节日活动中,不仅看不到伟大卫国战争总元帅斯大林的敬重,更听不到对他客气的话语。现政权很奇怪,在没有任何提及斯大林的情况下,向您展示伟大的胜利。贬斥共产党和苏维埃国家的杰出活动家是现政权质疑祖国历史的重要组成部分。""很难想象一支没有统帅的军队,或者说统帅总是犯错误的军队,竟能展开惨烈而又卓绝的战斗,而且能最后取得打败法西斯那样辉煌的胜利"。④

在《伟大卫国战争中苏联人民胜利65周年》的俄共中央委员会主席团决议中指出:"斯大林等统帅的正确、坚定领导,为击溃德国法西斯做出了不可磨灭的贡献。捍卫二战、伟大卫国战争的真实历史,是俄共全体党员、宣传者、思想家的重

---

① Постановление Президиума ЦК КПРФ 《 О 65 - летии Победы советского народа в Великой Отечественной войне 》[EB/OL]. http://kprf. ru/2009 - 09 - 23

② Г. А. Зюганов: 《 Идеалы социализма - идеалы Победы! 》 [EB/OL] . http:// clck. yandex. ru/2005 - 05 - 09

③ Геннадий Зюганов беседует с писателем и публицистом Виктором Кожемяко [EB/OL]. htp://www. kprf - org. ru/2006 - 05 - 17

④ Геннадий Зюганов: Сталин и современность [EB/OL] . http://kprf. ru/library/ book93427. html

要责任。""在斯大林领导下的共产党,成功组织苏联人民击溃了德国法西斯及其同盟。"①可见,俄共高度肯定斯大林在卫国战争中的统帅作用。并要坚决捍卫这一历史事实。在祖国面前,斯大林的巨大功勋是历史事实,在伟大卫国战争期间他选拔、培训和推举新的军事领导干部到重要的岗位上。其中包括朱可夫、罗科索夫斯基、科涅夫、华西列夫斯基、马利诺夫斯基、安东诺夫、巴格拉米扬、戈尔巴托夫、卡图科夫、库拉科夫等将领。领导前线军事行动和后方经济动员工作的同时,斯大林坚持开展重要的理论工作。在他的发言和号召中,不仅仅包括苏联军事科学,还包括苏维埃社会主义国家的理论、苏维埃社会主义国家的功能和力量来源的理论。②

在《纪念斯大林诞辰130周年》的俄共中央委员会主席团决议中,突出说明了在卫国战争中斯大林提出并实施的迅速重组国民经济、战斗和建设并举的战略思想。决议中指出:"从伟大卫国战争初期,为了保障前线需求,斯大林领导苏联人民迅速实现了整个国民经济的重组。苏维埃国家将战斗和建设并举。"③新的冶金厂在俄罗斯的车里雅宾斯克市和乌兹别克斯坦开始投入生产。在塔吉尔和马格尼托哥尔斯克市新的炼铁高炉开始运行。斯大林格勒铝制厂开始工作。开始建造许多发电厂。前线和后方变成了一个统一的战斗阵营。苏联不仅仅能够供应前线需要的武器和弹药,还积蓄了后备资源,不像在第一次世界大战的第二年,沙皇政府领导下的国家经济就已经开始崩溃。在同法西斯作战的最后三年,苏联每年平均生产坦克、自动推进炮和装甲汽车3万辆,飞机4万架,各种口径型武器12万件,机枪45万挺,迫击炮10万门,超过300万支手枪和200万支冲锋枪。值得一提的是,在这场战争中,几乎是整个欧洲的工业和人力资源为希特勒服务。但是苏联的军备不仅仅没有逊色德国法西斯,在性能以及生产总量上还超过它。

---

① Постановление Президиума ЦК КПРФ 《 О 65 – летии Победы советского народа в Великой Отечественной войне 》［ EB/OL］. http://www. cprfspb. ru/2009 – 09 – 23

② Геннадий Зюганов: Сталин и современность ［ EB/OL ］. http://kprf. ru/library/book93427. html

③ Постановление Президиума ЦК КПРФ 《 О 130 – летии со дня рождения И. В. Сталина 》 ［ EB/OL］. http://www. kprf – udm. ru/2009 – 04 – 06

斯大林领导下的苏联成为击溃德国法西斯及其盟友的决定性力量。①

2009 年 7 月在俄共中央委员会、俄共中央监督—检查委员会第三次联合会议上,久加诺夫在《现代化条件下的干部工作》报告中再一次高呼"如果没有领导伟大人民的斯大林,在伟大卫国战争中我们未必能取得胜利"。②

三、伟大的太空之行

在俄共中央委员会主席团于 2009 年 4 月 6 日通过的《关于斯大林诞辰 130 周年》的决议、2010 年 11 月 2 日通过的《关于尤利·加加林宇宙飞行 50 年》的决议等文件中,对尤利·加加林 1961 年太空之行的历史意义和苏联率先进入太空的原因进行了分析。

(一)伟大的世界历史意义

1961 年 4 月 12 日,发生了开启人类历史新纪元的大事,苏联东方 1 号飞船成为世界上第一个载人进入宇宙外层空间的航天器。苏联公民、共产党员尤利·加加林(Юрий Гагарин)成为世界上第一名航天员、第一个进入太空的地球人。"加加林完成得比冲破未知的宇宙世界还要多。他向人们展示了一种对自己能力、机会的信心,提供了一种阔步向前的力量……"③卓越的事情发生在卫国战争结束后的 16 年。西方专家曾经预测,苏联需要 20 年时间恢复到战前的经济水平,苏联人民不仅仅恢复了被破坏的生产,而且还率先开发了宇宙空间。美国被迫接受自己在宇宙强国名单中的第二位置,甚至是在希特勒德国经验丰富的专家也在为他们服务的情况下。④ 卫国战争结束后一年,即 1946 年,斯大林签署了关于研制火箭技术和发展相关生产领域的特殊命令(специальный указ)。当时这是一个被战争破坏的国家,失去了 2660 万优秀的祖国儿女,有 1900 万儿童成为孤儿或和母亲一起生活。发展核能和航天领域,成为战后国家主要的现代化方案。任命三

① Постановление Президиума ЦК КПРФ《О 130 – летии со дня рождения И. В. Сталина》[EB/OL]. http://www. kprf – udm. ru/2009 – 04 – 06

② Доклад Председателя ЦК КПРФ Г. А. Зюганова на Ⅲ совместном Пленуме ЦК КПРФ и ЦКРК КПРФ[EB/OL]. http://kprf. ru/2009 – 07 – 04

③ Космический триумф России[EB/OL]. http://www. kprf – org. ru/2011 – 06 – 10

④ Постановление Президиума ЦК КПРФ О 50 – летии космического полёта Ю. А. Гагарина [EB/OL]. http://kprf. ru/ 2010 – 11 – 23

位英雄为这些方案的领导人,他们分别是科罗廖夫,库尔恰托夫和克尔德什。①

2011 年 4 月,第 65 届联合国大会一致通过决议,将每年的 4 月 12 日确定为"国际载人航天日"。为纪念人类首次太空飞行 50 周年,联合国在纽约总部举办了一场别开生面的图片展览。久加诺夫在接受记者采访时指出:"伦敦市中心特拉法加广场附近,竖起一座尤里·加加林的雕像,以纪念他作为'太空旅行第一人'的成就,这不是偶然的。今天明智的、有责任心的人带着自豪仰望星空,回想苏联航天学的伟大突破,这并不是偶然的。我们以这个令人惊讶的功勋而骄傲。让我们向取得这个伟大成就、保障我们国家科学和工业取得光辉业绩的所有人致敬。"②

(二)率先进入太空的原因

苏联率先实现了人类由来已久的理想——进入太空,成就的取得完全不是偶然。"这是苏联几十年长期奋斗的结果。它见证了苏联在科学、技术和教育方面的总体水平。恰恰是教育的普遍可享受性才能挖掘普通人的创造潜能,从他们中走出了科学家、设计师和宇航员。"③这是俄共对苏联率先进入太空原因的高度概括。

20 世纪 20 年代初期,在苏联成立了从事火箭问题研究的中央局(Центральное бюро по исследованию ракетных проблем),而后成立了星际通讯协会,现代宇宙航行学的奠基人康斯坦丁·齐奥尔科夫斯基(Константин Циолковский)被选为协会主席团成员,予以重用。列宁逝世后,其继承者斯大林根据苏联人民对社会主义伟大理想和强国的渴望,以及面临的现实问题,提出一个似乎不能完成的任务:"我们落后先进国家 50 至 100 年。应该用 10 年左右时间跑步赶上这段差距。或者我们成功实现这样的任务,或者我们被击溃"。④ 这一时期,苏联人民的精神面貌和思想观念发生重大变化。在劳动中人们表现出忘

① Г. А. Зюганов:《 Прорыв в космос – это достижение Советской страны,ее народа 》. http://kprf. ru/2011 –04 –12

② Г. А. Зюганов:《 Прорыв в космос – это достижение Советской страны, ее народа 》[EB/OL]. http://kprf. ru/2011 –04 –12

③ Астрахань:Вспоминаем подвиг Гагарина. Торжественный вечер[EB/OL]. http://chel – kprf. ru/2001 –05 –27

④ Космический триумф России[EB/OL]. http://www. kprf – org. ru/2011 –06 –10

我精神和英雄气概。在共产党领导下，通过全体苏联人民的奋斗，苏联经济建设实现真正突破，国民生产提高到一个新的、质的水平，为卫国战争的胜利和飞入太空奠定了物质基础。第一个五年计划用四年时间完成，建成1500家大型工厂，出现了此前在苏联未曾有过的系列工厂，例如，飞机制造厂、拖拉机制造厂、汽车制造厂，等等。

1932年在苏联航天事业开创者谢尔盖·科罗廖夫（С. П. Королев）领导下，研制液体火箭工程启动。1933年苏联发射第一枚液体火箭。1934年苏联建成第一个解决喷气式运行问题的科学研究机构，齐奥尔科夫斯基担任负责人。1936年苏联发射大功率火箭"Авиавнито"。1939年苏联发射第一枚二级火箭。

为发展航天事业，在培养科技干部方面，苏联动用了"研究中理论和实践相结合的原则"。比如，俄罗斯科学院启用了培养青年从事科学研究活动的成功形式：青年列入科学院编制，同时在校学习，并在不同的学术单位履行初级科研工作者职责。具备初级研究员工作能力之后，培养他们从事系统的创造性工作。

为快速和有质量地培养能够在航天领域做出一定突破的科研干部，开始实施这样的方案，即把大学固定到基础性的、走在前列的科研机构中。这样可以依托良好的研究条件，对部分大学生进行专业化训练。倡议者是苏联航天学重要的理论家姆斯季斯拉夫·克尔德什（Мстислав Келдыш）①。当时作为苏联部长会议主席的斯大林亲自批准了这一套方案。总之，苏联的教育和科学制度致力于培养高科技人才。这完全适应国家航天事业的需要。

1945年卫国战争胜利以后，斯大林召集了国家主要领导人，讨论国家今后发展规划问题。会议参加者提到应该恢复交通，建设城市、扶植农村。斯大林认真听讲并指出："是的，这是我们每一天的任务，我们将成功解决这些问题，但是最主要的在其他方面。"②斯大林提出两个方案：一个是核能，另一个是太空。对于许多人而言，不能想象在被战争破坏的国家里可以成功实施这样的纲领。随后在屈

---

① 姆斯季斯拉夫·克尔德什（1911—1978），苏联数学家、力学家、航天学理论家、原苏联科学院院长。在苏联，克尔德什享有"航天学领域的主要理论家"之盛誉。三次荣获苏联社会主义劳动英雄勋章。1949年加入联共（布）。

② Г. А. Зюганов：《 Мы не только должны гордиться достижениями Советской страны, но и учиться у той эпохи 》[EB/OL]. http://kprf.ru/2011 - 04 - 07

指可数的日子里,苏联建成了 10 座原子能城市(десять атомных городов),创造了伟大的太空技术。1958 年在布鲁塞尔举办的世博会上,苏联展馆成为最吸引人的地方。带着惊讶和兴奋,参观者看到了世界上第一颗人造卫星模型,世界上第一座原子能发电站模型,世界上第一台自动联合收割机。苏联的伏尔加轿车在那里获得大奖,被公认为欧洲当时最好的轿车。所有人为之激动的是,在战后十几年时间里,苏联实现一系列独一无二的突破。在此基础上,1961 年宇航员尤里·加加林完成首次人类太空飞行的壮举,开启人类探索太空的新纪元,令全世界为之震惊和钦佩。在那些年代,苏联对科教领域的投入占到国家预算的 20% 至22%。当时国家刚刚走出战争阴影,遭受重大损失。"我们现在为之骄傲的不仅仅是光荣的成就,还要向那个时代学习。"①

通过分析以上俄共对苏联航天史的扼要回顾,以及笔者所掌握的俄共关于这一问题的其他方面材料,可以从中看出苏联航天事业取得巨大成就的原因有以下四个方面:

其一,国家长期重视并不断加大投入。"我们之所以成为世界上一个开发宇宙的国家,是因为苏维埃国家成立之初便将发展科学技术放到优先工作领域,并体现在具体行动中,而不是口头上。"②其中使国家由落后的农业国变成强大工业国的工业化,奠定了航天事业的基础。

其二,重用了一批航天事业工作者,领导了宇航方案的实施。包括苏联航天学重要的理论家克尔德什、宇航学总设计师科罗廖夫、宇航理论家格卢什科、卫星和火箭控制系统专家皮柳金,以及成百上千的工程师、设计师和工作人员等。

其三,将全体苏联人民团结到完成这一伟大任务的周围。"为将征服太空的巨大计划变成现实,整个国家都在工作——在城市和农村,在科研机构和兵工厂,在高校和实验基地。"③俄罗斯国家杜马工业委员会主席、俄共党员谢尔盖·索布科(Сергей Собко)指出:"如果没有苏联人民用辛勤劳动建造的、可以生产独一无

---

① Г. А. Зюганов:《Мы не только должны гордиться достижениями Советской страны, но и учиться у той эпохи》[EB/OL]. http://kprf.ru/2011 – 04 – 07

② Постановление Президиума ЦК КПРФ О 50 – летии космического полёта Ю. А. Гагарина. [EB/OL]. http://kprf.ru/2010 – 11 – 23

③ Постановление Президиума ЦК КПРФ О 50 – летии космического полёта Ю. А. Гагарина [EB/OL]. http://kprf.ru/2010 – 11 – 23

二的、十分复杂的航天技术产品(没有任何外援)的强大、先进工业,就不可能有加加林。"①

其四,在社会主义制度下人民的精神状态和世界观,具有公而忘私的特点。在苏联社会主义制度下人民的世界观,对幸福的理解有别于西方,精神比物质更重要。苏联培养出准备为祖国奉献一生的千百万公而忘私的公民。在这样的环境中培养出了加加林。加加林曾经说:"只有和自己的人民在一起我才是幸福的。"②同苏联解体以后整个国家的精神状态形成鲜明对比。久加诺夫说:"今天在有效率的私有者中完全不是这样。在他们那里幸福用金钱衡量。在他们中间,哪里有金钱,哪里就是祖国。"③

四、苏联不存在"停滞时期"

在 2006 年 7 月 10 日《纪念列昂尼德·伊利奇·勃列日涅夫 100 周年诞辰》的俄共中央委员会主席团决议中,该党对勃列日涅夫的评价是"杰出的国务活动家、政治家,他的名字同苏联整个时期紧密相连。"④一直以来,俄共坚决反对将勃列日涅夫执政时期定义为"停滞时期"(《эпохи застоя》),认为不符合历史事实。俄共通过搜集历史资料、统计相关数据,力求还原那段历史。

"20 世纪 80 年代末 90 年代初,苏维埃政权被破坏时期,一整套关于苏联历史的无稽之谈被灌输到社会意识中。给勃列日涅夫执政 18 年(1964—1982),戴上了'停滞时期'的头衔。"在所谓的"停滞时期",苏联沿着社会主义道路加速前进,实现在一系列领域内的大跨步、跳跃式发展。创建了一批新的工业领域,其中包括电子、微生物和原子能机械制造、农业用地土壤改良技术等。保障了经济发展速度、居民社会福利大幅度提高,在军事方面取得了美苏之间的战略均势,制止了新的世界大战的爆发。在开发太空领域有重大进步,尤其是太空勘察不仅运用到国防、地质、气象和材料学等领域,还包括完成国民经济任务。

---

① Россmiddotи нужна новая индустриализация[EB/OL]. http://kprf – kuzbass. ru/2011 – 09 – 15
② Космический триумф России[EB/OL]. http://www. kprf – org. ru/2011 – 02 – 03
③ Космический триумф России[EB/OL]. http://www. kprf – org. ru/2011 – 06 – 10
④ Постановление Президиума ЦК КПРФ 《 О 100 – летии со дня рождения Леонида Ильича Брежнева 》[EB/OL]. http://www. kprf – org. ru/2006 – 07 – 10

1960—1970 年,苏联人民生活水平极大提高。居民对商品和服务的购买力、消费需求增加。居民实际收入增长 1.5 倍。① 1965 年,苏联工业产品的总量是美国的 55% ,到 1980 年是 80%。② 对科技领域的投入,从 1965 年的 70 亿卢布增至 1980 年的 220 亿卢布。1965—1980 年,钢产量提高 1.6 倍,石油开采提高 2.4 倍,天然气开采量提高 3.3 倍,发电站发电量提高 2.3 倍,新建了一批发电站:萨彦—舒申斯科耶水力发电站、乌斯季伊利姆斯克水力发电站、下卡姆斯克水力发电站、列宁格勒核能发电站、库尔茨克核能发电站、比利必诺核能发电站,等等。③

创建了一批大型区域生产综合体。特别值得注意的是,这一时期连同创建的大型企业,还形成了区域生产综合体,特别是在人口稀少、难以施工的地区,其中包括萨彦斯基、布拉茨克—乌斯基—伊利姆斯基、南雅库茨克、西伯利亚等几座石油化学综合体。仅在西伯利亚 20 世纪 70 至 80 年代就出现了超过 40 座城市。西伯利亚变成了工业和科技巨人。直到现在全世界还没有如此大规模的工程。苏联时期的基础在很大程度上保障了今天俄罗斯的石油美元流。苏联解体以后在俄罗斯没有勘探到一座大型或中等容量的有益矿藏,国家的地质勘查系统已被洗劫。

农业生产领域内取得重大进步。在所谓的"停滞时期"农业生产领域内也有重大进步。农业生产总量增加三分之一。在农村生产集中化、专业化、合作化等工作开展起来。建成了几千个大型工业畜牧业综合体、家禽场、灌溉系统。农业生产中每年使用比现在高出 14 倍的国产拖拉机和联合收割机。农业劳动者完全感受到国家对自己的关心。"修理工已经不是在严寒的条件下修理机械,挤奶工开始去休假,在畜牧业综合体中,女兽医穿上了白大褂。"④在农村铺设了几百万公里的沥青公路,在区中心和许多中心住宅区的街道上已经有人行横道。上个世

---

① Александр Тарнаев:Социализм - наше будущее[EB/OL]. http://www. cprfspb. ru/2007 - 08 - 11

② Е. Лигачев: До брежневского "застоя" путинской стабилизации - как до Китая по-пластунски[EB/OL]. http://kprf. ru/ 2005 - 06 - 17

③ Александр Тарнаев:Социализм - наше будущее[EB/OL]. http://www. cprfspb. ru/2007 - 08 - 11

④ Александр Тарнаев:Социализм - наше будущее[EB/OL]. http://www. cprfspb. ru/2007 - 08 - 11

纪60年代,农村劳动者骑自行车,70年代骑摩托车,80年代已经普遍开上了私家小轿车。在农村用上了天然气。那些在十月革命前渡过青少年时代和单干时代有过沉重劳动经历的老人们,经常说:"我们生活在天堂上"。①

居民社会保障大幅度完善。住宅建设规模史无前例。勃列日涅夫执政的18年,开发了16亿平方米住宅面积,高于之前的50年。1.62亿人口免费获得或者改善住房。② 居民在住房和市政公共服务上的支出,不超过市政公共服务总开销的三分之一,即三分之二以上由国家担负。不同于已经关闭了几千家学校、俱乐部、博物馆、少年夏令营、儿童创造中心的当代俄罗斯,在勃列日涅夫时期开展了轰轰烈烈的文化建设。有质量的免费教育和医疗得以完善。公民在疗养、保健治疗以及儿童学前教育方面的费用完全是象征性的。在健康的道德氛围中,在没有剥削、暴力、失业和赤贫的社会中,苏联人口持续增长。1964—1982年,在俄罗斯苏维埃联邦社会主义共和国人口总数增加1200万。苏联社会中一个重要特征是公民对未来充满信心时,出生率就会提高。

维护了世界稳定。在勃列日涅夫的领导下,苏联关于两种社会政治制度(社会主义和资本主义)和平竞争的对外政策得到发展。巩固了战后欧洲的稳定。对帝国主义侵略势力给以有效抵制。实现了美苏军事战略平等,成为制止第三次世界大战爆发的保障。就裁军签订了重要的协约。《赫尔辛基协定》成为缓和国际紧张政策的顶点。

从整体上说,直到20世纪70年代中期,苏联的政治和社会经济方针都以高效率著称。同时,在这一时期国内也创建了社会经济、科学技术、精神道德基础,使在同资本主义的竞争性斗争中,充分体现了社会主义的优越性。俄共认为,俄罗斯当局需要"停滞时代"的无稽之谈,为的是用反苏联主义毒化人民意识,巩固资本家政权。从列宁、斯大林开始,苏联党政领导人均被污蔑。

---

① Александр Тарнаев: Социализм – наше будущее[EB/OL]. http://www.cprfspb.ru/2007 – 08 – 11

② Е. Лигачев: До брежневского "застоя" путинской стабилизации – как до Китая по-пластунски[EB/OL]. http://kprf.ru/2005 – 06 – 17

第三节　苏联社会主义失败原因分析

应该说至今关于苏联社会主义失败的原因,尚未见到俄共有系统、全面的论述。笔者根据能够搜集到的俄共相关资料,加以分析、整理、提炼,按照苏共执政党自身的严重问题、戈尔巴乔夫的叛变改革、西方的长期和平演变的基本思路展开论述,力求较为明晰地展现出俄共对苏联社会主义失败原因问题思考的结果。

在取得诸多辉煌业绩的同时,苏联社会主义几十年建设中也出现了不少问题。正如在俄共新版党纲中写道:"但是创造与社会主义生产方式相适应的生产力的任务还远没有完成。在国内确立的动员型经济要求社会生活许多领域严格国有化、集中化,但是后来没有及时使经济机制适应生产力的需求。官僚主义增长,人民自治组织受到压制,劳动者的社会积极性和首创精神下降。'各尽所能、按劳分配'的原则发生偏离。没有充分地将科技革命的成果同社会主义的优越性结合起来。"①

苏联人民认识到转变的必要性已经成熟。但是国家领导者在做出需要的决定方面行动迟缓,在实施这些决定过程中又表现出了不坚定。最终社会中积聚了困难、问题和不乐观的趋势。它们妨碍社会主义制度优越性(преимуществ социалистического строя)的发挥,并使其变形,抑制了全社会向前发展。这些在民众那里引起了失望和不满。俄共强调,"苏联社会主义建设中的问题,在很大程度上是由执政党自身的问题引发和决定的。"②

一、执政党自身的严重问题

俄共认为,苏共力求成为工人阶级和所有苏联人民包括先进的、训练有素的公民的先锋队,拥有忠诚于社会主义事业的干部,它将最积极的、政治最成熟的个体团结到党内。在保障国家进步中起到了决定性作用。在世界革命运动中享有

---

① Программа партии[EB/OL]. http://kprf. ru/party/program/
② Программа партии[EB/OL]. http://kprf. ru/party/program/

崇高的威望。但是在苏共几十年的活动中也积聚了一些严重的问题。① 综合相关资料,可以看出俄共认为在苏共内部积聚了以下几方面严重的问题。

(一)没有创新发展马克思列宁主义

列宁曾经在《我们的纲领》一文中指出:"我们决不把马克思的理论看做某种一成不变的和神圣不可侵犯的东西;恰恰相反,我们深信:它只是给一种科学奠定了基础,社会党人如果不愿意落后于实际生活,就应当在各方面把这门科学推向前进。我们认为,对于俄国社会党人来说,尤其需要独立地探讨马克思的理论,因为它所提供的只是总的指导原理,而这些原理的应用具体地说,在英国不同于法国,在法国不同于德国,在德国又不同于俄国。"②

在俄共看来,马克思—恩格斯—列宁—斯大林,是科学社会主义的奠基者。在世界历史上列宁和斯大林第一次在实践中丰富和发展了科学社会主义理论。社会主义建设实践要求后来的苏维埃领导人深思熟虑、创造性地运用这一理论。可惜,这种情况并未发生。从赫鲁晓夫到勃列日涅夫时期,在苏共的活动中其理论指导成分越来越少。"党的干部不喜欢理论学习和研究,患有不好学的特点。"③正如俄共新版纲领指出的那样:"苏共在理论上长期处于停滞状态"。④ 2008 年 6月 15 日,俄共中央委员会意识形态书记德米特里·诺维科夫(Дмитрий Новиков)在俄共南联邦地区共产党员积极分子培训班上指出,苏维埃社会的危机在很大程度上由这一点造成,即斯大林逝世后,党内形成了教条主义和死读书的风气。这直接导致在与资本主义西方长期意识形态斗争中的失败。⑤ 从这里能概见,俄共认为是在斯大林逝世以后,在苏共党内开始教条对待马克思主义的。

俄共于 2008 年 6 月 27 日在莫斯科市举办了科学实践研讨会《社会主义:历史经验和 21 世纪发展前景》。久加诺夫在大会发言时指出,到 20 世纪下半叶在党内不能找到具备深厚理论素养的领导人。党的高层领导很少从事理论学习,在

① Программа партии[EB/OL]. http://kprf. ru/party/program/
② 列宁专题文集(论马克思主义)[M]. 北京:人民出版社,2009:96
③ Высокое призвание коммунистов. Десять тезисов о текущем моменте[EB/OL]. http://kprf. ru/2010 - 07 - 06
④ Программа партии[EB/OL]. http://kprf. ru/party/program/
⑤ Социал - демократизация - не наш путь! Секретарь ЦК КПРФ Д. Г. Новиков о программе партии[EB/OL]. http://moskprf. ru/2008 - 06 - 15

解决迫切的实践任务过程中,没有发展马克思主义。在党的报告和决议中,理论问题经常成为形式上的附加品,与实践联系不大。在对马克思列宁主义的论述中,可以发现主观主义(субъективизм)和教条主义(догматизм)。对马克思列宁主义的理论遗产不是持创新态度,这成为认不清苏联社会主义发展阶段、进行拔高定位的一个主要原因。例如1959年,赫鲁晓夫等苏共领导人,不切合实际地估计了苏联的经济社会发展程度,提出"在苏联社会主义完全、最终的胜利"。1961年通过的苏共第三个党纲中表现得特别明显,宣布苏联20年内(1961—1980年)基本建成共产主义社会。到了60年代中期勃列日涅夫领导下的苏共又宣布"苏联已经建成发达的社会主义"。毫无根据地灌输此等断言,必然会使得党的领导干部和劳动者迷失方向,妨碍正确地评价成就和不足。这样的断言更使社会消沉,盲目乐观,降低了对新制度的要求,缺少对完善和巩固社会主义制度的追求。[1]

久加诺夫在2003年曾指出,斯大林以后的苏共领导者不能创新发展马克思列宁主义,直接导致整个国家不能找到迎接时代挑战的答案,不能依据科学和信息时代的新要求,开展社会主义现代化建设。这是苏共的一个战略性失误。

(二)没有严把入党关

列宁曾经警告,不少假革命分子和没有任何理想的投机钻营分子混入了执政的共产党内部,这些小资产阶级的代表始终是社会主义的特殊危险。过分追逐党员数量,忽视党员队伍的纯洁性,这是苏共发展党员工作中的重大失误。

表 2.1　1950—1982 年苏共党员、预备党员人数　　　　　单位:千人

1950	1960	1970	1976	1980	1981	1982
6340	8709	14011	15639	17082	17430	17770

资料来源:Численность членов и кандидатов в члены КПСС. http://clck. yandex. ru/ 2010 – 07 – 01

1. 发展党员速度过快。由上图可知,1950—1982年,苏共党员、预备党员人

---

[1] 《 Социализм : исторический опыт и 》 перспективы развития в 《 XXI веке 》[EB/OL]. ht-tp://www. kprfnsk. ru/2008 – 06 – 27

数增加2.8倍。与此同时,党员队伍的纯洁没有受到重视。正如俄共中央委员会书记尼古拉·阿列菲耶夫(Николай Арефьев)所言:"苏共在发展党员时没有充分考察入党积极分子的精神道德和业务品质。而后并没有对党员的工作进行一如既往地监督,没有得出相应的结论。这是苏共在组织工作中的严重失误。"①"发展党员速度过快,导致的不是巩固,而是弱化、松散党的战斗力。"②

2. 部分党员入党动机不纯。苏共的执政地位把党员身份变成了找工作、晋升的通行证,党政领导的某些特殊优待对部分人来说更具吸引力。所以,许多人基于仕途方面的考虑加入党组织,将入党看成升官发财的跳板。一方面,党员队伍中见风使舵、追求名利地位、谋求个人私利者明显增多;另一方面,各种投机分子混入党组织后,通过各种手段爬上了党的领导层,这些人与共产主义信仰格格不入,完全没有为人民服务的献身精神。同时这些野心家又遏制正直的、忠诚于共产主义理想的人对党员队伍的补充。最终演变成一批党员干部的政治蜕变。2010年11月俄共中央官方网站刊文指出,那些持有小资产阶级立场的部分苏共领导者,在忠于党和人民的口号掩饰下,从内部对党组织进行分化。这也为国内外反社会主义力量搞破坏活动提供了可能。③

(三)没有对干部工作给予高度重视

1. 选拔任用干部考虑不周全。苏共在选拔任用干部工作中有严重过失误。一方面,选拔干部时过分注重他们的专业所长。对这些人的政治取向和政治素质、与群众的关系,尤其是政治坚定性,没有给以高度重视。20世纪80年代大量政治上没有经历必要考验的党员走上了党和国家的领导岗位。他们熟悉专业,但却是蹩脚的政治家。后来在国家和社会不稳定时期,他们没有经受住考验。另一方面,把高素质人才都推到实际生产工作岗位上,而不是从事党务工作。"当时最有能力的、最忠诚的共产党员成为生产的组织者,或是去了科技领域,特别精干的党员掌握供给和贸易领域。恰恰是在里出现了第一批巨额财产,同犯罪世界的联

---

① Николай Арефьев:《Внимательно проводить кадровую политику!》[EB/OL]. http://www. qwas. ru/2008 - 11 - 30

② . ê. èà ÷ a : × ò êeð à èðèêêê. ùì, úî è eàîê,eè ÷ èí è 6eêê[EB/OL]. http://www. kpu - kiev. org. ua/2010 - 07 - 12

③ Нашему товарищу Егору Кузьмичу Лигачеву - 90 лет![EB/OL]. http://kprf. ru/2010 - 11 - 29

系被巩固起来"。①

2. 缺乏干部更新机制。俄共新版纲领指出:"……缺乏领导干部的更替和年轻化削弱了苏共。"②在苏共领导者中逐渐出现了停滞现象:中央和地方领导干部的更新缓慢进行,这消极地反映到创造性工作的速度和范围上。整体上党对新的、进步的事务的接受能力下降。③ 2012年2月,在一次俄共新闻发布会上,久加诺夫指出:"在苏共那里有很好的理想和资源,但是没有领导干部的更新机制——导致了它的衰落"。④ 苏共后期政权高层形成了"干部血栓"(кадровый тромб),导致了不能及时更替党的领导,进而导致党的领导对新思想和时代要求的无动于衷。原苏共中央委员会书记瓦连京·库普佐夫也曾指出:"在苏共各加盟共和国共产党中央、边疆区委员会、州委会的第一书记们中,有许多人在这些职位上工作15年或者更长时间,甚至一些领导者由于健康问题不能正常工作。"⑤"干部稳定"(стабильность кадров),最终导致了在社会实践、在政策主张等方面不能创新发展。

(四)没有健全的民主和监督机制

俄共新版纲领指出:"政治上成熟的共产党员不能对领导部门的活动给以应有的影响"。⑥ 不提意见之风在苏共党内逐步蔓延。在一些党组织中,已经习惯高声喊成功、低声说不足。党内许多人逢迎领导者,"意见可以丢掉"成为他们的准则。⑦ 1990年7月3日,利加乔夫作为苏共中央政治局委员、中央委员会书记向苏共二十八大所作的工作汇报中指出:"我们干部工作中的主要缺点是,中央书记处、中央各部、地方党委没有充分重视广大党员的意见和建议,没有充分依靠劳

---

① Миф о советском дефиците и российская реальность[EB/OL]. http://kprf. in – s. ru/ 2003 – 05 – 06

② Программа партии[EB/OL]. http://kprf. ru/party/program/

③ . ê. èù ÷ a: × ò êèò à èðèéêê. ùì, ûí è èàîè, èè ÷ èí è бèêê. [EB/OL]. http://www. kpu – ki-ev. org. ua/2010 – 07 – 12

④ От победы на выборах – к Конституционному Собранию. Пресс – конференция Г. А. Зюганова в ИА 《 Росбалт 》[EB/OL]. http://kprf. ru 2012 – 02 – 16

⑤ Перестройка: замыслы, результаты и поражения, уроки [EB/OL]. http://forum – msk. org/2005 – 06 – 01

⑥ Программа партии[EB/OL]. http://kprf. ru/party/program/

⑦ Прения на VI (июльском) совместном Пленуме ЦК и ЦКРК КПРФ[EB/OL]. http:// www. pkokprf. ru/2009 – 12 – 10

动集体。你们都记得,领导人一直是按照上面的提议任免的。"①2003 年 9 月,俄共中央委员会第一副主席伊万·梅利尼科夫会见中共代表时指出,苏共党内民主和监督机制不健全的一个明显表现是,80 年代后期苏共党内的绝大部分领导者不实际参与戈尔巴乔夫—雅科夫列夫集团提出的关键性决议的通过。最终实施了损害国家和民族利用的决议。

总之,在俄共看来,尽管在社会主义建设中、执政党内部出现了各种各样的问题,但是"为了列宁方针,为真正社会主义的奋斗,从未停止过。"在党内巩固了解决迫切的现实问题、克服积存的消极趋势、使国家迈向新台阶的愿望。但是这样的愿望被社会主义的叛徒——戈尔巴乔夫、雅科夫列夫等人,通过欺骗手段加以利用。②

二、戈尔巴乔夫的叛变改革

2011 年 9 月 24 日,苏联解体 20 周年前夕,俄共召开第十四次非例行代表大会。此次俄共代表大会虽然主要议题是确定俄罗斯联邦第六届国家杜马俄共候选人名单,但也涉及关于对苏联社会主义失败原因的最新概括。俄共中央委员会报告中指出:"到 1990 年苏联经济陷入危机并不是因为社会主义的缺点,而是由于戈尔巴乔夫的政策,其从形式上说是任意而为,就实质而言是变节、背叛"。③ 2011 年 9 月 28 日,久加诺夫在会见中国社会科学院、中共中央编译局访俄专家时指出:"在苏联社会主义的垮台没有任何必然性,有走出危机的机会和条件","失败的主要政治原因是戈尔巴乔夫及其集团的唯意志的、背叛的政策"。④

综合俄共相关资料,可以发现该党侧重从以下几个方面评价戈尔巴乔夫的改革。

(一)鲁莽的经济改革

社会主义改革是必需的、可能的和可以实现的。80 年代的苏联具有强大的经

---

① Загадки Лигачёва[EB/OL]. http://www. kprf. perm. ru/2000 – 12 – 26
② Спасение России – в единстве трудового народа [EB/OL]. http://www. politpros. com/2011 – 01 – 12
③ Политика большинства – курс на победу! [EB/OL]. http://kprf. ru/2011 – 09 – 24
④ Г. А. Зюганов встретился с китайской делегацией[EB/OL]. http://kprf. ru/2011 – 09 – 28

济潜能,对世界进程有重大影响。但同时苏联经济中确实存在不少问题。例如,同西方发达国家相比,劳动生产率和消费产品生产效率的增长,出现了较大的差距。居民有支付能力的需求同其对高质量消费品需求之间的失调加剧。联盟中央同各加盟共和国之间积累了一些问题。但这都是可以解决的。①

1985 年 3 月,精力充沛的戈尔巴乔夫当选为苏共中央总书记。新的总书记还不知道他应该对国家做些什么。执政后其首先依靠博尔金、雅科夫列夫、梅德韦杰夫②等亲美分子的帮助。"他是一个没有独立意识的花架子,总是处在某些人的影响之下:妻子、顾问。因此,他从一个极端走向另一个极端。他仅仅能毫无价值地巧言惑众。"③党政高层就国家经济改革也没有形成一致性意见。在俄共看来,此时国家应该发生改变,大胆地将计划和市场机制结合起来。按照俄共的观点,这些市场经济的机制应该用到流通、销售、服务、社会供给,以及大部分消费品生产领域。应该积累在这些领域内的经验,暂时不应该触及到基本生产领域——大中机器制造、开采、铁路运输。无论何时在这些领域中都不应该放弃国家所有制。在这方面倾向于中国的经验,依次地转入到市场关系轨道。这样的道路可以保证国家的统一,教会人们新的工作方法。

然而戈尔巴乔夫领导下的经济改革一开始就没有经过科学研究。改革的方案没有公布,没有经过讨论,甚至可以说没有明确周密的方案。无论谁都不知道改革应该从何处着手。"部长们不知道改革的设计者想要他们做什么。"④在这样的情况下,国家领导人却谩骂部长、共和国和州委会的书记们,原因是他们行动迟缓。最终,改革成为一种自发的、无意识的运动。

戈尔巴乔夫是一个容易冲动的、匆匆忙忙的人,完全不清楚国家中出现的现实情况。由于没有明确的计划,在总书记演讲中,总有突发奇想和偶然性的意见。

① Егор Лигачев:"Мы отучили начальников пить за государственный счет[EB/OL]. http://www. ng. ru/2010 – 05 – 18

② 瓦季姆·梅德韦杰夫(Вадим Медведев)(1929—),1986—1990 年任苏共中央书记处书记,1988—1990 年任苏共中央政治局委员,1992 年起在戈尔巴乔夫基金会工作。

③ Распад СССР. М. С. Горбачев. Западная политика в отношении России [EB/OL]. http://vk. com/2009 – 02 – 11

④ Спасение России – в единстве трудового народа [EB/OL]. http://www. politpros. com/2010 – 01 – 11

应该指出,他无论什么时候都没有明确、有序的计划。他的主要口号是"参与战斗,那里的情况会给你提示。"①例如由于戈尔巴乔夫匆忙发起的戒酒运动（антиалкогольное кампание）②,大量的果酒酿造业被关闭。30 万公顷的葡萄园被砍伐。其结果是私自酿酒增加,酒品开始凭票供应,到处是成年居民排队购酒。伏特加、白兰地、香槟、啤酒等生产缩短。酒厂设备被陆续偷走。在 2003 年俄共出版的小册子《苏联物资短缺和俄罗斯现实之谜》中指出:"声名狼藉的戒酒运动动摇了人民对党的信任,为地下经济生意人的发财致富提供了机会。"③在 80 年代下半叶,戈尔巴乔夫又抓住了俄罗斯农业科学院领导向他建议的新发明——紧张劳动集体（коллективы интенсивного труда）、家庭劳动队（семейный подряд）,企图贯彻这些办法以提高农业生产效率。但却成为破坏大型集体生产的开端。

此外,在经济改革过程中,国家的计划原则被放弃。原俄罗斯苏维埃联邦社会主义共和国副总理、俄共中央顾问委员会成员阿尔贝特·伊万诺夫（Альберт Иванов）指出,在经济改革过程中,有计划管理国家被急剧弱化。1988 年开始实施自由协定价格。这意味着,价格的确定不是由计划部门,而是生产者和消费者。应该改变原来的价格机制,但是需要逐步推进。戈尔巴乔夫、雅科夫列夫等坚持,应该立刻放权、以这样的方式销售 30% 的商品。这导致了苏联出现这样一些企业,即,它们几乎垄断生产某种商品。"当有计划时,不存在危险,因为国家确定价格。而当生产者自主确定价格时,就可能剥下消费者三层皮。"④企业的巨额收入并没有用于技术设备更新,而是流入小部分群体钱袋里。"国家的作用被削弱,无计划原则导致国民生产和消费市场的混乱。"⑤

所谓的合作社（кооператив）也属于突发奇想的结果。根据部长会议的建议,苏共中央通过了关于创建合作社的决议。合作社很快建立起来,但不是以联合小

① Социализм по - русски:Можно ли вернуться? ［EB/OL］. http://kprf.ru/2002 – 11 – 11

② 苏联最高苏维埃主席团于 1985 年 5 月通过了一项法令,即《加强对嗜酒的斗争》,同年 6 月 1 日生效。

③ Миф о советском дефиците и российская реальность［EB/OL］. http://kprf. in – s. ru/ 2003 – 05 – 06

④ Автор знаменитой фразы"Борис,ты не прав!"о перестройке и борьбе с пьянством ［EB/OL］. http://www. ng. ru/2010 – 05 – 18

⑤ Спасение России – в единстве трудового народа［EB/OL］. http://www. politpros. com/ 2011 – 01 – 30

生产者为基础,而是靠租赁或购买国有资产。"在这样的情况下,为社会犯罪和受贿官员个人资本积累合法化提供可能。"①合作社最终不是将商品出售给居民,而是高价出售给企业。合作社成为灰色经济、地下资本的庇护体,成为古辛斯基、别列佐夫斯基等人的遮阳伞,这是催生寡头的原因之一。实际上是国有资产的流失。可见,合作社实际上是一种外壳,在其内隐藏着占有巨额资金的雇主,而其他人都是雇佣工人。合作社的出现也成为商品匮乏加剧的一个重要因素,严重损伤了苏联经济。②

久加诺夫在《斯大林与当代》一书中指出:1988 年 5 月通过了《苏联合作社法》(закон 《 О кооперации в СССР 》),而且苏共完全放弃对合作社活动的监督。恰恰是在合作社运动旗帜下开始了对社会主义的进攻。绝大多数合作社在国有企业范围内创建,它们寄生在国企身上,实际上不创造任何物质价值。厚颜无耻地开始了将国家资金转移到私营部门的前所未有的运动。在多数情况下,私营部门具有违法性质。同时合作社也引发了国内小资产阶级自私自利倾向的加重。③

最终,不明朗的经济改革计划以骑兵袭击的速度加以贯彻。三年后的现实表明,即兴作品没有任何成绩,各领域的改革效果不佳。原有的经济联系、行业比例被破坏,经济增长速度下滑,居民的粮食保障并未得到改善。总书记的威信下降。

在俄共看来,戈尔巴乔夫在经济领域改革的失败被他的对手叶利钦很好地利用。叶利钦为把戈尔巴乔夫赶下台,采取了一系列旨在破坏强大国家的政策。俄罗斯加盟共和国领导者的立场是,为提高管辖领域内的福利,应该终止对其他加盟共和国的援助。叶利钦被选为俄罗斯最高苏维埃主席之后,开始破坏对中央基金的财政扣除。而实际上一些共和国却又需要在财政、物质上给以补贴。一些加盟共和国中开始出现了骚动。需要国家财政支持的军队、国防综合体的状况恶化,在一些经济领域中也出现了困难。开始出现十分复杂的局势。

破坏了合作性的商品供应和配套性的生产,工厂停产,工人愤怒。各加盟共

---

① Миф о советском дефиците и российская реальность [EB/OL]. http://kprf. in - s. ru/ 2003 - 05 - 06

② Знать историю своего Отечества должен каждый[EB/OL]. http://www. buninlib. orel. ru/ 2009 - 11 - 12

③ Геннадий Зюганов: Сталин и современность [EB/OL]. http://kprf. ru/library/ book93427. html

和国中出现了不满情绪。人们开始寻找摆脱现状的出路。当人们生活水平得不到提高的时候,他们自然要在政府和邻国那里寻找原因,更对社会主义制度的优越性提出质疑。俄共新版纲领对戈尔巴乔夫经济改革的结果进行了总结:"社会主义基础——公有制的作用被损害,劳动集体与合作社的作用被歪曲。在杜绝'影子经济'方面没有采取任何必要的措施。削弱国家的作用,放弃计划原则,导致了国民经济和消费市场的混乱。"苏联经济陷入"既没有计划也没有市场"的窘境。①

(二)叛党的政治改革改革

鉴于经济改革的失败,戈尔巴乔夫决定推行政治领域的改革。此后改革逐渐转向,直至放弃党的领导权和社会主义方向。

政治改革的矛头首先指向了苏共。在 1987 年初,替换了 70% 的政治局委员、60% 的州党组织书记、40% 的中央委员。② 接下来苏共的领导权又受到了质疑,戈尔巴乔夫、雅科夫列夫等人得出了关于放弃共产党领导作用的必要性,以及废除这种领导作用宪法保证的主张。1988 年 6 月苏共召开第十九次党的代表会议(XIX партконференции)③。戈尔巴乔夫在会上所做的报告,事先未经中央委员会讨论,这在苏共历史还是第一次。戈尔巴乔夫在报告中发出这样的声音:执政党应该自动放弃领导,仅保留它的思想和教育职能。实际上是在明确苏联政治改革的基本方向,即放弃一党制,向多党制过渡。他还盗用和歪曲了十月社会主义革命前布尔什维克党的政治口号,重提"一切权力归苏维埃"。实际上是要"放弃苏共作为苏联政治体制核心的地位,把国家权力中心从党转向苏维埃"。戈尔巴乔夫发出这样口号也是为了满足个人权力欲,使自己金蝉脱壳,进而转任最高苏维埃主席,摆脱苏共党内监督,掌握不受约束的政治大权。更为可怕的是,还宣布了改革的基本方针由 1986 年苏共二十七大制定的"有计划地完善社会主义"转变

---

① Программа партии[EB/OL]. http://kprf. ru/party/program/

② Государственное управление СССР в период с 80 - х по 90 - е годы ХХ века[EB/OL]. http://revolution. allbest. ru/2003 - 12 - 08

③ 苏共全联盟代表会议——党中央机关成员和地方党组织代表的会议。按照苏共章程的规定,在两次全党代表大会之间,如果有必要讨论已经成熟的政策性问题,可以召开党的全联盟代表会议。由苏共中央委员会确定召集和举行代表会议的程序。

为建立"人道的民主的社会主义"。在苏联由改革转为改向的端倪已经显露。①

1989 年 1 月在苏共中央全体会议上,由于不同意戈尔巴乔夫及其团伙的政治改革方案,中央委员会三分之一的成员"退职"。此后脱党者人数极大地增加。如果说 1989 年有 14 万人退党,那么到了 1990 年就有 270 万人退党。立陶宛、拉脱维亚、爱沙尼亚共产党大部分党员脱离苏共,成立了社会民主党。格鲁吉亚、亚美尼亚、摩尔多瓦共产党实际上终止了自己的存在。1990 年 3 月 14 日,苏联通过了《关于设立总统职位并对苏联宪法进行修改和补充》的法律,其中最重要的规定是:废除关于政体核心——苏共的领导作用的《宪法》第 6 条,实行多党制。此后在苏联出现了大批反苏反共性质的新政党。它们的出现证明了原来的政治制度开始崩溃,几十年形成的政权机器停止运行,社会陷入严重的政治危机之中。②同时在国内还出现一些持反社会主义立场的公民团体,其成员包括:知识界中"创造新知识分子",在苏联也称"苏共二十大产儿"(дети XX съезда)③,部分被特权娇养惯的、精神上被团结起来的上级任命官员,原来被镇压过的人及其亲属,思想上不安的人,善于专营的投机分子。他们成为反社会主义政变的一部分社会基础。④

允许党内存在派别。1986 年 2 月底至 3 月上旬,苏共召开了二十七大,大会通过的新版党章中规定:"讨论过程中根据立场党员有权联合起来"。在 1921 年 3 月联共(布)第十次代表大会上通过的《关于党的统一》的列宁批示(Ленинская резолюция 《 О единстве партии 》)中规定,要从党内清除派别分子,要立即解散任何派别。在苏共内部明显出现了叶利钦为首的"民主纲领"派、利加乔夫为首的

---

① Государственное управление СССР в период с 80 – х по 90 – е годы XX века[EB/OL]. http:// revolution. allbest. ru/2003. 12. 08

② Профессор Н. А. Медведев о проекте новой редакции Программы КПРФ[EB/OL]. http:// kprf. ru/2008 – 07 – 24

③ 苏联时期 1929—1949 年(另有资料认为是 1925—1945 年)出生的人通常被称为"苏共二十大产儿"(Дети XX съезда)或"60 年代人物"(Шестидесятник)。在他们身上体现出几代人的性格特征。戈尔巴乔夫、叶利钦及其他拆卸苏维埃制度的同龄人,均来自这类群体。他们的命运是不简单的:经历过战争、斯大林的清洗、赫鲁晓夫的"解冻"、勃列日涅夫的"微寒"。这类群体的大多数代表在斯大林时期都是社会主义的"真正信徒",苏共二十动摇了他们的信仰。"苏共二十大产儿"是戈尔巴乔夫改革的最先和最坚定的拥护者。

④ Профессор Н. А. Медведев о проекте новой редакции Программы КПРФ[EB/OL]. http:// kprf. ru/2008 – 07 – 24

"马克思主义纲领"派和戈尔巴乔夫为首主流派（表面上是中间派）。"民主纲领派"要在各级党组织中成立自己的机构，终止向苏共上交党费，分割党的财产。2010 年 4 月久加诺夫在《苏维埃俄罗斯报》发表文章指出，苏联亡国的主要原因是苏共的组织和思想基础被动摇，在苏共内部形成集团、派别，丧失了党的领导作用。

铲除党内健康力量。苏共最后一次代表大会，即 1990 年 7 月召开的第二十八次全党代表大会上，戈尔巴乔夫宣布放弃马克思列宁主义对苏共和国家的领导地位，取而代之的是"人道的民主的社会主义"。在这次大会上几乎所有的政治局委员都被更换，严重破坏了苏共章程中规定的继承性原则。这也显露了戈尔巴乔夫的另一项举动，即铲除"马克思主义纲领"派。"马克思主义纲领"派拥护社会主义的前景、拥护在社会主义范围内，在社会主义基本原则不变的前提下革新苏维埃社会。正如 2011 年 12 月 29 日原苏共政治局委员利加乔夫在回答《共青团真理报》记者的提问"当时为什么不罢免戈尔巴乔夫"时指出，"此时破坏性力量已经成功地从领导岗位上撤换了所有健康力量。利加乔夫在别洛韦日协定签署前的一年半，已经被撤换。其他人在 2 至 3 年间也都被陆续撤换。"

放弃党选国家干部的杠杆。苏共二十八大以后，戈尔巴乔夫继续指示不干涉苏联人民代表选举。苏共关于干部问题的决议变得毫无意义。如果说此前苏共中央监控 15000 个职位，那么二十八大以后大约是 2000 个。因此党失去了最强大的政治杠杆——选拔主要的各级领导干部。在党内苏共中央书记处停止了工作。

放弃传媒杠杆。此时，原来由苏共控制的大众传媒，大都转移到反社会主义势力手中。对苏共、苏联历史的抹黑浪潮掀起。民族分裂主义者、自由主义者、反苏维埃主义者等活跃起来。"谎言的潮流涌向党。许多公正的共产党员，科学、文化、文学方面的代表受到了诽谤。苏联军队、国家安全机关受到了污蔑和攻击。在公开性、民主化旗帜下，社会道德与思想的基础被侵蚀。"[①]正如久加诺夫所言："党不应该把自己的信息杠杆交给对手。信息心理围攻——非常可怕的力量。"[②] 此时，苏共已经基本丧失影响国家社会政治生活的能力。

---

① 　Два письма в Политбюро ЦК КПСС[EB/OL]. http://www.miresperanto.narod.ru/2011 - 03 - 04

② 　Г. А. Зюганов встретился с китайской делегацией[EB/OL]. http://kprf.ru/2011 - 09 - 28

这一切引发了社会中的紧张气氛。不同生产领域内的企业工人举行罢工、出现了企图复辟资本主义的政治运动。"灰色"经济组织者、艺术知识分子"精英"、部分蜕变的党政机关人员,趁火打劫、乘乱谋利,发起了各种形式的反苏共、反苏联的运动。通过欺骗和蛊惑,这种运动获得部分社会成员的支持。那些早已经蜕变的党政官员在这个过程中起了不小的作用。正如"共产党组织联盟——苏联共产党"委员会第一副主席、俄共中央委员会书记卡兹别克·泰伊萨耶夫(Казбек Тайсаев)所指出:"原因不是出在社会主义制度身上。而是出自这里,即野心家、民族分裂主义者、政治上的见风使舵者爬到了党、国家、加盟共和国的领导岗位上,一批党的领导者政治蜕变,他们企图发财和占有不与别人分享的政治权力,这就是他们期望的目标、生活的意义。而共产党、苏维埃政权的存在不允许这样。"①

(三)叛国的外交举动

久加诺夫在《社会主义——摆脱危机的出路》一书中指出:"自上个世纪80年代中期以后,'改革者'的每一步都展示了对西方的盲目崇拜。"②后来鉴于种种困境,戈尔巴乔夫开始在外国寻求帮助。戈尔巴乔夫与外国政要的交往经常绕过政治局。甚至他同布什会面的内容都对国家安全委员会保密。戈尔巴乔夫时常不经过苏联最高苏维埃和政府的同意便提出自己的外交立场。他希望这些让步可以获得来自西方国家高额的财政帮助,最主要的就是能够应对已经不能控制的国内局势。获得了来自西方国家领导人的道德鼓励以后,他在自己的讲话中开始使用这样的词句:公开性、民主、多元论。这样的词句引起了苏共党内乃至整个社会的争吵与混乱。

据原苏联农民联盟主席、俄共中央委员瓦西里·斯塔罗社布采夫(Василий Стародубцев)披露,戈尔巴乔夫执政以后时常待在西方国家,是苏共主要领导者在国外待的时间最多的人。有俄共党员讽刺说:"在西方(在那里他像英雄一样受到款待)的旅程间隙,戈尔巴乔夫返回莫斯科,推出新一轮的国家瓦解政策。""他把同时解散华约和北约作为对西方的战略目标,最终华约解散,而北约至今依然

---

① В Кремле не нашлось бойцов, чтобы убрать Горбачева и спасти страну! [EB/OL]. http://kp.ru/daily/2011 - 12 - 29

② Выход из кризиса - социализм [EB/OL]. http://kprf.ru/library/book93430. html

存在。"①

为了获得美国和北约的青睐，戈尔巴乔夫指示销毁了 239 枚射程为 400 公里的"奥卡"（Ока）导弹，其实它没有违反任何一个国际条约，包括《中导条约》。"奥卡"导弹由苏联科学院院士、著名的战术导弹设计大师谢尔盖·涅波别季梅耶（Сергей Непобедимый）主持研制，建立该导弹系统耗时 7 年，近 10 万名学者、设计师、实验人员、军人、工人等参与其中，当时称可以"击中地球的任意角落"。②在俄共看来，毫无疑问，此献媚举动使苏联的国防利益遭受重大损失。

在戈尔巴乔夫的策动下竟然出现了以改善美苏关系为借口，无偿献给美国 5万平方公里领海的叛国举动。1990 年 6 月 1 日，苏联外交部部长爱德华·谢瓦尔德纳泽（Эдуард Шеварднадзе）和美国国务卿詹姆斯·贝克在华盛顿签署了白令海峡和楚科奇海海上经济区划界协议，即"谢瓦尔德纳泽—贝克三角"条约（соглашение Шеварднадзе - Бейкера）。正如俄共伊尔库茨克市官方网站刊文指出："1990 年戈尔巴乔夫访问美国期间，作为这位苏联总统的礼物，当时的苏联外交部部长谢瓦尔德纳泽非法签署了赠送给美国人 5 万平方公里领海的协议"。③其结果还包括：一块面积 23700 平方公里的排他性经济区，一块面积 7700 平方公里的排他性经济区，白令海峡中部 200 海里基准线以内一块面积 46300 平方公里的大陆架。在个别地方，美国的排他性经济区范围大大超出了 200 海里基准线。"戈尔巴乔夫、谢瓦尔德纳泽恬不知耻地还把这一领土转让看作是苏美关系的一大突破。但该协议的签署实际上是对苏联渔业和国家尊严的一个沉重打击。"④在俄共看来，这一行为严重损害了苏联的国际形象，更引起苏联人民对执政党的失望和不满。

---

① К. Г. Мяло，Россия и последние войны XX века（1989—2000）. К истории падения сверхдержавы［М］. Москва，《 Вече 》，2002 г ，с. 102.

② Горбаче - президент，предавший свою страну［EB/OL］. http://malech. narod. ru/2005 -04 - 24

③ Рыбная война в сумеречной зоне［EB/OL］. http://xn - - - - ptbeca0ahckjkh. xn - -p1ai/2011 - 03 - 11

④ Л. И. Калашников в интервью порталу "Особая Буква"："Договор СНВ - 3 приведет к новой гонке вооружений"［EB/OL］. http://kprf. ru/dep/92097. html. 2011 - 05 - 18

三、西方的长期和平演变

2008 年通过的俄共新版纲领指出:"美国及其盟友、西方的特务机关是我国反苏维埃力量的鼓动者。在他们的庇护下我国建立了'第五纵队',在其领导参与下,完成了反革命的转变"。① 西方和平演变是苏联社会主义的失败主要原因之一,这样的结论在俄共党内基本达成共识。下面列举俄共主要领导人对该论断的相关论述。以多角度展现俄共视域中,西方和平演变在苏联社会主义失败中的作用。

(一)久加诺夫的相关论述

2008 年由俄罗斯青年近卫军出版社出版了久加诺夫的著作《斯大林与当代》。此书作为俄共全党学习读物,在俄共中央官方网站中有俄文电子版全文。书中指出,西方对苏联的秘密破坏活动可以大致分成连贯的三个阶段。

苏联成为强大世界影响中心,引起西方的惊恐。在建立国际分工世界体系方面资本主义国家金融贸易寡头的所有努力都面临着威胁。国际分工世界体系是在世界秩序范围内奴役人类的基础。两种经济、政治和文化代表——美国和苏联的全面矛盾演变为更为紧张的"冷战"形势。"冷战"开始后,秘密破坏苏联的机制便已经出台。美国前中央情报局局长艾伦·杜勒斯曾经公开阐释"冷战"的实质。通过军备竞赛在经济上拖垮苏联,这是战争的主要赌注。1945 年初,在一次秘密会议上,杜勒斯阐述了《破坏苏联的纲领》。此纲领指出:"……在那里栽下混乱,我们要悄悄地用虚假的价值观取代他们原来的价值观,并迫使他们相信。该怎么做? 我们要在苏联找到自己的同盟者、志同道合的人"。② 到 1991 年苏联解体之前西方的和平演变,可以划分成三个阶段,三个破坏苏联的连续时期。

第一个阶段始于斯大林逝世以后,是在"非斯大林化"和"赫鲁晓夫解冻口号"下推进的。勃列日涅夫执政时期这一破坏性过程仍在继续,而危及自己的思想教条被保存下来。没有健康的世界观基础,导致无论是在国内还是在苏联地缘政治范围内都产生了病态。年复一年,将国家过多的工业、军事和人力资源都用

---

① Программа партии[EB/OL]. http://kprf.ru/party/program/

② Временное поражение строительства социализма в СССР и пути его возрождения[EB/OL]. http://www.belkprf.ru/2010-05-06

到为争夺世界领袖的竞赛之中。结果是不言自明的:苏联的经济增长减速。苏联种了西方设计的军备竞赛圈套。意识形态、宗教信仰和文化真空,为向苏联社会渗透异己的价值观、破坏性的世界观、寄生的社会意识,提供了前所未有的有利条件。在克里姆林宫高层中的"代际更替"(Смена поколений)使敌人进入拆卸苏联的第二个阶段——创建破坏苏联的思想基础。在戈尔巴乔夫的"改革年代",引起苏联短时间内便崩溃的一系列主要原因中,公开的俄罗斯恐惧症、反爱国主义的歇斯底里、狂妄的反共产主义、对西方自由主义"美好"喋喋不休的宣传,都在其中占有一席之地。全面破坏活动的第三个阶段仅仅是两年,1990 至 1991 年。该阶段是从政治上保证统一联盟国家的全面拆毁。在国内政治领域,该阶段的特征包括,同党政领导机关内"保守力量"的斗争,地区分离主义浪潮高涨,中央政权的麻痹,作为破坏国家统一经济、政治和法律空间的攻城锤,俄罗斯的"民主"领导人叶利钦被启用。①

久加诺夫在一次俄共中央委员会全体会上指出,斯大林以后的苏联领导人不重视意识形态领域内的工作,为西方和平演变提供了机会。他指出:"苏联社会主义失败,首先是因为不能回应世界观和意识形态的挑战,不能充分思考发生的一切,不能及时通过受现实生活主导的决议。"必须承认"资产阶级意识形态的宣传机器,同期变得更强大。"成立了百余个大型科学调查中心,从事意识形态、宣传和心理方面的工作,企图炸毁苏维埃制度。不费一枪一弹,没有动用核武器、原子弹,最终迫使我们国家的领导人投降。"②

关于西方和平演变在苏联社会主义失败中起到什么样的作用,久加诺夫也有明确的表述。在他看来,"不可以将失败仅仅归结为外部力量的作用。当时在整个社会中积累了许多问题。一个主要的问题就是人民对政权失去信心。正是由于失去信心才导致 1991 年群众成为发生事件的旁观者。他们认为这是一场权力之争的恶战,所以还是不参与为好。这又被'第五纵队'利用。③

---

① Геннадий Зюганов: Сталин и современность [EB/OL]. http://kprf.ru/library/book93427. html

② Высокое призвание коммунистов. Выступление председателя ЦК КПРФ Г. А. ЗЮГАНОВА[EB/OL]. http://www. politpros. com/2009 – 12 – 01

③ Распад СССР. М. С. Горбачев. Западная политика в отношении России[EB/OL]. http://vk. com/2009 – 02 – 11

（二）诺维科夫的相关论述

2011 年 4 月 22 日，俄共中央委员会主管意识形态工作书记德米特里·诺维科夫，作为俄共代表，应邀参加了由中国社会科学院、北京大学等 12 家单位联合在北京举办的"中国社会科学论坛——苏联解体 20 周年国际学术研讨会"。在诺维科夫提交的会议论文《摧毁苏联的原因：俄罗斯进行的争论及一些结论》中，重笔墨阐述了西方情报机关的颠覆活动在苏联社会主义失败中的作用。

文中指出，第二次世界大战结束以后，美国及其同盟发动了反对苏联和社会主义国家的"冷战"。宣传是"冷战"的重要武器。在 20 世纪下半叶，华盛顿付出重大努力建立了一个强大的宣传机器。1947 年 2 月，"美国之声"广播电台开始用俄语广播。1953 年美国国会根据时任总统艾森豪威尔的建议通过了建立美国新闻署的决议，美国新闻署的主要任务是同共产主义力量和反对帝国主义的力量开展新闻战。1960—1980 年，美国新闻署的活动范围十分广泛。该机构在全球 129 个国家设立了 214 个办事处。美国新闻署有几百个广播电台和几十个电视中心。该机构出版数千份报纸和数百种期刊，美国新闻署在其宣传活动中使用最新的信息心理影响法。

文中强调，西方的宣传给社会主义制度的基本原则造成了沉重的打击。资产阶级思想家在苏联内部成功找到了同盟者，有步骤地诋毁共产主义价值观和理想，创造了一个有吸引力的西方资本主义形象。西方的宣传对部分苏联知识分子、党的领导的道德伦理和思想状况造成了不良影响。西方的宣传成功毁掉了苏联社会的团结，并在很大程度上强化了反对苏联社会团结的力量。文中认为，在戈尔巴乔夫、雅科夫列夫、谢瓦尔德纳泽实际上背叛了社会主义思想的情况下，苏联输掉了新闻宣传战、信息心理战。①

（三）卢基扬诺夫的相关论述

2011 年 12 月 19 日，苏联解体苏共垮台 20 周年前夕，俄共中央官方网站刊载了原苏联最高苏维埃主席、俄共中央顾问委员会主席卢基扬诺夫的一篇发言稿。其中指出，苏联社会主义失败的一个主要原因是"西方有计划的破坏活动"。

卢基扬诺夫回忆了这样一段历史。1991 年 5 月，在克里姆林宫，卢基扬诺夫

---

① 李慎明. 历史在这里沉思——苏联解体 20 周年祭［M］. 北京：社会科学文献出版社，2011：24

作为国家领导人接见了撒切尔。二人进行了长达两个小时的会谈。"撒切尔是市场经济和贯彻市场关系的刚性支持者"。① 撒切尔不时询问：加盟共和国退出苏联，怎样能实现等问题。卢基扬诺夫向撒切尔讲述了苏联是怎样产生、建立，以及在宪法中的关系等问题。

1991 年 11 月，撒切尔在休斯顿举办的化学家大会上作了发言。她向与会者讲述，资本主义世界正在努力消灭苏联。按照卢基扬诺夫的说法，可将撒切尔的发言内容归结为以下几个方面：

其一，苏联是西方世界最大的威胁。"苏联对西方世界而言，这是最大的威胁。我说的不是军事威胁，实际上这种威胁也不存在。我们的国家完全很好地被武装起来，其中包括有核武器。我指的是，经济威胁。这种威胁来自于计划经济，来自于道德和物质刺激的出色结合。苏联成功实现了很高的经济指标。苏联国内生产总值的增长速度大约是我们国家的两倍。如果考虑到巨大的自然资源，在合理开展经济生产的情况下，我们的国家完全有被挤出世界市场的可能。"②

其二，永远都要开展破坏苏联的行动。"我们永远都要实施行动，旨在弱化苏联经济，在其中制造内部困难，用军备竞赛拖垮它是主要手段。以苏联宪法中不完善的地方为攻击点，在我们的政策中占据重要位置。形式上，苏联宪法允许有愿望的加盟共和国迅速退出联盟，并且实际上是以最高苏维埃中的普通多数票为途径。但是，实现这一权力实际上是不可能的，因为有起聚合、团结和领导作用的共产党以及暴力机构的存在。对于我们的政策而言，潜在的可能性在苏联宪法的特殊性中。"③

其三，戈尔巴乔夫是可以依靠的人。"可惜，尽管长期以来我们很努力，但是在苏联政治局势还是那么稳定。对于我们而言，出现了非常困难的局势，但是很快传来了苏联领袖去世的喜讯，这为我们在高层寻找代言人提供了机会。这是我们专家的评价。我们一直都在组建苏联问题专家队伍，尽全力鼓动需要的专家离

---

① А. И. Лукьянов: Кто стоит за разрушением СССР? ［EB/OL］. http://kprf.ru/2011 – 12 – 19

② А. И. Лукьянов: Кто стоит за разрушением СССР? ［EB/OL］. http://kprf.ru/2011 – 12 – 19

③ А. И. Лукьянов: Кто стоит за разрушением СССР? ［EB/OL］. http://kprf.ru/2011 – 12 – 19

开苏联。按照专家的评价,戈尔巴乔夫不谨慎、不坚定、爱虚荣。他同苏联政治阶层中的大多数保持着很好的关系,所以在我们的帮助下他可以执政。"①

其四,民族战线的领袖叶利钦。"民族战线活动(Деятельность народного фронта)不要求有太多的投入,基本上就是对复印技术的支出和工作人员的财政支出。但是,支持矿工的长期罢工需要不小的开销。在专家中就推荐叶利钦作为民族战线领袖的问题出现了激烈争执。叶利钦很有希望被选为俄罗斯最高苏维埃领导。这样可以同领袖戈尔巴乔夫对抗。大多数专家不支持候选人叶利钦,考虑到他的历史和特殊的性格。但是综合各方面因素,最终还是决定支持叶利钦。克服重重困难,叶利钦被选为俄罗斯最高苏维埃主席之后,关于俄罗斯主权的宣言很快将被通过。问题在于,苏联的存在是以俄罗斯为中心的。这确实是分解苏联的开端。"②

在卢基扬诺夫看来,撒切尔的讲话表明了西方的全部立场,颠覆苏联社会主义的企图完全暴露出来。"撒切尔的讲话大约是在签订《别洛韦日协定》的前两周。这说明什么?"③西方很清楚作为苏联核心——共产党的作用,明白如果保存计划经济,苏联的威力有多大。明白这样的力量分布,一些人取得了共产党的称号,拥有一定的职权,但却是为反对共产党而工作,也就是为市场、市场关系、削弱国家而工作。

---

① А. И. Лукьянов: Кто стоит за разрушением СССР? [EB/OL]. http://kprf. ru/2011 - 12 - 19

② А. И. Лукьянов: Кто стоит за разрушением СССР? [EB/OL]. http://kprf. ru/2011 - 12 - 19

А. И. Лукьянов: Кто стоит за разрушением СССР? [EB/OL]. http://kprf. ru/2011 - 12 - 19

③ А. И. Лукьянов: Кто стоит за разрушением СССР? [EB/OL]. http://kprf. ru/2011 - 12 - 19

第三章

批判俄罗斯资本主义（批判现实）

苏联社会主义失败已超过20年，作为苏共最大继承者——俄共在盘点俄罗斯社会发展之现状，力求有依据地说明，在俄罗斯资本主义复辟，对俄罗斯民族而言是一场巨大的历史性灾难。俄共从各个方面对这场灾难进行了具体论述。基于笔者掌握的俄文资料丰富程度、俄共论述这场灾难的侧重点、以及这一章在本论文中的篇幅大小，本章从以下几个方面论述俄共对俄罗斯资本主义现实的批评：一是经济方面不发展创造、不顾国家长远利益、可能沦为西方原料附庸国的"管道经济"，又称原料出口型经济；二是政治方面弥漫全社会、现行制度下不可根治的腐败；三是社会方面有亡国灭种威胁的人口危机；四是国家面临丧失保卫能力的危险。

第一节　经济：可能沦为西方的原料附庸

久加诺夫将20年来俄罗斯政权对人民和国家犯下的罪行归结成七个方面，或称之为"七宗罪"。其中第二个罪行是"工业和农业生产的毁灭，变国家为原料附庸国。"在他看来，"俄罗斯形成的经济体制可以判定为贪污受贿的、原料出口的资本主义"。① 国内开采石油的45%、天然气的33%，石油产品的34%都用于出口。国内生产的铜、铅、镍的90%至99%用于出口。绝大多数产品都以原料形式

---

① Предложения Г. А. Зюганова по новой экономической стратегии для России: Развиваться, сберегая ресурсы для будущих нелегких времен, которые уже – не за горами [EB/OL]. http://kprf.ru/2007 – 08 – 31

出口,在国内没有经过深加工。出口不合理增长对国家经济发展产生消极影响,其中包括在开采量急剧下降的情况下,不断增长的出口使生产和消费之间的比例恶化。苏联时期俄罗斯经济发展十分稳定。甚至在 1980 年也保持在 3% 至 4% 的年增长率,这是发达国家的标准。今天俄罗斯政府作为自己的杰出业绩提出了类似的增长率。"但是任何一个高年级的学生都明白,这样的指标依靠的是石油销售价格"。经过 20 年"改革者"没有成绩,只有破坏。"在人类历史上没有石油强国,只有原料附庸国。"①

一、原料出口型经济的基本表现

1985 年苏联是世界第二大经济国,经济总量相当于 4 个中国或美国的 60%。现在俄罗斯经济约相当于 1/6 个中国或美国的 6%。尽管拥有世界 30% 的自然资源,但俄罗斯的国内生产总值却仅占世界总产值的 3%。地球上的经济巨人变成了"挥霍浪费者"和原料附庸国。久加诺夫说:"原料出口收入占国家预算收入的一半以上。最终使我们带上了危险的枷锁。"②

表 3.1　1995—2009 年俄罗斯商品结构③

	1995	2000	2004	2005	2006	2007	2008	2009
	十亿美元							
总出口额	78.2	103	182	241	301	352	468	302
包括:								
食品和农业原料(纺织原料除外)	1.4	1.6	3.3	4.5	5.5	9.1	9.3	10.0

---

① Предложения Г. А. Зюганова по новой экономической стратегии для России: Развиваться, сберегая ресурсы для будущих нелегких времен, которые уже – не за горами [EB/OL]. http://kprf. ru/2007 – 09 – 07

② Реализация Программы КПРФ – гарантия безопасности страны и социального прогресса общества. Доклад Председателя ЦК КПРФ Г. А. Зюганова на IX (июльском) Пленуме ЦК КПРФ и ЦКРКК ПРФ [EB/OL]. http://www. kprf19. ru/2011 – 07 – 03

③ Товарная структура экспорта Российской Федерации [EB/OL]. http://www. gks. ru/2010 – 01 – 12

续表

	1995	2000	2004	2005	2006	2007	2008	2009
	十亿美元							
矿物产品	33.3	55.5	105	156	199	228	326	203
化工产品和橡胶	7.8	7.4	12.0	14.4	16.7	20.8	30.2	18.7
皮革原料、毛皮及其制品	0.3	0.3	0.4	0.3	0.4	0.3	0.4	0.2
木材和纸浆制品	4.4	4.5	7.0	8.3	9.5	12.3	11.6	8.4
纺织品	1.1	0.8	1.1	1.0	1.0	1.0	0.9	0.7
金属、宝石及其制品	20.9	22.4	36.7	40.6	48.9	56.0	61.8	38.7
机床、设备和运输工具	8.0	9.1	14.1	13.5	17.4	19.7	22.8	17.9
其他	1.0	1.6	2.1	2.5	3.1	4.4	4.5	3.8
	所占比例							
总出口	100	100	100	100	100	100	100	100
包括:								
食品和农业原料(纺织原料除外)	1.8	1.6	1.8	1.9	1.8	2.6	2.0	3.3
矿物产品	42.5	53.8	57.8	64.8	65.9	64.9	69.8	67.4
化工产品和橡胶	10.0	7.2	6.6	6.0	5.6	5.9	6.4	6.2
皮革原料、毛皮及其制品	0.4	0.3	0.2	0.1	0.1	0.1	0.1	0.1
木材和纸浆制品	5.6	4.3	3.9	3.4	3.2	3.5	2.5	2.8
纺织品	1.5	0.8	0.6	0.4	0.3	0.3	0.2	0.2
金属、宝石及其制品	26.7	21.7	20.2	16.8	16.3	15.9	13.2	12.9
机床、设备和运输工具	10.2	8.8	7.8	5.6	5.8	5.6	4.9	5.9
其他	1.3	1.5	1.1	1.0	1.0	1.2	0.9	1.2

资料来源:俄罗斯联邦国家统计局官方网站 http://www.gks.ru/

在俄共看来,由上图可得出以下三点结论:一是在俄罗斯原料出口型经济已经确立;二是俄罗斯面临沦为西方原料附庸的危险;三是 2000 年以后,俄罗斯经济恢复、GDP 增长靠挥霍国家资源换取石油美元拉动。

当前,包括能源在内的原料出口占俄罗斯出口总额的 80% 左右,高科技产品出口不仅数量极少,而且逐年下降。2004 年俄罗斯高新技术产品出口,仅占世界同类产品总量的 0.13%,这一比例是菲律宾的 33%,泰国的 22%,墨西哥的 10%,中国的 8%,韩国的 6%。俄罗斯原料出口型经济的丑态已经暴露无疑。

勘探水平急剧下降。苏联时期存在着强大的地下资源勘察中心,保障储量的优先方向,包括 50 家科学考察中心,超过 60 家科学生产组织,生产地质勘查、钻探等所需设备的工厂将近 30 家。保障了超前的地下资源勘查和发掘必需的有益矿物资源。20 年来保障勘探的科学水平急剧下降。保障地质科学发展的物质基础被破坏。在俄罗斯地方许多地质单位被解散,干部的职业技术水平不断下降。所以,地质勘探工作范围不断缩小。①

勘探速度严重不敌开采速度。俄罗斯自然资源部领导人谢尔盖·费奥多罗夫(Сергей Федоров)承认,1990 年以后,勘探的范围缩小 4 倍,石油储备的增量减少 6.5 倍。此前已探明的石油储备量不断减少。按现在的增速,已探明的石油储量仅能够保障近十年石油开采水平的稳定。总体上说,同期俄罗斯全国石油开采量超过石油储备增长量 11 亿吨。石油采收率(нефтеотдачи)是地质资源量与开采出来的资源量之间的比例,也是合理利用原料基地的基本指标。1960—2000 年,俄罗斯石油采收率从 51% 降至 28%。俄共估测,从这个角度看,已探明的石油储量的损失是 150 亿吨。其中,忽视国际经验,不采用现代的创新加工手段,是石油采收率严重下降的重要原因。②

犯罪地挥霍国家财富。苏联解体以后,石油储量位居世界第 8 位的俄罗斯,同石油储量是其 3.5 倍的沙特阿拉伯争夺石油开采和出口的"世界冠军"。如果按人均石油储量计算,俄罗斯位居世界第 22 位。就石油消费而言,俄罗斯位居世界第 5 位。而开采量是俄罗斯 80% 的美国,石油消费量却是俄罗斯的 8 倍,其不足部分依靠进口(进口是国内开采量的 2 倍)。在美国没有国会专门批准,不可以出售任何一口油井。也就是政权从行政管理角度严格调控石油商业领域。俄罗

---

① Предложения Г. А. Зюганова по новой экономической стратегии для России: Развиваться, сберегая ресурсы для будущих нелегких времен, которые уже – не за горами [EB/OL]. http://kprf. ru/2007 – 09 – 07

② Предложения Г. А. Зюганова по новой экономической стратегии для России: Развиваться, сберегая ресурсы для будущих нелегких времен, которые уже – не за горами [EB/OL]. http://kprf. ru/2007 – 09 – 07

斯情况正相反,俄罗斯每年开采石油量的一半至四分之三用于出口,也就是石油出口几乎是国内需求的 3 倍。"这简直就是犯罪地挥霍国家财富"。①

面临沦为西方原料附庸国的危险。作为国家出口的主体,首先是动力原料资源,这部分的比重几乎达到了国家出口总量的四分之三。俄罗斯面临着沦为西方原料附庸国的危险。如果当下对外贸易结构中的趋势继续下去,那么危险的信号有可能实现。俄罗斯变成了世界所有工业发达地区,尤其是超前发展地区的"重要利益带"。石油的主要储藏地——俄罗斯的东北:亚马尔半岛、尤格拉地区、巴伦支海、涅涅茨自治区、北极地区、萨哈林岛、贝加尔湖沿岸地区,在这些地区都铺设了输出管道。这就是未来的俄罗斯,作为"燃料大国"的模式。② 在俄罗斯进口结构中,出现了极其危险的趋势。进口机器和设备的比重从 2008 年 1 月的 53%,降至 2009 年的 44.3%。这是一个危险的信号,厂商缩减了投资,减少了对企业现代化的资金设备投入。在进口结构中日常生活用品部分的增加这是俄罗斯向发展国家偏移的迹象。③

2009 年同上一年相比,矿物原料在俄罗斯总出口中所占比例中略微下降,主要受 2008 年爆发的国际金融危机影响。并非原料出口型经济的改变。尽管 2008 年爆发的全球性金融危机使俄罗斯备受打击,政府也曾好似痛下决心彻底改变国家发展模式。2009 年 8 月梅德韦杰夫在会见国家杜马各党团领导人时说:"如果不改变经济结构,俄罗斯经济将不会有未来""不能再这样下去了,这是一条死胡同。经济危机让我们必须做出决定,改变经济结构,否则我们的经济将没有未来。"④但是从 2011 年前 4 个月的出口情况看,用俄共的说法是"当局再一次被油气价格上涨冲昏了头脑"。2011 年 1 至 4 月在俄罗斯出口总量中石油占到

---

① Предложения Г. А. Зюганова по новой экономической стратегии для России: Развиваться, сберегая ресурсы для будущих нелегких времен, которые уже – не за горами[EB/OL]. http://kprf. ru/2007 – 09 – 07

② Предложения Г. А. Зюганова по новой экономической стратегии для России: Развиваться, сберегая ресурсы для будущих нелегких времен, которые уже – не за горами [EB/OL]. http://kprf. ru/2007 – 09 – 07

③ Россия может превратиться в сырьевой придаток Запада [EB/OL]. http://vlasti. net/ 2009 – 03 – 25

④ Товарная структура экспорта Российской Федерации[EB/OL]. http://www. gks. ru/2009 – 08 – 12

35.4%,原料能源产品占到 50.8%,(上一年同期分别为 34.3%、49%)。2011 年 4 月,俄罗斯石油出口是 2200 万吨(约占国际石油市场一半比重),较上一年同期提高了 2.5%。俄罗斯仍是石油开采的领袖:2011 年 2 月每天的石油开采量是 9699 万桶,沙特阿拉伯在其后是每天 8885 桶。① 2011 年前 5 个月,在 2049 亿卢布出口总额中,其中有 1406 亿卢布(约占出口总额的 67.2%)是因为出口、石油、天然气、煤及其他不同类型的燃料获得。还有 10% 的出口额是因为销售黄金、金刚石、木材等获得,只有 20% 的出口额是因为出售工业产品获得。出售高科技产品的收入十分微薄。因此,俄共认为"普京和梅德韦杰夫继续努力要把俄罗斯变成西方国家的原料附庸。"②

二、原料出口型经济并非缘起苏联

俄共中央经济和国际联系书记列列昂尼德 · 卡拉什尼科夫(Леонид Калашников)认为:"官方经济学家一直宣称,俄罗斯经济的能源取向是苏联时代的沉重遗产。这里只有一点是正确的,即苏联成功开发了东西伯利亚的石油和亚马尔半岛的天然气,培养了几百万名技术熟练的专家。从苏联那里俄罗斯继承了主要的勘探开采科研中心。但并不是要使苏联变成他国的原料附庸"。③

在社会主义苏联时期完全按另外一种方式支配这些资源,开采石油和天然气首先是为了保障本国经济的发展需求。煤炭、原木、天然气、石油的出口比例平均分别为 5%、5.5%、10.7%、19.7%。现在俄罗斯上述产品出口比例平均分别为 32.5%、23.8%、28.8%、66.4%。④ 20 世纪 80 年代苏联的天然气出口从未超过开采量的 10% 至 12%(现在是三分之一)。1990 年的石油开采量是 5.71 亿吨,其中四分之三用于满足内需,也就是 4.328 亿吨。出口量仅为 1.382 亿吨。现在完全相反:2008 年石油的开采量是 4.881 亿吨,其中以原料形式出口 2.444 亿吨,以石油制品形式出口 1.18 亿吨。也就是留给内需的仅为 1.257 亿吨,或者说是四分之

---

① Треть всего российского экспорта приходится на нефть [EB/OL] . http://www. newsru. com/2011 – 06 – 27

② Россия все глубже погружается в сырьевую яму[EB/OL]. http://www. apn – spb. ru/2011 – 07 – 28

③ Русь – матушка как сырьевой придаток[EB/OL]. http://kprf. ru/2009 – 05 – 28

④ И. Кашин:Политика нищеты и коррупции[EB/OL]. http://kprf. ru/2011 – 01 – 16

一。苏联时代的政策是给予本国生产者与寒冷气候、远程距离相关的补贴，生产者因此得到廉价的能源。当时苏联能源载体的国内价格绝对低廉，完全不取决于国际行情。因此说，苏联的燃料动力综合体①是推动国家发展的火车头。从总体上说苏联经济不是原料出口型。苏联即将解体前的 1990 年，在俄罗斯联邦苏维埃社会主义共和国工业生产的行业结构中燃料动力综合体部分仅占 12%，而现在这部分占 34%。从另一个方面看，决定一个国家科技面貌的机器制造业部分却下降了一半还多，从 1990 年的 31.5% 降至 2008 年的 14.6%。俄共认为："这些数据完全否定了这一谎言，即在苏联时期俄罗斯就已经坐到了'原料针毡'上"。俄罗斯坐到"原料针毡"上是在燃料动力综合体私有化以后。恰恰是由于原料出口畸形经济，导致在俄罗斯引发了比其他国家更严重的危机期。俄罗斯经济衰退早于全球范围内的衰退：从 2007 年 12 月俄罗斯工业生产的逐步衰退就已经显现，当时还没有任何人提及国际金融危机。

三、原料出口型经济的具体危害

综合俄共各种资料，将其关于原料出口型经济的危害分述如下。

（一）严重受制于国际原料市场价格

俄共认为，在原料出口型经济结构下，俄罗斯经济长期与国际能源市场联系过于紧密，国际原油价格，几乎成为俄罗斯经济的"命根子"。1995—2008 年每吨原油和石油产品的平均出口价格"神奇般"地提高了 6 倍，天然气价格提高了 5.6 倍，矿石和铁精矿价格提高了 4 倍。在俄罗斯出口比例中，矿物原料的出口由 1995 年的 42.5% 提高至 2008 年的 69.8%。这样的出口结构使俄罗斯经济对"国际原料市场上的价格波动极其敏感"。过分依赖能源和原材料行业成为俄罗斯经济的痼疾。2008 年 2 月俄共《苏维埃俄罗斯报》刊文《原料附庸》（сырьевой придаток），文中指出："鉴于国内外形势，俄罗斯经济可能最终变成处在世界发展边缘的原料开采型经济""这种经济模式同不断减少的自然资源捆绑在一起，哪怕是燃料价格的略微下降都能使自己伤得不轻"。②

---

① 苏联燃料动力综合体是动力供应的统一系统，包括生产、运输、能源分配等，其目的在于有效而可靠地保障国民经济对能源的需求。

② Сырьевой придаток［EB/OL］. http://www.sovross.ru/2008－02－19

俄共强调,2008 年爆发的全球性金融危机使俄罗斯原料出口型经济的弊端暴露无遗。油价暴跌,俄罗斯经济"命悬一线"。仅 2009 年 1 月份,俄罗斯 GDP 单月同比下降 8.8%;拖欠工资债务增长 49%;居民实际收入同比下降 6.7%;固定资产投资同比下降 15.5%;工业生产产值同比下降 16%,创 15 年来最大降幅。俄罗斯钢铁企业在 1 月份也大幅减产,三家最大的钢铁企业分别减产 28% 至 40%,三分之一军工企业面临破产。正如俄共中央委员会主席久加诺夫所言,导致俄罗斯经济如此大幅下滑,最直接的因素是国际原油价格大幅下跌。据专家测算,每桶石油价格每下跌 1 美元,俄罗斯财政收入便缩水 20 亿美元,俄罗斯因为油价大跌产生了严重的财政赤字。

俄共中央委员会书记奥列格·库利科夫(Олег Куликов)在《原料出口型国家在任何时候都可能身处不利条件之中》一文指出,随着这次国际金融危机的爆发,国际能源、原材料价格的暴跌,"俄罗斯当局一向认为最大经济优势一夜之间成为其最大劣势"。① 尽管俄罗斯当局在国际金融危机爆发初期一再强调俄罗斯是金融危机中的"避风港"、"安全岛",但在危机不断扩散过程中,国际市场石油需求锐减,油价大幅回落,俄罗斯经济陷入 10 年来首次衰退。2010 年 2 月,俄罗斯联邦统计局公布的数据显示:2009 年国内生产总值萎缩 7.9%,为 15 年来最大年度降幅。

(二)严重制约其他行业发展

2010 年 4 月 3 日,俄共在莫斯科市召开例行中央全会,久加诺夫在题为《社会主义现代化是俄罗斯走向复兴之路》的报告中,揭示了俄罗斯原料出口型经济形成的内在成因。"买办资本主义的哲学很简单。如果小小的井眼能够采出石油,如果没有任何创新就能够用苏联时期的管道运输天然气,如果国际市场需求金属和木材,那么为什么要把资金投到发展科学上? 如果提高费率就能够大幅增加收入,那么为什么还要考虑能源的状况? 就其本质而言,那些不愿承认现体制具有破坏性的人,正在阻碍俄罗斯的发展。"②

---

① Государство с сырьевым типом экономики в любой момент может оказаться в невыгодных условиях[EB/OL]. http://kprf. perm. ru/2011 - 09 - 23

② 李亚洲. 社会主义现代化是俄罗斯走向复兴之路——在俄共中央全会上的报告(节选)[J]. 马克思主义研究,2010(10):32

俄共认为，俄罗斯患上了"荷兰病"。他们说的荷兰病是指一国特别是指中小国家经济的某一初级产品部门异常繁荣而导致其他部门衰落的现象。20世纪50年代,已是制成品出口主要国家的荷兰发现大量石油和天然气,荷兰政府大力发展石油、天然气业,出口剧增,国际收支出现顺差,经济显现繁荣景象。可是,蓬勃发展的天然气业却严重打击了荷兰的农业和其他工业部门,削弱了出口行业的国际竞争力,到20世纪70年代,荷兰遭受到通货膨胀上升、制成品出口下降、收入增长率降低、失业率增加的困扰。

"近十年来涌向原料开采、销售领域的投资把俄罗斯包围起来"。① 在短期利益的驱动下,无论是国家还是社会领域的资金都一窝蜂似地涌向了原料开采、销售领域(尤其是石油和天然气领域)。而其他需要长期投入、相比较而那些短期收益不是很大、成效不是最显著的基础领域、高科技领域等投资颇少,甚至对某些领域根本不投资。导致这些领域的发展境况停滞、倒退,甚至崩溃。国家的经济结构严重畸形。阻碍了经济的长远、健康发展。正如俄共中央局委员尼古拉·迈达纽克(Николай Майданюк)所言:"踏烂了科技和工业中的最好部分。建立起了由石油管道、流行歌曲和啤酒组成的荒诞经济"。② 整个改革年代,俄罗斯水泥生产缩减1.78倍,小汽车生产缩减1.95倍,货车生产缩减5.87倍,拖拉机生产缩减34倍,钟表生产缩减91倍,照相机生产缩减900倍。电脑、手机基本上处于不生产状态。③ 俄罗斯联邦地下资源管理局局长阿纳托利·列多夫斯基(Анатолий Ледовских)承认"以其他领域的下降为背景,矿物燃料综合体部分得到实质性提升,在国家经济中位居主导地位""大约40%的工业企业基金都集中到了地下资源开采领域"。④

俄罗斯的出口,侧重于依靠石油、天然气、木材等原材料或初级加工品。俄罗

① Академик Кимельман：《Сырьевой экономики в России нет!》［EB/OL］. http://www.td-tatar.ru/2011-04-11

② Круглый стол в Белореченске - КПРФ, ЕдРо, ЛДПР, ветераны：20 лет реформ в России. Плюсы иминусы［EB/OL］. http://www.news.belora.info/2011-04-11

③ И. Кашин：Политика нищеты и коррупции［EB/OL］. http://kprf.ru/2011-01-16

④ Руководитель Федерального агентства по недропользованию А. А. Ледовских выступил на IV Всероссийском съезде горнопромышленников России［EB/OL］. http://www.rosnedra.com/2009-11-05

斯政府为赚取外汇,不得不对此加以扶植。这样一来,一方面使俄罗斯沦为一个原料出口国,一方面又加重了俄罗斯经济结构中农业、轻工业与重工业严重失调的程度。通过蹩脚"改革者"努力,实现了国家工业化的退化。久加诺夫在 2011 年 7 月俄共中央委员会、中央监督—检查委员会联合会议上指出,苏联曾经产出了 20% 的世界工业产品。资本主义的俄罗斯对世界经济的贡献还不足 3%。失去了一系列决定科技进步的领域,其中包括:机床制造业、仪表制造业、电子和无线电工业。在一系列领域基本设备的损耗超过 80%。苏联有 15 家飞机制造厂,每年生产 1500 架飞行器。现在每年连 10 架民用航空飞机都制造不出来。①

(三)严重限制国内需求

2007 年 9 月 7 日,俄共中央官方网站刊载的文章《久加诺夫关于国家经济发展新战略》披露,在俄罗斯 2006 年已经暴露出供热的天然气不足,热电站被迫使用重油和残渣。2007 年国家平衡表中出现的天然气赤字超过 40 亿立方米,为保障居民生活和工业生产需求,以及履行出口合同,必须有天然气 7300 亿立方米。而 2007 年的天然气开采量,加上从中亚采购的天然气,总量约 7260 亿立方米。很明显,意味着对国内需求而言,开采的天然气已经有缺口。但这些缺口是相对的,通过减少出口量便可以解决。②

2009 年 5 月 18 日,俄罗斯同意大利、保加利亚、希腊和塞尔维亚签署了有关"南流"天然气管道建设的新协议。5 月 28 日,俄共《真理报》刊载了负责该党中央经济和国际联系的书记列昂尼德·卡拉什尼科夫的关于政府为出口限制内需的评论文章。文中指出,在建设新出口管道的同时,政府还计划"减少工业生产,降低人民的生活水平"。政府兴高采烈地向人民宣布同外国公司签订了关于建设"南流"天然气管道的协定。"公民是否应该为俄罗斯经济依赖原料出口方案的启动而高兴?"③

---

① Реализация Программы КПРФ – гарантия безопасности страны и социального прогресса общества. Доклад Председателя ЦК КПРФ Г. А. Зюганова на IX (июльском) Пленуме ЦК КПРФ и ЦКРК КПРФ[EB/OL]. http://www.kprf19.ru/2011 – 07 – 03

② Предложения Г. А. Зюганова по новой экономической стратегии для России: Развиваться, сберегая ресурсы для будущих нелегких времен, которые уже – не за горами [EB/OL]. http://kprf.ru/2007 – 09 – 07

③ Русь – матушка как сырьевой придаток[EB/OL]. http://kprf.ru/2009 – 05 – 28

截止 2009 年 5 月俄罗斯有三个天然气输送新方案："蓝流"。沿黑海海底从俄罗斯南部到土耳其。2005 年开始部分投入使用。2007 年通过这条管道输送天然气 95 亿立方米，计划将输送量增至 240 亿立方米。"北流"。沿波罗的海从俄罗斯维堡到德国。计划年输出量是 550 亿立方米。"南流"。沿黑海海底从俄罗斯到保加利亚，最远至西欧。预计 2015 年铺成。计划年输出量是 630 亿立方米。

三条管道每年的对外输出总量超过 1400 亿立方米。也就是俄罗斯天然气需求的三分之一（俄罗斯天然气开采量平均每年为 6000 亿立方米，其中超过 2000 亿立方米用于出口，其余 4000 亿立方米用于国内消费）。但天然气的开采量不会实质性增加，削弱国内生产和居民生活用气。2007 年，经勘查俄罗斯石油和天然气的总量比 1988 年减少了 4 倍。可见，为了补充新的天然气"外流"，需要加大压缩国内的天然气需求。

俄共总结在俄罗斯形成一种恶性循环：油气开采量得不到实质性增加——为外汇美元不断增加出口量——必须限制国内需求——提高国内油气价格直至达到世界水平——国内企业和家庭减少需求——油气价格暴涨国内企业减产、倒闭，存活企业提高商品价格——严重制约民族企业发展和人民生活水平提高。①

依靠对消费者猛烈大幅度提高国内天然气价格直至达到出口水平。由于价格提高了几倍，大部分企业和家庭不得不减少对天然气的需求。对每一个俄罗斯家庭来说，这意味着所有公共服务价格上涨，包括冬天的取暖和热水供应。另一方面，由于天然气价格暴涨，许多工业企业将减产、倒闭，失业增加。天然气价格会影响到每一种商品的成本，那些存活下来的企业则将被迫提高自己产品的价格。最终，导致物价上涨人民生活水平下降。一般来说，一国的生活水平基本同能源消费水平成正比。例如，美国公民对能源的需求，高出全球水平的 5 倍。因此，如果政府计划对天然气需求减少三分之一（在俄罗斯天然气是主要的动力载体），那就意味着俄罗斯人民的生活水平要下降三分之一。

就天然气的储量、开采和出口，俄罗斯居世界第一位。就消费量而言俄罗斯居世界第二位。俄罗斯是世界上国土面积最大的气候寒冷国家。有技术含量地使用天然气需要巨大的投资。其中包括，市政公共服务领域需要彻底技术革新。

---

① Русь – матушка как сырьевой придаток[EB/OL]. http://kprf. ru/2009 – 05 – 28

现实情况却完全相反,实际上每年对供热管道的维护比苏联时期减少 7 次。由于设备不能及时维修更新,能源的损耗也在提高。这成为俄罗斯需要更多燃料的原因之一。

从石油出口也能看出政权限制内需的表现。2001 年首次投入使用的、始于列宁格勒州普里莫尔斯克市码头的“波罗的海输出管道系统”,计划石油输出量增至 1 亿—1.1 亿吨。在该州巴尔季卡市正在建设新的石油输出管道,计划运载能力达到 3.5 亿吨。2000—2008 年,俄罗斯石油出口提高了 1.6 倍,石油产品出口提高了 2 倍。2009 年年底已经开始投入使用的“东西伯利亚——太平洋”石油出口方案,首次石油输出能力在 3000 万吨。2009 年仅留给俄罗斯本国四分之一的石油开采量。为了用“黑金子”补充新的输出管道,必须压制国内石油需求。

同时应该认清这样的现实,即苏联解体以后俄罗斯经济是低效率、粗放的,这种趋势在加剧。动力消费在提高,而产品的耗电量暂时还没有下降。国内生产高消耗尚未走上能源节约之路。俄罗斯同类产品的耗能量是美国的 2.5 倍,西欧的 3.5 倍,日本的 6 倍。其原因不仅仅是严寒的气候和俄罗斯巨大的空间,迫使需要耗费更多的能源取暖和运输。最主要的原因是俄罗斯经济中的生产工艺落后于世界水平。由于私有制的统治,这种落后状况每年都在加剧。①

(四)严重拉大贫富差距

2009 年 11 月 6 日,俄共《真理报》刊文《俄罗斯——原料附庸》指出,1991—1997 年俄罗斯联邦的自由主义政府曾实行和试图实行许多极其不得人心的经济、政治和社会改革——从价格的自由化和发放私股证券的私有化到取消北方地区的工资外津贴,并将最大的石油产地和油田、有色金属企业、某些其他最盈利的大型国有企业交给寡头们作为“抵押品”,随后又使其成为这些人的私产。这为少数人依靠国家资源发财、暴富奠定了基础。②

从石油开采领域中的私人资本份额可见,原料出口型经济的最终受益者。根据原总统经济顾问安德烈·伊拉里奥诺夫(Андрей Илларионов)的数据,尽管在

---

① Предложения Г. А. Зюганова по новой экономической стратегии для России [EB/OL]. http://kprf.ru/2007 – 09 – 07

② 《 Правда 》: Россия – как сырьевой придаток [EB/OL]. http://kprf.ru/crisis/edros/72711.html. 2009 – 11 – 06

石油开采领域的私人资本部分从 2004 年的84%下降至 2007 年 32%,但还有 26% 的石油变相受官员的掌控。因此仅有 42%的石油开采属于国家。①

国家应改变与私人石油公司的关系,重新分配能源出口收入。现行税收制度实际上不可能把从石油部门获得的巨额收入引向国家预算。现行平均税率仅为利润的 24%,加之石油公司可以通过各种迂回策略,按照"最佳"的税率支付。结果,"西伯利亚"石油公司大约是 10%,尤科斯公司大约是 12%至 13%。这些公司宁愿将更多的资金用于股东红利。在俄共看来,石油公司应该是"为社会工作",让更多的收入进入国家预算。

2010 年俄罗斯联邦国家统计局就收入在不同居民阶层中的分配做了一次调查,结果显示:13.4%的居民月收入低于 3422 卢布,处于极贫困状态;27.8%的居民收入在 3422 卢布到 7400 卢布之间,处于贫困状态。②"为何我们拥有丰富的自然资源,每年大量出口,而生活还这般贫困?"③

(五)将被抛弃的发展模式

俄共认为:"原料出口型经济可能走向绝路,必须转变经济发展方式"。久加诺夫指出,大多数世界分析中心预言 2040—2050 年期间世界石油市场将终止自己的存在。很有可能乙醇替代汽油。现在世界各地每年生产几千万吨动力乙醇。在中国以最快的速度建立了生产这种燃油的工业。在欧洲以汽油、乙醇等为主的混合燃料正在推广。委内瑞拉、沙特阿拉伯、伊朗、阿拉伯联合酋长国都有自己的能源战略。只有俄罗斯没有,"能源帝国"(《 энергетическая империя 》),不是战略而是一时"堵窟窿"。因此,对于俄罗斯而言,重要的问题仍是制定国家能源安全战略。久加诺夫指出:"有人说,国家真正已经陷入了绝境。在此之前,国家依靠的唯一基础,拉动经济走出深渊的基础是自然资源。从前面包是基础,现在是石油和天然气。但是情况比世纪之初更恶化,因为面包每年都可以制作,而石油和天然气是不可再生资源。当今时代原料财富不是国家发展的唯一的和十分可

---

① Предложения Г. А. Зюганова по новой экономической стратегии для России: Развиваться,сберегая ресурсы для будущих нелегких времен,которые уже – не за горами [EB/OL]. http:/kprf. ru/2007 – 09 – 07

② И. Кашин: Политика нищеты и коррупции[EB/OL]. http:/kprf. ru/2011 – 01 – 16

③ Почему позарез необходима национализация? [EB/OL]. http:/www. nt – kprf. ru/2011 – 09 – 05

靠的基础。"①依靠石油美元,执政者修正 1990 年形成的荒谬制度。他们没有使国家发展。20 年后俄罗斯出现的是萎靡不振、混乱、不发展以及严重的制度性危机。

俄共《真理报》刊文说明俄罗斯天然气的开采和出口前景。文中指出,预测俄罗斯天然气储量是 176 万亿立方米。但是,就俄罗斯现有的勘探和开采技术水平,只有能力开发已探明的 47.2 万亿立方米,以每年 6400 亿立方米的开采量,可开采 73 年,以每年 8800 亿立方米的最大开采量,可开采 53 年。②

第二节 政治:侵蚀整个社会的腐败

腐败是运用公共权力谋取私人利益。国际著名反腐组织"透明国际"将腐败定义成"为了实现一己私利,滥用委托的权利"。③ 俄罗斯人认为腐败是在国家统计和监督之外、在官方统计中不能反映出来的灰色经济的一种表现形式。俄共指出,腐败成为侵蚀俄罗斯的病毒,扩散到国家生活各领域,成为国家政治和经济制度中不可分割的组成部分。

一、腐败的整体状况

苏联解体以后,俄罗斯腐败问题日益严重。从"透明国际"创办的世界各国年度清廉指数清晰可见。"透明国际"成立于 1993 年,总部设在德国柏林,是一个旨在反对贪污腐败的非政府组织,在全球 90 多个国家和地区设有分支机构。清廉指数以各国际组织收集的数据为依据,对各国政治家及公务员的"清廉度"进行评分,满分为 10 分。

---

① Предложения Г. А. Зюганова по новой экономической стратегии для России: Развиваться, сберегая ресурсы для будущих нелегких времен, которые уже – не за горами[EB/OL]. http://kprf. ru/2007 – 09 – 07

② Почему позарез необходима национализация? [EB/OL]. http://www. nt – kprf. ru/2011 – 09 – 05

③ Коррупция здравоохрании[EB/OL]. http://www. privatmed. ru/2011 – 02 – 11

表 3.2 1996—2009 年俄罗斯的清廉指数及在全球排名

	1996	1997	1998	1999	2000	2001	2002	2003	2004	2005	2006	2007	2008	2009
清廉指数	2.58	2.27	2.4	2.4	2.1	2.3	2.7	2.7	2.8	2.4	2.5	2.3	2.1	2.2
全球排名	46 - 47	49	76	82	82	79	86	79	90	126	121	143	147	146

资料来源：Индекс восприятия коррупции Transparency International для России. http://ru. wikipedia. org/

2010 年 10 月，"透明国际"组织公布的各国清廉指数显示，俄罗斯的腐败程度继续进一步加剧。俄罗斯从 2009 年排名第 146 位下滑到 2010 年的 154 位。这是自清廉指数 1995 年创办以来，俄罗斯的最低排名。俄罗斯成为 20 国集团成员中最腐败的经济体，也是欧洲最腐败的国家。俄罗斯在"金砖国家"中的腐败程度也首屈一指。俄罗斯律师协会 2010 年年初公布的报告显示，俄罗斯每年"腐败经济"规模高达 6500 亿美元，相当于俄罗斯 2009 年国内生产总值的一半。2011 年，在世界经商极度风险的国家名单中，俄罗斯从原来的第 15 位上升至第 10 位。在这类国家名单中位居第一位的是索马里。进入前 10 的国家还有苏丹、刚果、伊拉、阿富汗、巴基斯坦等。① 按照俄罗斯联邦国家反贪委员会的估计，俄罗斯每年以货币形式的腐败总量大约在 2400 亿到 3000 亿美元，相当于欧洲小国的年度国家预算。②

在俄共看来，腐败是法律屈从于某些个人或集团的具体利益。腐败是那些非法发财、受贿、盗窃、同黑手党组织有瓜葛的公职人员、政治家和集团的道德败坏。正如俄共中央主席久加诺夫所言："俄罗斯是欧洲最腐败的国家，政权成为人民的敌人"。③ 腐败是俄罗斯最危险的疾病，并且病情在急剧恶化。俄共中央委员会副主席弗拉基米尔·卡申（Владимир Кашин）也认为："腐败成为套在俄罗斯颈上

① Петля коррупции на шее России. Выступление заместителя Председателя ЦК КПРФ В. И. Кашина на круглом столе по теме[EB/OL]. http://kprf. ru/2011 - 03 - 21

② Коррупция и экономическая безопасность в России[EB/OL]. http://www. alternativy. ru/2009 - 10 - 14

③ Реализация Программы КПРФ - гарантия безопасности страны и социального прогресса общества[EB/OL]. http://www. kprf19. ru/2010 - 07 - 02

的枷锁"。①

关于国内愈演愈烈、难以根治的顽疾——腐败,俄罗斯官方强调这是苏联的遗毒。对此种观点,俄共坚决反对。俄共中央委员会主席团成员鲍里斯·科莫茨基(Борис Комоцкий)在2009年10月俄罗斯《自由报刊》(《Свободная пресса》)杂志组织的反腐败圆桌会议上指出:"在资本主义制度下,原则上腐败是不能被战胜的,腐败是资本主义制度存在的一个基础。"②他认为,不可以说在苏联完全不存在腐败。但同现在的情况相比,简直是天壤之别。要明确一个简单的事实:对于社会主义而言腐败是"幼稚病",对于资本主义而言腐败是骨架。而由生命机体组成的骨架是不能铲除掉的。只有社会主义的复兴,才能战胜腐败,当前最主要的任务就是尽可能地发动群众参与反腐败斗争。

二、腐败的具体表现

俄共中央委员会副主席、俄罗斯农业科学院院士弗拉基米尔·卡申(Владимир Кашин)指出:"国家机体被腐败的转移扩散而淹没。没有贿赂什么都不能进行。没有贿赂不能生小孩、不能安葬老人。腐败成为俄罗斯的自然背景……"。③ 今天贪污受贿在所有国家机构中弥漫,从为了让孩子进幼儿园行贿,逃避军事服役行贿,到最高国家官员行列中的受贿行为。海关部门、医疗卫生组织、警察局、检察院、军队、法院、税务机关、学校、质检机关等,都浸泡在腐败之中。

俄共引用大量数据事实,证明上述观点。现归纳如下。

(一)政府高级官员中的腐败

俄共中央书记、中央主席团成员瓦列里·拉什金(Валерий Рашкин)在《真相:腐败已经腐蚀俄罗斯》一文中指出,在俄罗斯"政权"和"腐败"已经成为同义语。例如维克托·赫里斯坚科(Виктор Христенко)是工业与能源部部长,其妻子塔季扬娜·戈里科娃(Татьяна Голикова)是俄罗斯健康和社会发展部部长;再比

---

① МВД:За год средний размер взятки российским чиновникам вырос в 7раз[EB/OL]. http://exclav.ru/2011 – 08 – 11

② Коррупция – основа капитализма. Леонид Калашников на 《 круглом столе 》 в 《 Свободной прессе 》 раз[EB/OL]. http://kprf.ru/2009 – 10 – 30

③ Петля коррупции на шее России. Выступление заместителя Председателя ЦК КПРФ В. И. Кашина на круглом столе по теме[EB/OL]. http://kprf.ru/ 2011 – 03 – 21

如，第一副总理维克托·祖布科夫（Виктор Зубков）其女婿阿纳托利·谢尔久科夫（Анатолий Сердюков）为俄罗斯国防部部长。① 拉什金指出，除上述裙带关系、盘根错节腐败类型之外，政府高级官员中的腐败还包括高官在国企或私企兼职，利用职务通过倾斜性的政策，为兼职企业更为自己谋取私利；但拉什金认为，在政府高级官员中最为普遍的腐败类型是从高官个人工资收入报单看，都是没有问题的，但其没有工作的妻子、子女等家庭成员却有上亿卢布的年收入。所以在《福布斯》排行榜中才有以下情况发生。

2010 年《福布斯》排行榜：权力与金钱（官员、议员、国家公司领导 2010 年家庭总收入排行榜）②中列举了俄罗斯家庭收入前 100 位的公职人员及其收入额，其中 2010 年俄罗斯公职人员家庭收入最高额是 309.4312 亿卢布（以 2010 年 12 月 31 日为例，1 美元＝30.4769③），最低额是 0.3879 亿卢布。在这 100 位公职人员中，家庭年收入在 10 亿卢布以上的有 4 位，在 9 亿卢布至 5 亿卢布的有 13 位，在 4 亿卢布到 1 亿卢布的有 30 位。俄共认为从排行榜中可以窥见政权高官腐败之严重程度。

俄共相关材料列举了《福布斯》排行榜中俄罗斯部分高级官员 2010 年家庭收入：

政府第一副主席伊戈尔·舒瓦洛夫 6.4844 亿卢布；能源部副部长安德烈·希申 5.4134 亿卢布；"俄罗斯技术"国家公司总经理谢尔盖·切梅佐夫 4.6202 亿卢布；国家杜马副主席维亚切斯拉夫·沃洛金 3.599 亿卢布；联邦促进住宅建设发展基金会总经理亚历山大·布拉韦尔曼 2.6815 亿卢布；"俄罗斯纳米技术"国家公司总经理阿纳托利·丘拜斯 2.2464 亿卢布；"奥林匹克建设项目"国家公司总裁泰穆拉兹·波洛耶夫 1.6071 亿卢布；自然资源和生态部部长尤里·特鲁特涅夫 1.5509 亿卢布；能源部副部长谢尔盖·库德里亚绍夫 1.2795 亿卢布；国防部副部长格里戈里·纳金斯基 1.0469 亿卢布；联邦税务局局长米哈伊尔·米舒斯

① В. Ф. Рашкин в спецвыпуске ？ Правды：Социальная язва коррупции разъела Россию ［EB/OL］. http：//kprf. ru/ 2011－08－28

② Новый рейтинг Forbes：Власть и деньги Рейтинг доходов семей чиновников, депутатов, сенаторов и руководителей госкорпораций［EB/OL］. http：//www. forbes. ru/2010－09－12

③ http：//www. dengy－vsem. ru/dollar_vid. php？ id＝14

金 0.9646 亿卢布;总统顾问列昂尼德·雷曼 0.9644 亿卢布;政府副总理亚历山大·赫洛波宁 0.868 亿卢布;工业和贸易部副部长丹尼斯·曼图罗夫 0.6915 亿卢布;总统办公厅第一副主任弗拉基斯拉夫·苏尔科夫 0.6277 亿卢布;交通部副部长瓦列里·奥库洛夫 0.593 亿卢布;对外经济银行副总裁希尔盖·雷科夫 0.4333 亿卢布;联邦总检察院侦查委员会侦查总局副局长鲍里斯·祖耶夫 0.3896 亿卢布。

其中某些官员有超过 50 处不同产和 10 辆交通工具。所以,俄共认为"公正无私的官员只存在传说中","在俄罗斯腐败变成了可怕的社会祸害,不取代现政权就不能摆脱它"。①

(二)"国家公司"中的腐败

在俄共看来,"国家公司"(государственная корпорация)中的腐败是一类突出的经济犯罪。1999 年在俄罗斯的立法中出现了"国家公司"的组织法律形式。2007 年在俄罗斯社会经济发展中出现了组建"国家公司"的趋势。普京是成立"国家公司"的倡议者,并获国家杜马批准。组建"国家公司"旨在加强经济集权、推动重要行业发展、提高国家竞争力。"国家公司"是不以盈利为目的的非商业组织,政府是其缔造者。"国家公司"享有特殊权利,包括有权从事经营活动,但不接受税务检查;可获利润,但不上缴也不分配,只用于专项法律规定的经营活动等。

截至 2011 年 1 月,俄罗斯共组建了 7 家"国家公司":"存款保险代办处","对外经济活动和发展银行","俄罗斯纳米技术公司","促进城市公共事业改革基金会","奥林匹克建设项目和索契城市发展公司",集科研、生产和出口为一体的"俄罗斯技术公司"和"俄罗斯原子能公司"。

俄共发出警告,"国家公司"可能成为偷盗、洗劫预算资金的与众不同的场所。当"国家公司"获得国家资金的同时,也赋予了它裁定花费这笔拨款的权利,实际上是缺乏监督的,出现了把拨款装进领导人口袋的诱惑。

---

① В. Ф. Рашкин в спецвыпуске ? Правды: Социальная язва коррупции разъела Россию [EB/OL]. http://kprf. ru/2011 – 08 – 28

根据俄罗斯联邦审计院（Счётная палата Российской Федерации）的资料①，"国家公司"高层经理每月薪水为 50 多万卢布，而中层是每月约 15 万卢布。但是，高薪并没有养廉，更没有实现国家的科技进步。2010 年俄罗斯联邦侦察委员会就"奥林匹克建设项目和索契城市发展公司"中的腐败事实提起了 27 宗诉讼案件（2009 年是 18 起），贪赃枉法者窃取了将近 2500 万卢布。因腐败原因，该公司近三年更换了三任主席。官方任命的第一任主席谢苗·魏因施托克（Семен Вайншток）因盗窃预算资金，现已潜逃以色列。随后两任主席也因贪污预算资金被判刑。②

（三）军队中的腐败

俄共认为，俄罗斯军队陷入腐败的泥潭，这是整个国家最危险的一面。"俄罗斯军队、军事机关的腐败程度相当之高，直至俄罗斯国防部中央机关。腐败包围了它们。"③俄罗斯联邦总军事检察长谢尔盖·弗里金斯基（Сергей Фридинский）也承认，军队中腐败规模和程度令人惊讶：有时候这些人简直丧失了尺度和良知，侵占数额实在令人气愤。通过回扣和虚假合同等腐败行为，每年有五分之一的军费被腐败的官员、不诚实的军官和承包商侵吞掉。

在俄罗斯空降部队、航天部队、武装力量后勤部门、伏尔加河沿岸？乌拉尔军区④和北海舰队中腐败最为严重。根据俄罗斯联邦总军事检察院的资料，2008 年同 2007 年相比，涉嫌侵吞国家财产的数量几乎增加上三分之一，侵占和盗用公款的数量提高 2.5 倍。2008 年由于军官侵吞罪造成的物质损失提高二分之一，超过

---

① 俄罗斯联邦审计院成立于 1995 年，直属国家杜马，是俄罗斯国家财政的最高监督机构，负责对联邦预算执行情况、预算外资金、俄联邦各部门和联邦银行进行审计监督。联邦审计院院长由国家杜马选举并任命，任期六年。俄联邦审计院是最高审计机关国际组织、欧洲组织的成员，并于 1996 年正式加入最高审计机关亚洲组织。

② Участники "круглого стола" в Госдуме：коррупция – главный тормоз развития страны [EB/OL]. http：//kprf. ru/2011 – 03 – 21

③ Коррупция захватила "демократическую" армию и войска вплоть до центрального аппарата Минобороны[EB/OL]. http：//kprf. ru/2004 – 07 – 27

④ 俄罗斯武装力量副总参谋长兼作战总局局长安德烈·特列季亚克中将 12 月 1 日宣布，俄武装力量已经完成了 4 大新式军区的组建工作，以替代此前的 6 个传统军区。西方、南方、中央和东方 4 大新军区是根据俄联邦总统梅德韦杰夫的命令组建的。其中纳入中央军区编成有原伏尔加河沿岸？乌拉尔军区和西伯利亚军区的大部分（贝加尔湖以西部分），以及第 2 空防司令部，军区总部设在叶卡捷琳堡。

20 亿卢布。有超过 5500 名军队干部受到罚款或纪律处分。在订购技术和武装设备过程中有大量预算资金被贪污。仅 2008 年 1 月到 2009 年 6 月,就揭露了国家订购领域内的 3000 起破坏法律的行为。据初步估计,给国家带来的损失超过 5 亿卢布。2008 年因腐败被判处承担刑事责任的军官就超过 500 人,其中有普通军官 350 多人、将军 20 人。有管理武装力量重要机关的莫斯科市,位居国家军事腐败的首位。2009 年 1 月至 6 月,在莫斯科市警备部队中查出了 250 多起违法行为,其中有 120 名军官被判处罚款或纪律处分,有 18 人被判处承担刑事责任。①

2010 年军队中发现了 2500 起贪污案件。根据俄罗斯联邦总军事检察院履行反腐败法监督机关的资料,2010 年军队中贿赂、欺诈、职务舞弊行为的数量增加了 1.5 倍。2010 年军队中的贪污腐败给国家造成的损失达到 65 亿卢布。② 国防部国家采购局和总军事医院的领导集体签订了价值总额为 2600 万卢布的医疗设备采购合同。最终发现,这些设备的价格被提高了三倍,给国家造成的直接经济损失是 1700 万卢布。俄罗斯联邦国家储备局的工作人员以废金属名义变相出售了 4 架米格—31 战斗机,给国家带来了 10 亿卢布的经济损失。这些犯罪行为简直令人难以相信,但确实发生在俄罗斯军队中。

在俄共的相关资料中列举了以下触目惊心的案例。比贪污公款更严重的是油料贪腐。俄罗斯陆海空三军的能源基石是石油,伴随巨大石油需求量的则是半公开化的巨额“石油贪腐”。据俄罗斯媒体报道,作为俄罗斯军队中“最不省油的灯”——俄罗斯空军,其所驻机场对于航空煤油的日常“人为损失”,需要以千吨为单位来计量,是俄罗斯民用机场耗损的 10 到 100 倍。这些被人为盗走的航空煤油,一部分被销售给军队驻地附近的厂矿企业或廉价出售给百姓,但绝大部分都被送到加油站,在那里被用来对柴油进行稀释,之后所得到的混合燃料索性被当作汽油直接卖给汽车车主。“阿尔巴特区”(“Арбатского округа”)的官员,以不适用为借口,按低于实际价值 400 倍的价格将火箭燃料出售给商人。而后空军和国防企业却是按照市场价格购买这些燃料。俄罗斯联邦总军事检察院估计,这样

① В армии капиталистической России растет преступность среди офицеров［EB/OL］. http://www. qwas. ru/2009 – 07 – 21

② Из – за коррупции в армии Россия за год потеряла 6,5млрд рублейофицеров［EB/OL］. http://www. newsru. com/2011 – 02 – 24

的犯罪至少使国家损失 4. 3 亿卢布。

（四）教育系统中的腐败

俄共认为，腐败侵蚀了科学和教育系统。2008 年教育机构中有 186 位领导被提起刑事诉讼。包括 8 位招生委员会负责人和成员，7 位大学校长、副校长。发现 3535 起犯罪案件，其中包括 1438 起职务犯罪。因受贿行为而引发的刑事案件有 597 起，因盗窃和不合理使用资金而提起的刑事案件有 869 起，国家遭受的损失总额超过 1 亿卢布。但是根据联合国教科文组织的资料，在俄罗斯高等教育领域，每年贿赂总额超过 6 亿美元。①

腐败正侵蚀着俄罗斯高等教育体系。在大学为通过考试或者补考过关而缴纳非正式的"苛捐杂税"，早已经司空见惯。这样的现象在国立大学更为严重。同地方大学相比，莫斯科市各大学的腐败程度要高出两倍，2010 年夏天莫斯科法律专业的大学生为通过考试平均需要行贿 8 万卢布。

"公正俄罗斯"青年社会组织（Молодежной общественной организацией）2010 年夏天，在莫斯科 18 所大学（9 所公立和 9 所私立）的大学生中进行了调查，调查结果表明，在首都国立工程类大学中 41% 的受访问者称为通过夏季考试而交纳非正式的"苛捐杂税"。在国立人文类大学是 36%，在私立是 22%；在国立法律类大学是 29%，在私立是 12%；在国立经济类大学是 32%，在私立是 28%。最终根据莫斯科市大多数学生的意见，在俄罗斯高等教育系统问题名册中腐败排在第一位。②

俄共估计，在俄罗斯大学的腐败数额，不包括入学时的贿赂，每年约 4 亿美元。在俄罗斯有些大学职位等级腐败（иерархическая коррупция）发展起来。校领导要从教师的受贿中分得一部分。因此在俄罗斯形成了为数不少的这类大学，即普通教师和校领导达成"无声协议"。领导对教师的受贿行为视而不见，教师要承担学校领导人的一部分支出。③　俄共认为，大学本是教书育人的圣神场所，现

---

① Образование и коррупция［EB/OL］. http://www. anti – corrupcioner. ru/2009 – 02 – 01

② В России систему высшего образования разъедает коррупция［EB/OL］. http://newsal-tay. ru/2010 – 80 – 12

③ В России систему высшего образования разъедает коррупция［EB/OL］. http://newsal-tay. ru/2010 – 11 – 24

在却乌烟瘴气,腐败盛行。这对即将步入社会的青年学生产生恶劣影响。难免产生报复社会的心理。

(五)医疗卫生系统中的腐败

在俄共看来,俄罗斯医疗卫生体系已经衰落,正经历着投入不足、服务水平下降的考验。而医疗卫生系统中的腐败却异常繁荣。俄罗斯科学院健康研究所的学者认为,腐败至少吃掉了35%国家对医疗卫生事业的投入。① 政府对医疗卫生系统长期投入不足,导致医学物质基础状况恶化,医学专业人员改行。大部分医疗服务,包括基本性服务,都是匮乏的。在医疗卫生系统,工资是极低的。2007年医疗卫生系统医务工作人员月平均工资是加工业领域平均工资的77%。所有这一切,成为医疗卫生系统腐败滋生、蔓延的原因和结果。

在俄共看来,俄罗斯医疗卫生系统中的腐败形式有以下几种:一是,盗用、洗劫国家对医疗领域的投入,或者依靠患者支付好处费获得收入。为个人获得非法收入,药品、医疗专用设备等资源,都可以成为挪用的对象。二是,国家采购领域中的腐败。在国家采购领域,通过各种各样的勾结、贿赂、获得"回扣"等形式,直接导致购得药品和设备的高价格,或者不能保障合同中规定的药品和设备的质量。三是,支付体系中的腐败。这里的腐败行为包括伪造保险赔偿证明,向保险公司、国家机关、患者提供不真实账目。伪造数据、票据、支出证明等。医生非法地将国家医疗机构中的患者引向自己的私人医疗机构,为了增加个人收入进行不正当的医疗干涉。四是,药品供货体系中的腐败。为批准出售某种医疗商品或提供某种医疗服务,医生行使处方权的时候偏爱谋利多的药品,药品供应商会给医生形形色色的回扣。更有甚者为异己私利批准出售假冒的或劣质的药品。

当前,在俄罗斯部门腐败程度排序中医疗卫生系统位居第五。这一系统内的腐败不断加剧:2009年同2008年相比,在医疗卫生系统内已查明受贿行为数量增加三分之一,平均每次受贿数额2.7万卢布。2010年在俄罗斯被判刑的受贿者中,医疗卫生系统工作人员占25%,2008年这一比例是20.3%。②

---

① Российские ученые: Коррупция съедает 35% средств, выделяемых на здравоохранение [EB/OL]. http://kprf. ru/2008 – 03 – 18

② По итогам оперативно – служебной деятельности ДЭБ МВД России за первое полугодие 2009 года[EB/OL]. http:www. mvd. ru/2009 – 12 – 01

（六）公共服务事业系统中的腐败

俄共中央委员会副主席弗拉基米尔·卡申指出，公共服务事业系统更是腐败充斥，已达到"自然灾害"的程度。2001 年以来的十年中，公共服务事业的费率提高 10 倍。"费率形成的方法一直最大的谜。无论是联邦地区发展部、还是联邦税务局都不控制它"。①

按俄共的说法，"我们每天都能看到这一'崩溃'的到来。能够摔伤行人的冰雪、难以通行的街道、不断破损的供热体系……"。超过 70% 的供热管道需要更换。20% 的供暖设备完全破损。公共服务事业系统内设备的平均磨损坏度超过60%。在俄罗斯有四分之一的人口"享受"简陋设备的服务。"丧尽良心的官员陆续盗光政府对公共服务事业系统微乎其微的投入"。根据 2010 年隶属总统的监察局的资料，仅仅在联邦中央区公共服务事业系统中被盗窃和转移到国外的资金就达 250 亿卢布。②

2011 年 3 月检察机关在检验公共服务事业系统内对预算法遵守情况时发现，使用预算资金的各个环节上均发现了违法行为。其中包括采购、施工、验收、支付等领域。仅仅根据 2009—2011 年的调查结果，就发现 2 万起违法行为，超过 2500人被处以纪律处分或承担行政责任，提起 360 宗刑事诉讼。③俄共认为，在使用使用公共服务事业资金方面，出现大规模犯罪的一个重要原因是被授予全权的政权机关和地方自治机关在对这方面资金的使用上缺少应有的监督，或者根本不监督。俄共指出，俄罗斯广大居民群众忍受着公共服务事业服务费用不断上涨和服务质量越来越差的痛苦。2011 年 1 月 18 日，俄罗斯联邦总检察院公布，在俄罗斯联邦绝大多数主体，在确定公共服务事业费率（价目）时有大量违法行为。在这一系统内管理组织起到了破坏性作用。一方面，服务提供者没有从管理组织那里获得应有报酬；另一方面，服务费用不断提高的情况下居民却享受不到优质的服务。所以俄共认为，根本原因出在管理组织身上："从管理组织作为居民和服务提供者

---

① 　Правды：Социальная язва коррупции разъела Россию［EB/OL］. http：//kprf. ru/ 2011 - 08
　　- 28

② 　Прокуроры вскрыли повсеместные нарушения при расчете тарифов ЖКХ［EB/OL］. ht-
　　tp：//www. newizv. ru/2011 - 01 - 19

③ 　Генпрокуратура считает законность в сфере ЖКХ неудовлетворительной［EB/OL］. ht-
　　tp：//www. com - cor. ru/2011 - 03 - 13

之间的中介,经常能够发现服务费率大幅度提高和服务提供者领不到应得报酬的情况。换而言之,居民支付的越来越多,服务提供者得到的越来越少"。按照俄共的意见,在三者之间(居民——管理组织——提高服务部门)缺少明确的法律调节。①

(七)公民权利保护机关中的腐败

俄罗斯的公民权利保护机关(правоохранительная система)是指被授予全权从事合法性维护、捍卫人权和自由的国家机关中的独立组织,包括检察机关、调查机关、审判机关、警察机关、税务机关、内务部等。2010 年俄罗斯公民对权利保护机关工作的申诉量占当年全国申诉总量的 65.4%(2009 年为 12%)。俄共总结,俄罗斯权利保护机关工作的申诉可以划分成两类:一类是腐败事实清楚、证据确凿的情况下,权利保护机关不作为;另一类是权利保护机关参与腐败。2008 年前9 个月,俄罗斯有 7070 名腐败官员落马,其中权利保护机关官员占七分之一。②

俄共认为,俄罗斯权利保护机关同应该受到保护的公民之间的矛盾日益加重。实际上,权利保护机关的工作不受公民社会的监督,导致出现了大量肆无忌惮的违法行为。此外,在俄罗斯公民中"权利保护机关袒护腐败者"的印象已经形成。③

三、陷入不能自拔的腐败泥潭

虽然现政府实施了一些反腐败措施,包括 1999 年 9 月成立了"国家反腐败委员会"(Национальный антикоррупционный комитет),2008 年 12 月通过了《俄罗斯联邦反腐败法》(Федеральный закон О противодействии коррупции),国家公职人员申报自己的收入、监督国家公职人员的收入和支出,等等。但是在俄共眼里俄罗斯腐败形势丝毫没有改善,反而日益恶化。俄共通过列举以下俄罗斯官方数据予以证明。

---

① Плата за воздух[EB/OL]. http://www. newizv. ru/2011 – 01 – 19
② Коррупция стала частью нашей жизни[EB/OL]. http://www. korrup. ru/2009 – 01 – 12
③ Коррупция пожирает правоохранительную систему. Слияние криминала и правоохранительных органов носит повальный характер[EB/OL]. http://kprf. ru/2010 – 08 – 02

数据一：2005—2009 年俄罗斯职务腐败市场扩大近 10 倍。2005 年职务腐败市场的总额约为 335 亿美元，2009 年剧增至 3160 亿美元。俄罗斯联邦国家反贪委员会主席基里尔·卡巴诺夫（Кирилл Кабанов）承认，在国际金融危机形势下，腐败量将加大，原因在于国家预算对反危机纲领的投入增加，但没有建立监督反危机资金使用情况的制度。按照他的说法，金融危机时期无论是谁都不知道这次危机将持续多长时间，所以官员们企图通过自己的职务捞取更多好处。①

数据二：俄罗斯联邦内务部时任部长拉希德·努尔加利耶夫（Рашид Нургалиев）承认，已查明的 2010 年巨额和超巨额腐败案件，同 2009 年相比增加三分之一。2010 年因腐败承担刑事责任的个人超过 1 万，包括 120 名调查人员、12 名检察人员、48 名律师、8 名选举委员会成员、214 名地方议员、310 名地方公职人员和 11 名立法机关人员。在俄共看来，以上官方数据虽然不实，但也能证明腐败在加剧。

数据三：俄罗斯联邦审计院时任主席谢尔盖·斯捷潘申（Сергей Степашин）承认，2010 年陆续被官员盗走了的资金总额约为 5800 亿卢布。腐败遍及全国各地，处于腐败前列的有莫斯科市、莫斯科州、圣彼得堡市、乌德穆尔特共和国、斯维尔德洛夫斯克州、伏尔加格勒州、布良斯克州、下诺夫哥罗德州、梁赞州、达吉斯坦共和国等。仅莫斯科州 2010 年经查明的受贿总额就达 890 亿卢布。②

数据四：2011 年 8 月，俄罗斯联邦内务部反腐败和经济安全总局时任局长丹尼斯·苏格罗博夫（Денис Сугробов）接受《俄罗斯报》记者采访时承认，同上一年相比，俄罗斯官员受贿的平均数额几乎提高 7 倍，约为 30 万卢布。2011 年初发现了 1800 起与侵占和非法使用国家预算有关的犯罪，其中 98％ 发生在国家采购和竞标领域。在金融信贷领域发现了 33000 起犯罪，在对外经济活动领域发现了1500 起犯罪。③

---

①　Коррупция экономическая безопасностъ в России：социалъный аспект［EB/OL］. http://www. alternativy. ru/2009 – 10 – 14

②　Петля коррупции на шее России. Выступление заместителя Председателя ЦК КПРФ В. И. Кашина на круглом столе по теме［EB/OL］. http://kprf. ru/2011 – 03 – 21

③　МВД：За год средний размер взятки российским чиновникам вырос в 7 раз［EB/OL］. http://exclav. ru/2011 – 08 – 11

第三节　社会:陷入严重的人口危机

综合久加诺夫 2011 年 7 月在俄共中央委员会全体会议上的报告《实施俄共的纲领——国家安全和社会进步的保障》,俄共党员、哲学家、彼得洛夫斯克科学院副院长阿列克谢·沃龙佐夫(Алексей Воронцов)2009 年 11 月在列宁格勒市举办的"俄罗斯人口问题"研讨会上代表俄共的发言内容,俄共中央委员会书记、国家杜马健康保护委员会成员奥列格·库利科夫(Олег Куликов)撰写的有关俄罗斯居民医疗卫生保障的文章等资料,可以详见俄共对俄罗斯人口问题的基本认识。

一、人口问题的重要性

俄共认为,人口问题是当今俄罗斯最深重、最病态、最尖锐的社会问题,关乎国家前途和民族命运,不解决它俄罗斯就没有未来。这也是一个最沉默的问题,不论是政权还是其监控下的大众传媒都不分析、不报道。不足为奇,因为"人口问题能反映出国家的全部不幸——经济、社会、文化、道德和精神"。①

"为什么 20 年来俄罗斯人口死亡率还在提高,居民总数还在下降。如果政府敢于正视和有根据地回答这个问题,那么就不得不清点一下 20 年来俄罗斯的所有不幸。"②现政权不可能这样做。否则意味着承认后苏联时期自己的罪行和国家的灾难,宣布叶利钦"民主"时期、普京"稳定"时期、梅德韦杰夫"解冻"时期的彻底失败。

关于俄罗斯的人口形势问题,俄罗斯官方和一些分析家们经常指向发达国家,在那里也形成了出生率下降的趋势。所以这些人认为,在俄罗斯出生率下降见证了这样的事实,即俄罗斯越来越接近期望的、发达国家的生活标准。在俄共

---

① Социально - демографические проблемы современной России: пути выхода из кризиса [EB/OL]. http://kprf. ru/2009 - 03 - 22

② Старение населения России в условиях низкой рождаемости [EB/OL]. http://www. rusipoteka. ru/2011 - 02 - 05

看来,这是政权掩盖事实、愚弄民众的可耻表现。在某些发达国家,例如日本虽然出生率下降,但同时日本多数家庭拥有 2—3 个孩子,日本公民的平均寿命更是位居世界第一。而在俄罗斯多数家庭只有 1 个孩子,男性公民的平均寿命排名世界第 136 位,女性公民的平均寿命排名世界第 91 位。应该明确这样一个事实,即 20 年来俄罗斯的出生率低于某些发达国家水平,死亡率却达到了全球最落后地区水平。在最落后的非洲也找不到这样急速灭亡的国家。正如俄共中央委员会书记奥列格·库利科夫所言:"俄罗斯在效仿发达国家的低出生率和落后国家的高死亡率。"①

俄共认为,人口问题可以窥见俄罗斯现政权反人民的本质,即为什么多年国内生产总值的提高未能扭转国家的人口形势?人口问题是整个社会生活的一个重要方面,与经济、文化、道德等问题紧密相连。俄共中央委员会主席久加诺夫明确指出:"没有任何一种客观灾难,如天灾、疾病流行、战争等,能够用来为这样一场灾难进行开脱。俄罗斯人口灾难的主要原因,在于生活条件的突然恶化。这是寡头统治集团侵吞国民财富、破坏社会劳动生产力、人为破坏居民的道德风尚的结果,是相当一部分人丧失清晰的生活方向、对未来丧失信心、不再懂得生活意义的结果。"②

二、人口危机的具体表现

久加诺夫在 2008 年 4 月发表的文章《人口问题折射出社会的所有不幸》中指出,俄罗斯人口危机逐渐显现的时代始于苏联解体以后。1992—1996 年俄罗斯人口总数停滞不前,在 1.483 亿左右徘徊。以后的人口统计完全是俄罗斯灭亡的统计。1997—2001 年,5 年间人口减少 200 万,总人口缩减至 1.463 亿。普京执政时期俄罗斯灭亡最剧烈。仅 2001 年当年,俄罗斯总人口就减少 110 万人。2002—2003 年平均每年人口减少 80 万。2004—2005 年平均每年人口减少 70 万。到 2007 年年初,俄罗斯人口总数为 1.422 亿。到 2008 年 1 月 1 日人口又减少了 20

---

① Социально-демографические проблемы современной России: пути выхода из кризиса [EB/OL]. http://kprf.ru/2009-03-22

② Социально-демографические проблемы современной России: пути выхода из кризиса [EB/OL]. http://kprf.ru/2009-03-22

万。1996—2011 年俄罗斯年平均每年死亡人口数超过 200 万,按每千人计算,是欧洲和美国的 2 倍。"这就是改革者曾经许诺过的资本主义的繁荣"。①

2010 年世界人口排名,进入前十的国家有中国、印度、美国、印度尼西亚、巴西、巴基斯坦、尼日利亚、孟加拉国、俄罗斯和日本。也就是俄罗斯人口总数,由 1960 年世界第二位,降至 2010 年的世界第九位。俄罗斯人口学家预测,到 2020 年俄罗斯将退出人口总数世界前十的国家之列。到 2025 年,俄罗斯人口总数将居世界第十二位,到 2050 年将居世界第十六位。到 21 世纪中叶俄罗斯人口总数将比现在减少 3000 万。②

在俄共看来,苏联解体 20 多年来俄罗斯人口形势呈现出以下特点:

(一)婴儿低出生率

俄共党员、彼得洛夫斯克科学院副院长阿列克谢·沃龙佐夫在《当代俄罗斯的人口问题》一文中指出,俄罗斯婴幼儿的死亡率,尽管从 1992 年的 18‰降至 2006 年的 10.2‰,但还是欧洲发达国家、加拿大、美国的 2 倍。自 2000 年起,俄罗斯的出生率略微提高,不过出生率水平仍是不能保障正常的人口再生产。一些因素严重影响出生率:许多家庭极低的货币收入,缺少标准的住房条件;一部分工作的妇女(约 15%)有沉重的体力劳动,不符合健康标准的劳动条件等。从而导致妇女的生育健康水平低下,流产数量居高不下。在俄罗斯,苏联末期平均每个妇女生育 1.89 个孩子,到 20 世纪 90 年代中期为 1.16 个。1990 年俄罗斯新生儿数量为 200 万,到 2000 年降至 120 万。极低的出生率又导致了俄罗斯人口老龄化,1992 年年龄在 55 岁以上的女性公民、60 岁以上的男性公民占人口总数的 19.3%,到 2006 年这个比例提至 20.4%。③

---

① Г. А. Зюганов. Система вымирания. Лидер КПРФ анализирует безрадостные итоги правления Путина.
Демографическая проблема отражает все недуги общества[EB/OL]. http://kprf. ru/2008 - 04 - 13

② Реализация Программы КПРФ - гарантия безопасности страны и социального прогресса общества[EB/OL]. http://www. kprf19. ru/2011 - 07 - 02

③ Социально - демографические проблемы современной России: пути выхода из кризиса [EB/OL]. http://kprf. ru/2009 - 03 - 22

（二）儿童高死亡率

久加诺夫在《实施俄共的纲领——国家安全、社会进步的保障》一文中指出，据俄罗斯教育科学院、俄罗斯儿童基金会、俄罗斯儿童问题科学研究所联合统计的资料，1992—2008 年俄罗斯儿童总人数减少近三分之一。到 2009 年 3 月该国儿童总人数为 3050 万，其中孤儿 70.9 万，超过卫国战争结束后孤儿总数。2011年德国柏林人口和发展问题研究所公布了题为《分析俄罗斯人口过程》的研究报告，其结论是"正在消逝的世界大国"。其中写道："在俄罗斯百万儿童无家可归，这是国内战争时期起未曾有过的现象"。大批流浪儿存在，是俄罗斯儿童高死亡率的重要原因。[①]

（三）青少年健康状况恶化

2011 年 8 月 6 日俄共中央官方网站载文披露，俄罗斯青少年的死亡率比欧洲国家平均水平高出 3 至 5 倍。俄罗斯青少年的身体越来越虚弱，仅有 10% 的中学毕业生是完全健康的。有许多青少年患肿瘤、糖尿病、肥胖症、白血病、神经病等疾病。青年身体发育状况急剧恶化：20 左右岁小伙子的平均体重下降 1.3 公斤，同年龄段的小姑娘平均体重下降 1.6 公斤，平均身高下降 2 厘米。青少年酒徒和吸烟者人数大幅度增加。40% 男性少年的健康状况可能导致丧失生育能力，60%达到应征入伍年龄的青年患病。[②]。

（四）适龄工作人口高死亡率

在俄罗斯适龄工作人口通常是指年龄为 16 至 54 周岁的女性和年龄为 16 至59 周岁的男性。[③] 俄罗斯每年死亡人口中近三分之一是适龄工作人口，其中 80%是男性。世界卫生组织预测，2011—2020 年俄罗斯适龄工作人口将减少 2000 多万，到 2030 年同 2020 年相比将减少 20%。适龄工作人口的高死亡率严重降低了俄罗斯人口的平均寿命。世界卫生组织的数据，1990 年俄罗斯男性公民平均寿命

① Реализация Программы КПРФ - гарантия безопасности страны и социального прогресса общества[EB/OL]. http://www. kprf19. ru/2011 - 07 - 03

② Молодежь в России деградировала и физически, и духовно[EB/OL]. http://kprf. ru/2011 - 08 - 06

③ Рабочая сила, рынок труда и занятость населения[EB/OL]. http://esocio. narod. ru/2008 - 01 - 09

为 63 岁,女性公民平均寿命为 74 岁,到 2000 年分别为 58 岁和 72 岁。① 当前在公民平均寿命方面,俄罗斯不及独联体国家的平均水平。

(五)人口非自然原因死亡比率高

俄共中央委员会书记、国家杜马健康保护委员会成员奥列格·库利科夫在《居民健康保护没有成为国家的一个优先任务》一文中,总结了在俄罗斯人口非自然原因死亡的具体表现。

自杀(убийство)。据俄罗斯联邦统计局的资料,1995—1999 年"混乱时期"俄罗斯平均年自杀人数为 3.02 万,2000—2004 年"有序时期"平均年自杀人数为 3.22 万,也就是自杀率呈上升趋势。2009 年 5 月世界卫生组织公布的世界自杀排行榜,立陶宛是世界上自杀率最高的国家,每千名男性有 68.1 人自杀,其次是俄罗斯和哈萨克斯坦。俄罗斯男性公民的自杀率高于西欧国家平均水平 20 倍、女性公民的自杀率高于西欧国家平均水平 13 倍。

吸毒(наркомания)。据俄罗斯联邦毒品监督局 2011 年 8 月的资料,俄罗斯约有 600 万吸毒者,其中大多数是青年。1996—2011 年,15 至 17 岁的吸毒者增加 2 倍,当前该群体的总人数约为 255 万。俄罗斯平均每年有 7000 人死于吸毒。②

火灾(пожар)。据俄罗斯联邦民防、紧急情况和消除自然灾害后果部的资料,由于火灾俄罗斯平均每天约有 40 人丧生,这是欧洲国家平均水平的 10 倍。

结核病(туберкулез)。俄罗斯结核病流行。当前在预防机构中登记的患者约 200 万,有超过 35 万传染型患者。每年有 10 万多人患上这种疾病,有 3 万多人死于这种疾病。俄罗斯是欧洲肺结核病死亡率最高的国家,死亡人群中 20 至 24 岁的年轻人占多数。③

非传染性疾病(болезни, не передающиеся инфекционным путем)。人口死亡的主要原因是非传染性疾病,52% 与心脑血管疾病有关,这是美国类似指标的 3 倍。25 至 54 岁男性公民的死亡,18% 与酗酒有关。1990 年俄罗斯每个成年人的

---

① Трудоспособное население в России сокращается на миллион человек в год[EB/OL]. http://www. politjournal. ru/2011 – 05 – 06

② Молодежь в России деградировала и физически, и духовно[EB/OL]. http://kprf. ru/2011 – 08 – 06

③ Охрана здоровья пока не стала приоритетной государственной задачей[EB/OL]. http:// kprf. ru/ 2010 – 05 – 12

平均酒精消费量为 10.7 升,到 2004 年消费量增至 14.5 升。①

三、人口下降速度并未放缓

2011 年 7 月 1 日,俄共中央官方网站载文《俄罗斯深陷人口危机之中》,其中对俄罗斯人口危机速度并未放缓进行了论证。据俄罗斯联邦国家统计局的资料,2009 年 8 月,出现了俄罗斯 15 年以来第一次人口出生率高于死亡率。新生人口比死亡人口多出 1000 人。当时俄罗斯副总理亚历山大·茹科夫宣布,国家人口损失速度放缓,国家人口形势将得以稳定。而在俄共看来人口形势仍不容乐观,"这 1000 人或许是官方伪造的结果,或许是统计中的失误,或许是不能真实反映国家人口形势的胡言乱语"。② 认为,俄罗斯联邦国家统计局"轰动一时的数据",是对解体 20 年国家人口大规模锐减的掩盖,是在制造人口形势好转的假象。然而这样的"积极趋势"很快被打碎:2011 年 8 月俄罗斯联邦国家统计局不得不承认,2010 年国家人口总数减少 4.83 万,2011 年 1 月至 5 月国家人口总数减少 6.6 万。对国家人口形势乐观的态度未能经受住时间的考验。③

按照俄罗斯官方的统计数据,似乎近些年人口下降的速度逐渐放缓,在俄共看来,其实这里另有隐情。"需要重新看一看这些掩盖问题实质的官方数据。是什么保障了俄罗斯人口锐减速度的延缓?"④俄共认为,"得益于外来移民的增加"。⑤ 政权对此闭口不谈,但是有人口学家和社会学家对此问题的重要调查存在。俄共《政治教育》杂志 2009 年第 2 期发表了俄罗斯政论家安德烈·普舍尼岑(Андрей Пшеницын)的文章《"俄罗斯问题"的最终解决方案》,其中强调指出:"1992—2002 年有来自世界各地的不少于 3000 万人移居俄罗斯。意味着,这一时期死亡了 1000 万至 2000 万的俄罗斯人口。也就是没有移民流的补充,那么在苏联解体后的第一个十年,俄罗斯的人口损失将是当前人口损失统计的两倍多。

---

① При Путине россиянам во многих отношениях живется хуже［EB/OL］. http://kprf.ru/ 2008 – 01 – 20

② Россия на пороге демографической катастрофы［EB/OL］. http://kprf.ru/2011 – 07 – 1

③ Россия на пороге демографической катастрофы［EB/OL］. http://kprf.ru/2011 – 07 – 1

④ Старение населения России в условиях низкой рождаемости способно через несколько лет погубить экономику страны［EB/OL］. http://www.rusipoteka.ru/2011 – 02 – 14

⑤ Социальные провалы России［EB/OL］. http://kprf.ru/2010 – 11 – 12

2002—2008年,俄罗斯移民流稳步增长,恰恰是这部分移民对补充俄罗斯人口损失起到了重要作用。本土俄罗斯居民的死亡数量并没有下降,填补他们位置的移民却一直在增加。通过外来人口补缺本土俄罗斯居民的人口政策,并没有得到大多数俄罗斯人口学家的赞同。

在俄共看来,移民补充人口政策的弊端很多。一方面,官方认可的通过外来移民填补人口漏洞的方案,促进了非法移民定居俄罗斯。另一方面,在法律和心理的压力下,在权利保护机关经常盘剥、敲诈的情况下,加剧了外来移民的冷淡,加重了他们对被视为赚钱空间的国家的仇恨。社会由精神和体质退化的俄罗斯土著居民、由履行劳动力作用但又不能从精神和社会角度与停留的国家联系在一起的移民组成,这就是"犯罪的、镇压性质的执政当局的理想示意图"。①

俄共指出,据俄罗斯联邦国家杜马国际事务委员会的资料,截止2010年6月在俄罗斯生活的外国公民约1000万,相当于葡萄牙总人口数。如果保持这样的移民速度,那么到了2050年,外来人口及其后裔将占俄罗斯人口总数的三分之一。俄共强调:"这威胁到国家的安全,要严格规定同独联体各国之间的准入制度"。由于俄罗斯与独联体国家边界的开放,引发了许多问题。首先是"毒品"、"恐怖主义"、"洗钱"。还有就是"不良移民补充到犯罪者大军之中"。据俄罗斯联邦内务部公布的统计资料,2009年上半年外国公民和无国籍公民在俄罗斯实施了3.38万起犯罪,较上一年同期增长14.9%。移民越多的地方,犯罪率就越高。② 2000年,经专门协商,独联体国家间实行不需要签证入境制度。俄共强调,这一文件的第4款还规定,如果不需要签证入境制度威胁到某一个国家的民族安全,那么这个国家有权严格准入制度。③

四、人口危机并非缘起苏联

为了克服消极的人口发展趋势,俄罗斯政府制定了《到2025年俄罗斯联邦人口政策方案》,其中有这样的阐述:"俄罗斯联邦当代的人口形势很大程度上是由20世纪发生的社会经济过程决定的"。在俄共看来,这样的阐述暗指解体以后俄

---

① Социальные провалы России[EB/OL]. http://kprf. ru/2010 – 11 – 12
② Мигранты пополняют ряды преступников[EB/OL]. http://kprf. ru/2009 – 08 – 25
③ Россия на пороге демографической катастрофы[EB/OL]. http://kprf. ru/2011 – 07 – 01

罗斯人口危机的始作俑者是苏联,对此俄共坚决反对,并通过相关数据予以论证。

久加诺夫在 2008 年 4 月发表的文章《人口问题折射出整个社会的痛苦》中,对整个苏联时期俄罗斯的人口形势作了总结。他坚持为弄清事实,必须将苏联时期和 20 年"改革"时期俄罗斯的人口形势做一个比较。从苏维埃时期的第一年开始,1917 年俄罗斯人口总数为 9100 万。到 1926 年苏联第一次人口普查,俄罗斯人口总数增至 9270 万人。需要明确,1918—1921 年发生了破坏性的、流血的内战。1939 年苏联第二次人口普查,俄罗斯人口总数增至 1.084 亿。也就是,17 年人口增加 1570 万,人口总数增加 17%,这一时期平均年新增人口 102.1 万。以后 20 年俄罗斯人口增加 880 万,到 1959 年人口总数达到 1.172 亿。尽管期间发生了伟大而惨烈的卫国战争,2000 多万俄罗斯居民丧生,但这 20 年俄罗斯还是保持了平均年新增人口 44 万的速度。1970 年苏联第三次人口普查,俄罗斯人口总数为 1.299 亿。这 11 年,人口增加 1270 万,平均年新增人口 115.4 万。1989 年苏联进行了最后一次人口普查,俄罗斯人口总数为 1.47 亿。这 20 年,人口增长 1710 万,平均年新增人口 90 万。到苏联解体之前,俄罗斯人口持续增长,1991 年俄罗斯人口总数达到 1.483 亿。[①]

俄共中央委员会书记、经济学教授瓦列里·拉什金(Валерий Рашкин)认为,关于在苏联时期俄罗斯的人口数量开始缩减的说法"完全是谎言"。自 1945 年起,在俄罗斯人口便稳定增长,人口增长的幅度自然是波动的。1980—1991 年,12 年间人口总增长量为 838.5 万人,也就是平均年新增人口 70 万。虽然苏联最后三年,人口增长速度开始下降,但还是有所增长。[②]

五、人口危机的主要原因

俄罗斯部分官员及御用文人将人口危机完全归结为酗酒,被称之为"俄罗斯人的遗传疾病",似乎这是俄罗斯人口高死亡率的关键性原因。俄共认为:"按照

---

① Г. А. Зюганов. Система вымирания. Лидер КПРФ анализирует безрадостные итоги правления Путина.
Демографическая проблема отражает все недуги общества[EB/OL]. http://kprf. ru/2008 – 04 – 13

② Россия на пороге демографической катастрофы. [EB/OL]http://kprf. ru/2011 – 07 – 01

这样的解释版本,国家不应该采取任何对策。根据个人意愿喝酒——意味着根据个人意愿灭绝。这是多么荒唐的逻辑!"①这样的解释是让人民失去生存价值,"是一种非常发达的种族灭绝手段"。在俄共看来,酗酒问题不容忽视,这是毫无疑问的。不过俄罗斯人口危机是综合性因素作用的结果。正如俄共中央书记、国家杜马健康保护委员会成员奥列格·库利科夫(Олег Куликов)所言:"1991 年,以最灾难性的方式改变了国家的社会经济结构,这对俄罗斯居民的生活水平、劳动条件和社会心理都产生了致命性影响。这些影响在国家的人口形势中都有显现"②久加诺夫认为:"俄罗斯人口死亡率的提高首先与以下情况相伴而生,即对俄罗斯居民而言,医疗服务不足、药品缺乏、技术熟练的诊断欠缺、预防性检查越来越昂贵和不可享受。俄罗斯人口高死亡率的原因恰恰隐藏在这里"。③

综合俄共相关材料,可以看出该党侧重于从以下方面论述俄罗斯人口危机的主要原因。

(一)居民医疗保障投入严重不足

政府对居民医疗保障投入严重不足。早在 2005 年,时任俄罗斯联邦卫生和社会发展部副部长弗拉基米尔·斯塔罗杜博夫(Владимир Стародубов)承认,政府对居民医疗保障投入不足。比如,2004 年政府对这一领域的总投入是 4800 亿卢布,年平均每人 115 至 120 美元,当时在德国是人均 1400 美元。政府对居民医疗保障投入的增长速度低于居民支出的增长速度。④

苏联解体以后,直到 2006 年俄罗斯政府对居民医疗保障投入才勉强达到1990 年的水平,但仅为欧盟国家同期平均水平的五分之一。投入越少,居民寿命就越短,死亡率就越高。就人口寿命和死亡率而言,俄罗斯在欧洲排名最后一位。正如久加诺夫所言:"政权为支持没有效率的私有者、国家公司、银行而投入万亿

---

① 20 лет 《 реформ 》 привели к убыли населения в 35 млн. Человек［EB/OL］. http://kprf. ru/2009 - 11 - 11

② Охрана здоровья пока не стала приоритетной государственной задачей［EB/OL］. http://kprf. ru/ 2010 - 05 - 12

③ Реализация Программы КПРФ - гарантия безопасности страны и социального прогресса общества［EB/OL］. http://www. kprf19. ru/2011 - 07 - 02

④ В России практически исчерпан демографический резерв［EB/OL］. http://kprf. ru/2005 - 06 - 15

卢布。对居民医疗保障却严重投入不足。要知道，对这一领域内的投入涉及国家安全和社会政策的效率问题。"①

到 2020 年俄罗斯改善居民健康的目标是实现人口平均寿命达到 73 至 75 岁，总死亡率的系数下降到千分之一，儿童死亡率下降 2 倍，人口总数达到 1.45 亿。但是这些目标的实现只有通过增加对居民医疗保障的投入，至少达到国内生产总值的 6% 至 7%。但是近 3 年，对该领域的平均年投入不及这个指标的 30%。俄共强调，政府应该明白"对居民医疗保障领域内的支出不是开支而是投资"。②

由于政府对居民医疗保障长期严重投入不足，致使收入不同的各居民阶层之间、生活在联邦不同地区的居民之间、以及城乡居民之间，在健康指标方面出现了严重不平衡。俄罗斯约有 20 万公民的年收入超过 1200 万卢布，总数超过 7 万亿卢布，比俄罗斯一半以上居民的总收入还多。由于财产和社会的分层导致在俄罗斯存在几种医疗服务：大所有者和"社会精英"的外国医疗，中央和地方官员的特殊医疗，富人的付费医疗，普通群众的一般医疗（其中三分之一的诊断是错误的）。每年约有 5 万名患者死于误诊。由于医疗水平的现状和服务的不到位，出现了没有医生诊断的"自我治疗"，而后便是巫术和欺骗手段。在俄罗斯农村每千人的医生人数仅为城市的四分之一。1990—2007 年，乡村医院从 4800 家减至 2500 家，乡村诊所数量缩减 20%。1998—2010 年，乡村医院的床位数量减少 36%。32% 的乡村医疗机构没有热水供应，11% 的乡村医疗机构没有排水设备。

（二）居民医疗服务体系被破坏

医务工作者队伍是居民医疗服务体系生存和发展的一个基本条件。俄共认为，俄罗斯医务工作者队伍的状况令人堪忧。俄罗斯 50% 的医生接近退休年龄，20% 的医生已经达到或超过退休年龄。医生和护士的比例极不协调，为 1:2。意味着，在多数情况下医生要履行护士的职责。在职医生的人数每年减少 0.1% 至 0.2%，中级医务工作者的人数每年减少 1%。对于那些依靠国家预算攻读医学专业的学生，没有形成其毕业后一定年限在居民医疗服务体系工作的约束机制。

---

① Реализация Программы КПРФ – гарантия безопасности страны и социального прогресса общества[EB/OL]. http://www. kprf19. ru/2011 – 07 – 02

② О. А. Куликов: Охрана здоровья и рост населения должны стать основными государственными задачами[EB/OL]. http://kprf.ru/ 2011 – 06 – 17

45%的医科大学毕业生没有进入居民医疗服务体系。如果照此形势发展,今后五至八年将无人到居民医疗服务体系工作。俄罗斯需要比现在人数多两倍的医务工作者。

医务工作者的职业的吸引力处于俄罗斯历史上最低时期。这样的形势需要根本改变。"一个药方便是增长这一领域工作人员的工资"。①。他们的极低工资与其工作责任和强度不匹配。2011年底医务工作者的平均工资仅相当于俄罗斯平均工资水平的74%。2008—2011年,连续3年联邦预算均未明确这一行业工资的具体指标。医务工作者的兼职系数为1.4至1.6,90%的医务工作者处于长期疲劳状态,所以误诊率很高。医务工作者的职业培训水平极低,毕业后的培训(5年一次)不能保障他们在业务能力方面得到应有的提高,最终误诊率达到25%至30%,能够操作现代化技术设备的医务工作者严重不足。很多医院还在使用落伍的技术设备,治疗手段落后。所以,在俄罗斯仅有三分之一的公民对医疗服务质量满意。

(三)药品的不可享用性

对于许多人而言,药品是关乎性命的生活必需品。俄罗斯的药品市场是惟一每年都在增加的消费市场。许多市场营销学者认为,就收入而言,在俄罗斯继毒品市场和武器市场之后,药品市场是第三市场。2008年普京也不得不承认,药品产销领域的收入甚至超过石油和天然气领域。

对于一部分公民群体:患有非常见疾病、收入微薄的病人、孩子、残疾人和老者,保障药品的可享用性问题根本没有解决。经验证明,在85%的情况下,医生下处方时都会写上进口的、昂贵的药品,以取得药房的回扣。②

据俄罗斯官方2010年的资料,俄罗斯药品市场80%的药品依靠进口。又据俄罗斯联邦卫生和社会发展部的监测发现,将药品在海关和零售市场的价格相比

---

① О. А. Куликов на 《 правительственном часе 》 в Госдуме: По смертности и продолжительности жизни Российская Федерация занимает последнее место в Европе [EB/OL]. http://kprf.ru/2009 - 12 - 09

② В 85 процентах случаях врачи выписывают импортные дорогие лекарства[EB/OL]. http://kprf.ru/2010 - 03 - 25

较,二者相差达 20 倍。① 利润来自采购的国家和消费的普通公民。"获取这样的高额利润是否符合伦理与道德?"②俄共中央委员会书记、国家杜马健康保护委员会成员奥列格·库利科夫认为,国家应该充分发挥调控职能,最大限度地保障药品的可享用性,尤其是一些生命必需药品。"将由几万家企业和销售机构组成的药品生产和零售部门分成两部分,50% 是国家和市政所有,还有 50% 是自由市场。每年政府确认 500 种生命必需的、重要的药品名单。"这是俄共的建议。③

(四)政府纵容酗酒

俄罗斯大多数人口学家将由酗酒引发的酒精中毒放到人口威胁的第二位,第一位是心脑血管疾病。俄共认为,酗酒在很大程度是与文明的人类不匹配的生活条件所致,俄罗斯大多数居民陷入到这样的生活条件之中。④ 苏联解体以后俄罗斯政府对酗酒犯罪性的纵容,不采取任何措施同这种病痛的扩散作斗争。俄共归纳政府纵容酗酒的原因为:喝成醉鬼的人不会要求政权返还他们失去的工作岗位和耕作的土地。为什么他们的工厂停产,谁关闭了农村学校。如果当事人不问,那么政府也没有必要回答。

"苏联解体以后,在宣传健康生活方式、抵制酗酒和吸毒等方面,俄罗斯政府表现出了令人愤怒的不负责任。"⑤1992 年初,叶利钦连发两道总统令,取消、国家对酒类产品生产和销售的专营,使伏特加成为最贫穷的居民也能买得起的商品。由于生活条件剧降、生活压力加大,人们将酗酒作为一种释放的方式。由此,酗酒之风开始蔓延。仅有一小部分俄罗斯公民可以享受的、昂贵汽车销售的广告量,超过宣传健康生活方式的广告量的几十倍。"不负责任的、贪污腐败的政府舒适

---

① 进口药品在俄药品市场上所占比重不断增加,2000 年为 48% ,2003 年则已近 70% ,而俄本国制药业占有率不足 1/3。受本国落后的制药工业制约,俄药品出口规模一直不大,以 2003 年为例,出口额还不到 1500 万美元,仅为同期进口额的 8% 。

② Охрана здоровья пока не стала приоритетной государственной задачей[EB/OL]. http://kprf. ru/ 2010 – 05 – 12

③ О. А. Куликов: Лекарственный рынок – не 《 белый и пушистый 》 [EB/OL]. http:// kprf. ru/2010 – 01 – 29

④ О. А. Куликов: Охрана здоровья и рост населения должны стать основными государственными задачами [EB/OL]. http://kprf. ru/2011 – 06 – 17

⑤ Старение населения России в условиях низкой рождаемости способно через несколько лет погубить экономику страны[EB/OL]. http://www. rusipoteka. ru/2011 – 02 – 14

地管理着国家,把持着对社会的监控,完全不顾及占社会多数的精神和体力已经退化的居民的需求。"①20 年来从西方进口了一些苏联时期在俄罗斯未曾出现过的缺点和问题,对于美国和欧洲国家在提高居民生活标准、延长公民寿命方面的积极经验却置若罔闻。俄共认为,对于现政府而言,酗酒者增加的社会易于统治,文化水平较低的、头脑不清醒的公民占多数的社会易于统治。

(五)传统家庭价值观被破坏

俄共认为,对祖国的爱从家庭开始,但是 20 年来政府的政策消极地影响到每一个家庭。苏联时期组建家庭、生育儿女是非常传统的家庭价值观。苏联解体以后,俄罗斯传统家庭价值观逐渐被赚钱和追逐仕途排挤。这种情况的发生与政府对每个家庭的投入严重不足有关。今天在俄罗斯青年中组建家庭、生育儿女会影响赚钱等观念很有市场。许多青年男女喜欢单身生活,所以结婚率持续下降、离婚率持续上升,比如在莫斯科市离婚率高达 60% 以上。青年父母丢下自己的孩子,将他们常年放到幼儿园,成为很普遍的现象。俄罗斯民族的传统美德被恬不知耻的自私自利原则偷换。所有这些见证的不仅仅是危机,更是家庭的灾难。②

俄共指出,少年中绝望情绪加剧甚至自杀成为资本主义俄罗斯非常突出的社会问题。同家人发生分歧、和朋友争吵、学习中的挫折、无人监管、困难中的无助,使越来越多的少年出现心理和生理疾病。更有部分少年由于上述问题而自杀,大多数悲剧都发生在 14 至 17 岁的少年群体中。就少年自杀率而言,俄罗斯居世界第一位,高出全球平均水平 3 至 4 倍。③

2011 年 8 月在全世界俄语大会上,俄罗斯联邦社会院社会问题和人口政策委员会领导叶莲娜·尼古拉耶娃(Елена Николаева)指出:"俄罗斯每天约有 140 名儿童离开父母,当前全国有不少于 200 万无家可归的孩子。"④2011 年 9 月俄共党

---

① Демографический кризис в России: причины и пути преодоления [EB/OL]. http://www. narkotiki. ru/2010 – 05 – 14

② Почему семейные ценности вытесняются погоней за деньгами и карьерой? [EB/OL]. http://kprf. ru/2011 – 07 – 31

③ Двадцатилетие переворота и крах контрреволюции[EB/OL]. http://kprf. ru/2011 – 08 – 10

④ Двадцатилетие переворота и крах контрреволюции[EB/OL]. http://kprf. ru/2011 – 08 – 10

员、彼得洛夫斯克科学院副院长阿列克谢·沃龙佐夫在《当代俄罗斯的人口问题》一文中指出："当前在俄罗斯约有 200 万不满 14 周岁的孩子遭受父母毒打。因惧怕家庭暴力，每年约有 5 万名孩子离家出走。"①

简言之，俄共认为，人口领域中的灾难性局势只有通过国家政策的原则性改变才能扭转。现政权对此种灾难无能为力。"犯罪资本主义的愿望就是尽可能地从俄罗斯榨取更多的利润，利用它的资源，但又不打算发展它，不保障自然资源和人力资源的更新和发展。"②

第四节　国防：面临丧失保卫能力的险境

2011 年 3 月，围绕"俄罗斯的现代化"这一问题，久加诺夫接受了《真理报》记者采访。他指出，"最近一段时间，粮食生产、纯净水和动力资源不足加剧。就它们的储备量而言俄罗斯居世界首位。但是严峻的人口问题、粗放的经济和无战斗力的军队，又使这些财富为我们制造了一系列新威胁。"③从国家安全的角度，久加诺夫将俄罗斯面临的问题归纳成三个方面：严峻的人口形势、粗放的经济增长方式以及不堪一击的军队。这一节集中阐释俄共视域中俄罗斯的另一个严峻问题，即面临丧失国防能力的危险。

一、兵源质量严重下降、军队环境恶化

"应征入伍"对一国国防和社会稳定都具有十分重要的意义。在俄罗斯达到应征入伍年龄（（法定应征入伍年龄为 18—27 岁））的青年的人数逐年减少，许多青年不具备承受巨大体力和精神压力的能力，不具备相应的文化水平，有过犯罪前科的入伍者，有酗酒和吸毒等不良嗜好的入伍者逐年增多等诸多问题的存在，

---

① 20 лет без СССР. Молодым везде у нас дорога ... в безработные, наркоманы, дебилы [EB/OL]. http://www.cprfspb.ru/2011 - 09 - 12

② Санкт - Петербург：Социально - демографические проблемы современной России：пути выхода из кризиса. [EB/OL] http://kprf.ru/2009 - 03 - 22

③ Газета《Правда》：Имя модернизации - социализм [EB/OL]. http://www.omsk - kprf.ru/2010 - 03 - 30

使俄罗斯的国防安全面临着严峻威胁。军队中的高犯罪率、与履行军事任务无关的军人受伤或死亡事件频发等,使达到应征入伍年龄的青年及家长十分恐惧,而通过各种途径逃避服兵役。2010 年春季征兵期间有 90 人因逃避军事服役被法院判刑,有 1.7 万人因破坏与应征入伍有关的法律被追究责任。① 就此俄共分析如下:

(一)兵源质量严重下降

1. 有犯罪前科

2009 年春季征兵,35 万应征入伍者中有犯罪前科的达 17 万。其中有 10 万人被判过刑,有 5 至 7 万人曾被公安或侦查机关拘留。以往国防部不准许有犯罪前科的青年入伍。但是,兵源日益不足迫使军事部门改变了原来的政策。② 许多军事委员会代表强调,在他们那里应征入伍的资源已经耗尽,将有犯罪前科的人征入部队成为一种无奈的选择。

俄共中央军事爱国主义委员会主席、空军少校耶夫格尼·科佩舍夫(Евгений Копышев)在《犯罪包围俄罗斯军队》一文中指出,应征入伍者中成分驳杂,尤其是有犯罪前科者的增多,导致暴力性犯罪事件持续增加。文中提到了俄罗斯联邦总军事检察院公布的 2010 年军队中犯罪率情况。十分令人担忧:同 2009 年相比,2010 年军队中的暴力性犯罪数量增加 16%。这一年军队中四分之一的犯罪与暴力行为有关,由于暴力行为受到伤害的军人有几千人,几十人致残,还有多人死亡。③

根据俄罗斯军联邦事检察院 2011 年 7 月的资料,仅 2011 年 1—2 月在武装力量中查明的暴力犯罪就超过 500 多起,约 20 名军人致残,2 名军人死亡。军队中十分之一的暴力行为与贪财有关。同 2009 年相比,军队中的敲诈案件数量增加 1.5 倍。④

---

① Правила призыва в армию[EB/OL]. http://www. rg. ru/2010 - 09 - 27

② Половина российских новобранцев оказались с криминальным прошлым[EB/OL]. http://www. polemics. ru/2009 - 07 - 08

③ Число насильственных преступлений в армии продолжает расти [EB/OL]. http://www. gazeta. ru/2011 - 03 - 25

④ Приложил рукуВоенные следователи озаботились неуставными отношениями [EB/OL]. http://www. rg. ru/2011 - 07 - 05

2. 低健康水平

据俄罗斯联邦国防部军医局的资料,2007 年秋天由于健康原因,33. 4 万达到
应征入伍年龄的青年暂停服役。为了恢复体能,这一年还有 1 万名应征入伍者需
要额外的营养保障。2007 年军事部门在这方面的支出超过 7500 万卢布。除此之
外,还发现 6500 名应征入伍者的神经系统患病。据俄罗斯联邦国防部的统计,在
可以免于或暂停服役的疾病构成中,骨骼肌肉系统患病占 19. 3%,神经紊乱占
15. 7%,消化系统疾病占 11. 1%。① 2008 年秋季征兵,仅有 63% 的达到应征入伍
年龄的青年各项指标完全适合服军役。在各地征兵委员会达到应征入伍年龄的
青年有三分之一(32. 2%)因健康原因不能入伍。

久加诺夫在《俄罗斯军队越来越没有能力保卫祖国》一文中指出,从 2011 的
春季征兵结果来看,30% 达到应征入伍年龄的青年不适合服兵役。较普遍的疾病
有:骨骼—肌肉系统疾病,精神分裂,血液循环系统疾病(高血压、毛细血管疾病),
消化系统疾病(溃疡、胃炎)。②

3. 不良嗜好

俄罗斯国界线长达 2 万公里,每年需要约 60 万名新兵。由于严峻的人口形
势,兵源逐年减少。2008 年俄罗斯 18 周岁男青年总人数约为 93. 5 万,2009 年约
为 84. 9 万,2010 年约为 77. 7 万。还有一些青年由于身体素质、患病等原因暂停
或免于服役。新兵荒在俄罗斯逐渐显现。为了保障兵源不得不招募那些有过吸
毒或酗酒经历的青年。③

俄共指出,俄罗斯某些地区酗酒和吸毒成为达到应征入伍年龄的青年的两大
灾难。伏尔加格勒州每年有越来越多的青年由于酗酒和吸毒暂停服役。截止到
2006 年 8 月,在伏尔加格勒戒毒机构中登记的不到 14 岁的青年有 437 人,14—17

---

① Минобороны России вдвое увеличит число призывников [EB/OL]. http://www. city -
n. ru/2009 - 07 - 05

② 30% призывников не годны к военной службе[EB/OL]. http://www. vladtime. ru/2011 -
08 - 02

③ Исчезающая мировая держава. Исследование немецких ученых о России [EB/OL]. http://
kprf. ru/2011 - 04 - 17

岁的青年有 1879 人,18—19 岁的青年有 4337 人。[①]"暂停"并不意味着"免于"服役,意味着他们还有进入军队的可能。所以才有以下类似的情况发生,例如 2007 年西伯利亚军区 5% 的应征入伍者承认,入伍前有酗酒和吸毒经历。[②]

俄罗斯军队中这样的情况日益严重:"发现了以前有吸毒经历的应征入伍者,在服役期间继续吸毒。"[③]在俄共看来,这又牵扯到军队中的另一个严重问题——非法毒品流转。近几年俄罗斯军队中与非法毒品流转有关的犯罪数量增加了 2 倍。按照俄罗斯军事检察院的评价,在武装力量、内卫部队、内务部、边防军中都形成了类似十分危险的形势,其中在南部和东部军区发现的与非法毒品流通有关的犯罪数量最多,形势继续恶化。与公民生活不同,军人吸毒的危险性在于,他们在执行任务过程中到处都是极高的危险源,从驾驶汽车到使用武器。[④]

(二)不可根治的"祖父制"("дедовщины")

俄共中央委员会书记瓦季姆·索洛维耶夫(Вадим Соловьев)在《在俄罗斯"祖父制"比战争更危险》一文中对"祖父制"进行了解释。俄罗斯军队中老兵虐待新兵现象被称之为"祖父制",意即新兵必须绝对服从老兵。这是多年来在军队中形成的一条不成文的规矩。服役一年以上的老兵,可以任意欺负新兵。"媳妇熬成婆"的老兵,再变本加厉地折磨下一批新兵。俄共认为,这种"祖父制"是资本主义俄罗斯军队中的恶习,缺了它,"军队这部机器就会停止运转"。近年来,俄罗斯军队中由于待遇低,许多基层军官把心思都放在第二职业的"灰色收入"上,而将本应自己做的工作交给老兵去处理,出现问题放任自流,姑息迁就。这就使"祖父制"现象越来越严重。

据官方统计,2004 年上半年由于老兵欺负新兵现象,有 25 人死亡。此外,还

---

① Алкоголь и наркотики две главные беды призывников в Волгоградской области[EB/OL]. http://www. kasparov. ru/2006 – 08 – 11

② 5% призывников СибВО признались в употреблении алкоголя и наркотиков на 《гражданке》[EB/OL]. http://www. newslab. ru/2007 – 07 – 24

③ Исчезающая мировая держава. Исследование немецких ученых о России[EB/OL]. http://kprf. ru/2011 – 04 – 17

④ Ежегодно из – за употребления наркотиков признаются негодными к военной службе свыше 3 тысяч призывников[EB/OL]. http://voennovosti. ru/2010 – 12 – 03

发生了 190 起自杀未遂事件。俄罗斯士兵母亲委员会联盟主席①塔马拉·兹纳奇科娃(Тамара Значкова)指出,他们试图同军队中的老兵虐待新兵现象及其他违法行为作斗争,但是环境越来越恶化。高级军官不仅漠视这种现象,还经常参与其中,甚至有时候军官也成为牺牲品。

缩短服役期限,"祖父制"现象的数量却增加。② 从 2008 年俄罗斯强制兵役期从两年缩减为一年。2010 年 10 月俄罗斯联邦总军事检察长谢尔盖·弗里金斯基(Сергей Фридинский)承认"我们相信伴随着服役期限的改变,军队中不健康的传统和非正式的等级制度,包括老兵虐待新兵现象都将终结。但这样的情况并未发生。此后的 8 个月中,因为打人和粗鲁行为,被判罪的军人超过 1400 人"。③ 2010 年前 10 个月,老兵虐待新兵现象增加近三分之一,由此而蒙受痛苦的军人超过 3000 人,有 9 人死亡。新兵的电话、现金经常被抢走,新兵在服役的前 2—3 个月经常遭到侮辱和殴打。那些服役 8—9 个月的士兵,在欺负新兵的人群中占绝对多数。④

恰恰是由于"祖父"的横行霸道,大批应征入伍士兵担心自己的生命和健康而产生了逃离军队的倾向。因为。在俄共看来,军队中的老兵虐待新兵现象致使俄罗斯军队道德败坏、士气低落,已经演变成一种难以治愈的"疾病"。

(三)高自杀率

俄罗斯军队中的自杀率持续攀高。上个世纪 90 年代在俄罗斯军队非战斗损失中自杀占 23%,到 2000 年这一比例提高到 50%。也就是军队中士兵死亡事件约有一半由自杀引发。⑤ 根据俄罗斯联邦国防部的资料,2007 年军队中非战斗损失人数为 450 人,其中一半死于自杀。2007 军队中发现的自杀和有自杀倾向事件

---

① 俄罗斯士兵母亲委员会联盟(Союз комитетов солдатских матерей России)成立于 1989 年,作为权利保护机构被注册。联合了超过 200 个士兵母亲组织。在捍卫适龄应征入伍者、军人及他们父母权利领域从事宣传教育活动。

② Срок службы сократили, а количество дедов увеличили〔EB/OL〕. http://www.newsland.ru/2011 – 03 – 25

③ Сергей Фридинский:наша задача – порядок в армии〔EB/OL〕. http://ria.ru/2011 – 08 – 17

④ Военная прокуратура сообщила о росте случаев дедовщины в армии〔EB/OL〕. http://www.newizv.ru/2010 – 10 – 07

⑤ Обреченные на суицид〔EB/OL〕. http://www.ng.ru/2010 – 09 – 24

316 起。① 2008 年俄罗斯军队中的非战斗损失人数为 471 人,其中有 231 人死于自杀。②

俄共强调,俄罗斯社会中形成了在军队服役等于自杀的印象。就自杀率而言,在所有暴力部门中军队居于首位。俄共认为,军队中的自杀反映出对军人严重不足的精神和道德培养。军队中的自杀对象不仅仅是适龄应征入伍者,还包括军官和合同制军人。主要原因在于对军人持续增加的压力,包括精神和物质方面。当前,俄罗斯大部分军人特别是少尉的家庭生活水平在贫困线上,四分之一的青年军官没有成家。原因很简单,"因为他们没有能力养家"。③

(四)军官频繁犯罪

久加诺夫在《保护军队——挽救祖国》一文中对俄罗斯军队中军官频繁犯罪进行了分析。他指出,由于俄罗斯军队中有相当一部军官没有经历过专业化训练,更没有认真履行职责的充足动机,致使军队中四分之一的犯罪由军官实施。④至于军官动手打下属,这早已经司空见惯。"军官的教育经验不足经常由对下属的暴力取代"。但最为严重的还是与侵占军队和个人财产有关的犯罪。

久加诺夫指出,军官犯罪的基本动机是贪婪。⑤"依靠应征入伍者发财的同时,当前严峻的问题是,军队中与国家采购、物质分配、基础建设、设备使用等有关的刑事犯罪大幅度提高,给国家造成严重损失。"⑥ 2004—2008 年俄罗斯被判刑的将军人数增加 7 倍。2004 年有 1441 名军官被判刑,其中包括 3 名将军、480 名上尉、68 名少尉。2008 年被判刑的军官有 1631 人,其中包括 20 名将军、657 名上

---

① Более половины "небоевых потерь" в армии - самоубийства [EB/OL]. http://www. hro. org/2008 - 05 - 21

② За месяц в армии совершено 20 самоубийствНебоевые потери в Вооруженных силах РФ за апрель 2009 года составили 37 человек[EB/OL]. http://lenta. ru/news/2009 - 05 - 22

③ Служить в российской армии—самоубийство[EB/OL]. http://www. mk. ru/social/article/ 2009 - 01 - 29

④ В российской армии каждое четвертое преступление совершают офицеры[EB/OL]. http:// vlasti. net/2009 - 08 - 07

⑤ Каждое десятое преступление в армии совершают офицеры[EB/OL]. http://lenta. ru/ 2004 - 10 - 25

⑥ Газета 《 Правда 》: Имя модернизации - социализм [EB/OL]. http://www. omsk - kprf. ru/2010 - 03 - 30

尉,160 名少尉。①

俄罗斯联邦总军事检察长谢尔盖·弗里金斯基承认,"军官犯罪的规模超过了合理界限","这些犯罪三分之一是贪污腐败性质的,并且在少尉和上尉中刑事犯罪率最高。""军队中指挥人员的违法指数将达到'危险警戒线'"。②

二、衰退的国防工业综合体

在俄共看来,国防工业综合体(оборонно - промышленный омплекс)是指按照完成国防订购开展生产活动的工业综合体,也就是为国家国防利益,为保障俄罗斯的强力部门(российских силовых структур)③而生产产品、提供服务的综合体。④ 在保障国防能力方面,国防工业综合体的作用至关重要。

久加诺夫指出:"苏联解体以后,俄罗斯国防工业综合体被瓜分、私有化、人为地破产、非常便宜地出售,其中包括出售给外国公司。波罗的海工厂(俄文全称:Балтийский завод,成立于 1856 年,是俄罗斯重要的船舶制造厂。——笔者注)、乌拉尔汽车制造厂、莫斯科直升飞机制造厂、沃罗涅日电子仪表厂,还有成批的生产核武器的工厂都在其列。最终,俄罗斯保护自己的能力被严重破坏"。⑤

俄罗斯政治活动家、俄共第五届国家杜马议员、国家杜马工业委员会主席谢尔盖·索布科(Сергей Собко)在《俄罗斯国防工业综合体的灾难性状况》一文中指出:"俄罗斯拥有 50% 的世界资源,国家人口总数仅超过 1.4 亿。世界上有许多

---

① В российской армии каждое четвертое преступление совершают офицеры[EB/OL]. http://vlasti. net/2009 - 07 - 08

② Через два года российская армия столкнется с нехваткой призывников[EB/OL]. http://lenta. ru/news/2008 - 11 - 20

③ "强力部门"是俄罗斯特有的一个政治名词,主要指在军事和安全领域执行特种任务的俄罗斯执法部门。一般认为,俄联邦国防部、内务部、紧急情况部、联邦安全总局、联邦警卫总局、对外情报总局、联邦铁道兵总局、总统直属联邦特种建筑总局、总统直属特种规划总局、总统直属国家技术委员会等都属于强力部门。也有人认为,俄联邦司法部、国家海关委员会、俄联邦政府直属国家机要局也属于强力部门。

④ Вывод ОПК из кризиса. Необходимость и возможности[EB/OL]. http://www. rau. su/2010 - 11 - 17

⑤ Газета 《 Правда 》: Имя модернизации - социализм [EB/OL]. http://www. omsk - kprf. ru/2010 - 03 - 30

人觊觎俄罗斯的国土和资源,所以不得不高度重视国防能力和公民安全问题。"①其中包括国防工业综合体的发展问题,"国防工业综合体——我们现代化起飞的平台",然而"当前国防工业综合体中的企业和组织处于危机状态"。②

数十年间,苏联经济的重要基础正是国防工业综合体,国家的主要投资和其他部门的积累大部分流向这里。该系统集中了包括优秀的工程师和技术人员在内的苏联科学骨干。20世纪70年代苏联石油出口收入大部分用于与国防工业综合体中企业和科研机构的发展。然而苏联解体以后,正如俄共中央委员会主席团成员尼古拉·科洛梅伊采夫(Николай Коломейцев)所言:"政府对国防工业综合体的破坏是不明智的、危害很大的"。③

苏联国防工业综合体中75%的企业和组织归俄罗斯所有,包1500多家企业和组织,员工共计350多万。如果将他们的家庭成员统计在内,那么国防工业综合体关系到近10%俄罗斯居民的利益。在大多数联邦主体内都有国防企业,有超过70座工业城市完全依赖于国防企业的运作,实际上这些地方不存在着其他劳动领域。

然而2003年时任俄罗斯联邦国防部部长谢尔盖·伊万诺夫(Сергей Иванов)④承认,在俄罗斯军队中现代化水平的武器仅占20%。据俄罗斯联邦国防部2009年3月提供的资料,俄罗斯军队中现代化水平的武器比例缩减到10%。仅经过6年现代化水平的武器的比例就下降10个百分点。由此可以概见,俄罗斯国防工业综合体从苏联继承下来的科技潜能几乎已经完全丧失。俄罗斯国防工业综合体的衰落有主客观原因。客观原因包括苏联各加盟共和国之间在国防工业综合体之间的联系被割断,长期国家投入不足等。也有一系列主观原因,包括在该领域的干部和人才政策。在俄共看来,俄罗斯国防工业综合体的衰落主要表现在以下几个方面:

---

① 《Возраст специалистов на многих оборонных предприятиях 55 – 70 лет》[EB/OL]. http://kprf. ru/2011 – 04 – 19

② Положение в российской системе оборонного заказа – катастрофическое[EB/OL]. http://kprf. ru/ 2011 – 05 – 13

③ Н. В. Коломейцев: Положение в российской системе оборонного заказа – катастрофическое[EB/OL]. http://kprf. ru/2011 – 05 – 11

④ 谢尔盖·伊万诺夫:2001—2007年任俄罗斯联邦国防部部长。

（一）技术干部严重不足

久加诺夫在《俄罗斯国防工业综合体现状》一文中指出,俄罗斯国防工业综合体20年来改革的结果是出现了灾难性的干部和技术局面。2001年以来的十年中俄罗斯国防工业综合体中的干部损失达到70%。根据2007年的俄罗斯官方数据,国防工业综合体领域内工作人员的平均年龄超过55岁。国防科研和实验单位,工作人员的平均年龄超过60岁。对于国防工业综合体的生存而言,最大的危险在于企业中25—40岁年龄段的人"被驱逐"。照此形势发展,再过五至六年,国防工业综合体内将无人工作。"后苏联时期,俄罗斯国防工业综合体损失大批技术干部。此种损失是很难弥补的。"①

国防工业综合体内技术干部严重不足的基本原因,在于极低的工资水平。该领域内员工的平均工资低于国家平均工资水平(2006年国防工业综合体中的月平均工资为9650卢布,当年俄罗斯全国月平均工资为11303卢布),与对工作技能的高要求严重不成比例。国防工业综合体中,那些接受过苏联教育的忘我劳动者的比重已经非常小,培训和重新培训工程技术干部的体系几乎被彻底破坏。在国防工业综合体内工作已经失去以往的光环,无法将最有天赋、技术娴熟的工作人员吸引进来。因此,科学家、工程师等高科技人才不断离开国防工业综合体。

俄罗斯高等院校在培养国防工业人才方面教育质量严重下降。首先是莫斯科鲍曼国立技术大学、莫斯科动力学院、莫斯科汽车学院、莫斯科航空学院、新西伯利亚国立工程大学,等等。苏联时期这些军事院校的教育水平博得世界称赞。在这些院校学生们除了一般的学习任务,还要参加本校教研室和科研团体组织的科学研究工作,有的是与企业合作项目,有的是国防部指定课题。国家财政充足保障这些工作的开展,保障高校及时更新实验和生产基地,向教学中输入创新成果。对从事国防课题的工作人员给予额外奖励,大学生也会获得额外奖学金。通常这些工作都能以惊人的速度开展,最终完成重要的任务。

如今情况完全相反,国家最好的工程技术大学已经失去了自己的地位,不能吸引到最优秀的中学毕业生。当前中学毕业生最青睐的职业是银行家和律师,不是工程师和科学家。大学里(接近退休年龄、退休后返聘的)老教授们承担了主要

---

① О состоянии и перспективах отечественного ОПК[EB/OL]. http://ria.ru/2011 – 05 – 13

的教学科研任务,年龄在 25—40 岁的工作人员的人数很少。由于得不到国家充足的财政扶植,高校研究和实验基地衰退下去。高校工作人员的工资待遇不能促进教学科研质量的提高。根据俄罗斯联邦人民教育和科学工作者工会的资料,2009 年 1 月大学教授的平均工资为 16270 卢布,教辅人员、服务性人员的平均工资为 7342 卢布,同期官方公布的俄罗斯公民月平均工资为 17000 卢布。这些状况消极地反映到国防专业人才的培养质量上。

(二)技术工人严重匮乏

苏联解体以后,为国防工业综合体培养技术工人方面也出现了严峻形势,突出表现为技术工人严重不足。按照世界惯例通过系统的职业技术教育满足对技术工人的需求。苏联时期职业技术教育系统也是这样的。1990 年前俄罗斯每年可以培养出约 100 万名技术熟练的工人。但是经过"改革"这些年职业技术教育系统已经被摧毁:职业技术学校超过一半被关闭,职业技术工人的吸引力剧降。2008 年俄罗斯所有职业技术学校仅培养出 21.1 万毕业生,不能满足国家对熟练技术工人的需求,并且不足继续加剧。为满足对技术熟练机床工、电焊工、安装工的需求,部分国防企业尝试通过从乌克兰、白俄罗斯等国吸引相关技术人才。这只能解决局部问题,不能保障国防工业的长远发展。

(三)科研和生产基地衰退

"国防工业综合体科研和生产基地没有希望地衰退。"①2007 年国防工业综合体内科研器材、生产设备的磨损度已经超过 75%,其中超过三分之一不能使用。使用期在 5 年以下的新设备的比例仅为 4.6%,生产设备的平均服役期超过 20年,其中绝大部分是苏联时期制造的。俄罗斯在军事科学和试验工作方面的投入低于北约国家平均水平 10 倍,其中低于美国 30 倍。俄共中央委员会主席团成员、彼得罗夫斯克科学和艺术科学院院士彼得·罗曼诺夫（Петр Романов）在《国防工业的现状和前景》一文中指出,有形磨损不断加重的情况下,如果今后几年设备改造、技术现代化的投资水平没有明显提高,那么俄罗斯国防工业不能保证必

---

① План вооружения армии РФ провалился: она осталась без самого нужного[EB/OL]. http://kprf.ru/2011-03-02

要的生产量。①

依据这样的科研和生产基地不能研发出有竞争力的高科技产品。使用苏联时代的老设备只能生产出适应那个时代的产品。新水平的武器要求有新一代、更高性能的机床。苏—34战斗轰炸机、T—90主战坦克及其他一些"现代化"式样的武器，都是上个世纪老型号的改装产品。2009年2月6日，在国防工业综合体发展问题会议上，俄罗斯联邦工业与能源部部长维克多·赫里斯坚科（Виктор Христенко）承认，俄罗斯国防工业产品的质量堪忧。他指出，俄罗斯只有10%的国防工业综合体获得国际质量管理体系认证。②

"俄罗斯国防工业综合体的状况日益恶化"。当前国防工业综合体中超过30%企业有破产迹象，50%企业处于潜在破产状态。"国防工业综合体的状况是凄惨的。"③国家对国防工业综合体领域内研发方面的投入低于发达国家9倍。彼得·罗曼诺夫指出："保障生产需求的超过70%的生产工艺已经衰退。超过一半以上的机床磨损严重，不能使用。"开放股份公司"乌拉尔电机厂"总经理弗拉基米尔·涅德泽利斯基（Владимир Недзельский）也指出："国防工业领域内企业的利润极低，大约在6%—7%。如果考虑到原材料的上涨趋势，今后的利润还要继续下降"。④

（四）国家订购催促企业破产

俄共中央委员会副主席弗拉基米尔·卡申指出："在形成国家国防订购方面出现了严重问题。减少国家国防订购合同的数量，废除已经签订和注册的合同，这些都已经习以为常。经常延期付款，从一个月到一个半月或更长时间。致使企业不能正常运营。例如，生产卡拉什尼科夫自动步枪、轻便的反坦克综合体及其

---

① Н. В. Фадейкина: вопросу о стратегических предприятиях и состоянии оборонно-промышленного комплекса России[J]. ЖУРНАЛ "Сибирская Финансовая Школа". 2006г., N2, с. 55.

② О состоянии и перспективах отечественного ОПК[EB/OL]. http://ria. ru/ 2009 - 02 - 07

③ Н. В. Фадейкина: вопросу о стратегических предприятиях и состоянии оборонно-промышленного комплекса России[J]. ЖУРНАЛ "Сибирская Финансовая Школа". 2006г., N2, с. 55.

④ Вступительное слово В. И. Кашина на круглом столе[EB/OL]. http://kprf. ru/2009 - 04 - 18

他武器的"Молот"基洛夫斯基工厂,2010 年因国家拖欠订购款被迫停止生产。"①

因成本攀升、技术低下等原因,俄罗斯国防部减少向本国国防工业综合体订购产品,致使俄罗斯部分国防工业综合体濒临破产。2011 年 3 月,俄罗斯国防部决定取代国产 T—90 主战坦克而购买德国豹式坦克。理由是国产 T—90 主战坦克价格昂贵,是德国豹式坦克销售价格的 3 倍。到 2020 年之前,联邦预算计划用大笔资金购买外国的战机、射击武器、战舰设备,无人驾驶机,等等。在俄共看来,现政权的做法使俄罗斯国防工业综合体处于没有国家订购状态,加剧了军事工业城市的失业率,降低了国防安全水平,损害了俄罗斯国防工业的国际威信。②

三、违背国家利益的军事改革

2008 年 8 月俄罗斯国防部时任部长阿纳托利·谢尔久科夫宣布开始实行《形成武装力量新面貌》的措施(мер " по формированию нового облика Вооруженных Сил "),掀起了俄罗斯又一轮军事改革。此次改革涉及俄罗斯各军兵种、指挥部门、后勤部门、军事科研院校、退伍安置部门、文职部门等诸多机构和领域。俄罗斯官方宣布,此次军事改革的特点是通过"精简"力求军队"灵活"、"高效"和"现代化"。俄共认为,阿纳托利·谢尔久科夫的改革会给国家安全带来灾难性后果。俄共对此次改革持完全否定的态度,这在久加诺夫所著文章《停止消灭武装力量》,俄共中央军事爱国主义委员会主席、空军少校耶夫格尼·科佩舍夫(Евгений Копышев)所著文章《保护武装力量就是保护祖国》,俄罗斯政治活动家、俄共中央委员会书记、主席团成员维亚切斯拉夫·捷乔金(Вячеслав Тетёкин)所著文章《军队是如何被消灭的》和《梅德韦杰夫——谢尔久科的军事改革摧毁了国家军事力量》等中均有体现。以上文章结合改革内容综合分析了发端于 2008 年 8 月的俄罗斯军事改革的弊端。可以看出俄共总体评价是"改革的基本形式同往常一样就是激进裁员",③"当前阶段的改革最具破坏力","全面、急

① Вступительное слово В. И. Кашина на круглом столе[EB/OL]. http://kprf.ru/2009 – 04 – 18

② Кто одержит победу в новом 《 прохоровском сражении 》《 Немецкие танки 》леопарды? потеснили на российском рынке танки T – 90[EB/OL]. http://kprf.ru/2011 – 03 – 31

③ 1996—2000 年俄罗斯对军队和舰队进行了激进裁减,总人数由 480 万减至 150 万。

速缩减军队和舰队,另一个特点便是不考虑其后果"。现将俄共的观点总结如下:

(一)不顾外部威胁的增加

在俄共看来,对于俄罗斯而言外部军事威胁越来越严峻。俄罗斯的邻居、"伙伴"积极扩充军事实力,力量对比的迅速改变不利于俄罗斯。在军队组织结构、军事发明创造和军事技术工艺方面美国实现了质的跳跃。

北约正"坚定不移"地向俄罗斯边境逼近。在波罗的海已经开始布置北约的力量。美国的军事基地出现在罗马尼亚和保加利亚,在格鲁吉亚建立美国的军事基地也在所难免。乌克兰国家领导人不时表现出向北约靠拢的想法和行为。战争再一次成为解决重大经济和政治问题的手段。2008年在同相比较而言十分软弱的对手格鲁吉亚的冲突中,已经明显暴露出俄罗斯武装力量的严重衰退。①

这次军事改革,从理论上没有对现存和潜在的军事威胁进行深入、全面的分析。对抵制和反击可能发生的侵略,没有明确相对应的武装力量。通过新的俄罗斯国家安全方案和建立新的军事学说之前,"改革"就开始了。况且实施了没有依据的"改革",也未经议会充分讨论,漠视了专家的意见。实属违法的专横。②

俄共认为,政府向社会教唆这样的思想:当前和今后面临大规模战争的可能性已经很小,对于俄罗斯来说,主要安全威胁来自恐怖主义袭击,来自小规模的局部战争。"为了应对这些威胁需要一支指挥更加灵便、行动更加迅速、装备更加精良的武装力量。"③政府没有发现,也不想发现,美国正以附加原则构建自己的对外政策:绝对军事优势,对外政策中的强制主导思想,美国式民主的推广,在全世界美国的特殊使命。美国通过建立军事基地包围俄罗斯,在原苏联境内扶植傀儡政权,在俄罗斯边境开展军事演习。"这是战略伙伴还是殊死敌人的做法?"④

---

① Сердюковско - медведевская военная реформа уничтожает военные силы страны[EB/OL]. http://kprf.ru/2009 - 03 - 07

② Остановить уничтожение армии! Восстановить обороноспособность России! страны[EB/OL]. http://kprf.ru/2009 - 12 - 14

③ Остановить уничтожение армии! Восстановить обороноспособность России! [EB/OL]. http://kprf.ru/ 2009 - 12 - 14

④ Газета 《 Правда 》: Имя модернизации - социализм[N]. http://www. omsk - kprf. ru/ 2010 - 03 - 30

(二)军事管理机关的退化

1. 要求大幅度裁减总参谋部总作战指挥局(军队的大脑)、总组织动员局(国家和武装力量从和平状态向战争状态有计划过渡的组织者),导致国家军事体系的萎缩。大规模削减指挥机构的人员编制:国防部中央机关从 10500 人减至 3500 人,部队和管理机关从 11300 人减至 5000 人。

2. 在缺少必要的管理和联络手段情况下,计划将俄罗斯海军司令部从莫斯科市迁移至圣彼得堡,意味着会有一笔数额巨大的必要当支出,并带有对海军战略核武器和舰艇的破坏。"国防部的行为不可以称之为改革,简直就破坏。"①

3. 从 4 级部队指挥体制(军区—集团军—师—团)向美国式的 3 级指挥体制(军区—战役司令部—旅)过渡,将导致军队指挥机关大规模重新布置,已经建立起来的管理体制将被摧毁。② 这样的组织结构意味着,俄罗斯武装力量能够在局部冲突和战争中实施比较成功的军事行动,但不能抵制外敌对俄罗斯广袤领域的大范围进攻。按照军事专家的意见,从 4 级体制向 3 级体制过渡,不会提高军队管理水平,只能降低军队的大规模战斗准备能力。

4. 武装力量的后勤和医疗保障过渡给民用公司接管,将不可避免地导致该体系的瘫痪。"军队开始军事行动的最初几天,便会陷入没有食品、弹药、物质储备困境,将饥寒交迫和没有能力履行军事任务。"③

(三)军事教育体系的崩溃

俄共认为,全社会形成了这样的印象,即"改革"颠覆了军队基础——培训军官干部体系。

1. 撤销存在几十年的军校和科研机构,意味着苏联时期遗留下来的、独一无二的军事教育基地被摧毁,也意味着军事教育质量将急剧下降。受过高等工程技术教育、有能力掌握现代化军事技术、正确指导下属的军官将不复存在。俄共中

---

① Газета 《 Правда 》: Имя модернизации - социализм [N]. http://www. omsk - kprf. ru/ 2010 - 03 - 30

② 在 2010 的 7 月俄罗斯总统梅德韦杰夫就签署了组建 4 个联合战略司令部的命令,时限至 2010 年 12 月 1 日之前。并以此为基础放弃"军区—集团军—师—团"4 级部队指挥体制,向"军区—战役司令部 - —旅"3 级指挥体制过渡,以提高部队指挥效率。

③ Газета 《 Правда 》: Имя модернизации - социализм [EB/OL]. http://www. omsk - kprf. ru/2010 - 03 - 30

央委员会书记、中央主席团成员维亚切斯拉夫·捷乔金(Вячеслав Тетёкин)认为,这是对军事科学、培养军事干部、国家战斗力的残酷打击。最终导致的结果是,俄罗斯落后于自己的潜在敌人不是5至10年而是50年。

2. 将莫斯科和其他一些大城市的军校和科研单位迁至某些新建的"军事科学城",不可避免地会导致教师队伍分裂,大多数教授和其他教师放弃去新的工作地。这种情况在从莫斯科迁出的伊尔库茨克航天工程学院等中都有发生。

3. 创建所谓的军校和科研基地区,没有物质基础做保障。军校和科研机构的实验基地的拆卸和迁移很困难。建设新的教学和实验大楼、兵营、学员宿舍、教职员工的住宅楼均需要巨额资金,而俄罗斯的预算无力承受。

(四)军官界士气的涣散

2009年4月俄共中央委员会副主席弗拉基米尔·卡申参加由国家杜马组织的军事改革圆桌会议时指出,此次军事改革的明显特点是大规模裁员、撤销相当一部分军队和军校。陆军部队的数量将从1890个缩减至172个,空军部队将从340个缩减至180个,海军舰队将从240个缩减至123个,战略火箭部队①将从12个缩减至8个,登陆部队将从6个缩减至5个,航天部队将从6和缩减至5个。大规模裁减军官界:将军人数将从1107人减至886人,上校人数将从15365人减至3114人,中校人数将从19300人减至7500人,少校人数将从99500减至30000人。同时废除准尉制度,又将裁员14.2万。② 这是在"创造新面貌"借口下摧毁军队,致使军官界中士气低落。不言而喻在这样的情况下,更不用说认真履行职责了。

根据国际经验,让未达到退役年龄的45—55岁的军官离职进入预备役,将使国家武装力量失去经过充分训练的干部,其中包括经历过阿富汗战争、车臣战争的军人。军官群体职业技能面临衰退的危险。武装力量中绝大多军官对此次军事改革持反对态度。

(五)严重的社会影响

在金融危机条件下,被解雇放到预备役的军人的工作安置领域将极为受有

---

① 根据《2001—2005年俄罗斯武装力量建设与发展计划》,俄罗斯武装量由4个军种裁减为3个军种,即陆军、空军和海军。战略火箭军于2002年降格为兵种,成为战略火箭兵。

② Вступительное слово В. И. Кашина на круглом столе[EB/OL]. http://kprf. ru/2009 – 04 – 18

限,这将导致社会压力增加。在停办军校、撤销部队情况下,几万名未达到退休年龄的军人面临着失业的危险,对未来缺乏信心的社会压力加大。

俄罗斯军人的社会保障远低于政府职员。约有 16 万名军官没有住房,按照官方的计划需要等待十一至十二年。家庭成员平均收入低于最低生活保障的军人家庭的数量,高于全国整体水平 2 倍。军人收入平均增速低于全国整体水平 1.5 倍。大量退役军人及其家庭成员生活在驻军城镇,部队被撤销之后,不可避免地会出现一些尖锐的社会问题,例如就业、居民公共服务等。军人、退休军人及其家庭成员的医疗体系也将被破坏。[①]

俄共认为,俄罗斯国家安全的基本威胁,不是北约东扩,而是武装力量的"改革"。为了挽救军队,必须立即更替国防部领导,终止消灭武装力量的愚蠢的、推产机似的军事改革。消灭俄罗斯武装力量对谁有利,对那些想要抢夺俄罗斯自然和动力资源的世界资本主义有利,对那些憎恨人民军队的寡头及其在国家政权中的代言人有利。资本主义政权不需要保卫祖国的强大军队,需要的仅仅是镇压公民抵抗的"紧急和机动"的军队,镇压和平息被剥削阶级的怒气。此次军事改革就是要想尽一切办法抹去苏联时期遗留下来的军队的人民性质、军人之间的同志关系和战友情义。今天这些品质正在被美国军队中的商业意识偷换。全社会应该意识到,俄罗斯人民正在因为失去军队而失去祖国。[②]

---

① Е. И. Копышев: Защитим Вооруженные Силы – сохраним Россию [EB/OL]. http://kprf. ru/2010 – 02 – 17

② Остановить уничтожение армии! Восстановить обороноспособность России! [EB/OL]. http://kprf. ru/2009 – 12 – 14

第四章

展望 21 世纪社会主义（展望未来）

俄共认为,苏联社会主义 74 年建设的辉煌成就和在俄罗斯资本主义 20 年复辟的惨痛恶果证明,只有社会主义才能挽救俄罗斯、实现民族的伟大复兴。但是俄共需要向群众灌输这样的思想,需要解释清楚社会主义的本质特征、建立社会主义制度的主要途径等基本问题。也就涉及到对社会主义的展望。① "作为共产主义政党,存在和斗争的所有意义在于,建立和发展社会主义,并且是 21 世纪的、革新的社会主义,这是俄共的中心任务和根本目标,其他奋斗目标都发端于此。"②

"什么是社会主义,怎样建立社会主义"(Что такое социализм, Как построитъ социализм)是俄共成立至今不断思考和研究的两大问题,虽然还处于探索阶段,不过已经取得了一些阶段性成果。本章主要介绍俄共关于这两大问题一些比较晚近的研究成果。

这一章主要通过俄共新旧版本党纲对比分析③,厘清该党对社会主义的探索轨迹及其重要变化。以俄共新旧版本党纲为蓝本,以俄共公开发布的其他材料(俄共代表大会、中央委员会全体会议的正式文件,俄共领导人的正式发言,俄共党报党刊上刊载的相关文章),俄罗斯媒体对俄共的评价等为补充,归纳总结俄共对社会主义的思考和展望。这里有两点说明。

---

① Социализм опять на повестке дня[EB/OL]. http://kprf – kstovo. ru/2011 – 12 – 22

② Профессор Н. А. Медведев о проекте новой редакции Программы КПРФ[EB/OL]. http://kprf. ru/2008 – 07 – 24

③ 在俄共党内,习惯把 1995 年 1 月党的第三次代表大会通过的党纲称之为"旧版党纲",把 2008 年 11 月党的第十三次代表大会通过的党纲称之为"新版党纲"。

一是为何还要研究俄共旧版党纲。俄共中央委员会第一副主席梅利尼科夫的讲话,能对此问题给以很好的回答。他说:"时间证明,党纲(旧版党纲,——笔者注)中的基本结论、评价和目标是正确的。尽管党纲已经通过十多年,但政治斗争的战略阶段同以往一样,所以我们无须从原则上通过新的党纲"。同时现实生活也在发生变化。"一方面,国际国内环境发生了重要变化。另一方面,党自身也在不断进行理论探索。因此,时间的推移和经验的积累促使我们必须完善党纲,进行一系列必要的修改和补充。"

二是政党党纲中的论述,一般都较为精炼,属于提要钩玄方式。因此,为比较全面了解俄共对某一问题的观点主张,需要用该党其他材料作补充。简言之,本章主要以俄共党纲中的主张为论点,以其党内其他材料补充完善,加以展开论述。

笔者通过对俄共相关资料进行整理后发现,该党的理论主张呈现出一个特点,即"两多一少",所谓"两多"就是回忆苏联社会主义辉煌成就多,批判在俄罗斯资本主义复辟恶果多,所谓"一少"就是对21世纪社会主义的前景展望少。这为笔者撰写本章带来很大困难。

第一节　对社会主义一般性的思考

俄共新版党纲指出:"20世纪和21世纪初的基本内容是劳动和资本、社会主义和资本主义之间不可调和的斗争""只有社会主义才能消灭人对人的剥削、克服资本主义生产和消费的挥霍性质。在苏联及其他一系列社会主义国家发生的资本主义复辟,只是社会主义的暂时退步。并且不是作为一种社会制度的失败,而是其早期形式的失败"。完全有理由相信"在21世纪,社会主义作为一种学说、群众运动和制度将获得第二次复兴"。① 这是俄共对社会主义在全球复兴的信心。

在俄共看来,关于社会主义本质性问题,一直存在着许多人为制造的混乱,其中包括大众传媒的曲解和诽谤。因此,以忠诚和创新发展马克思列宁主义为基本前提,俄共首先要弄清楚的问题是:"什么是社会主义?"(что такое социализм?)。

---

① Программа партии[EB/OL]. http://kprf.ru/party/program/

正如恩格斯所言:"社会主义自从成为科学以来,就要求人们把它当作科学看待,就是说,要求人们去研究它。"

一、对社会主义本质的阐释

"经典著作中没有对社会主义进行具体描述,要立足实际,不断探索。"①俄共认为,自古以来,人类就希望奔向公正的社会,在那里没有穷人和富人之分,友谊、互助和兄弟关系占据主导地位。不同时代的思想家都在设计这种社会。人们对这种社会的渴望,甚至可以在一些宗教教义中找到反映,其中包括东正教,但是只有马克思主义将这一问题上升到重要的科学理论高度。马克思主义经典作家证明并指出,人类社会不是按照预先设计好的图纸而是按照客观历史规律建构起来。或者说如果躺在客观历史进程的河道中,那么某一种社会结构将获得发展。相反情况下,这种社会结构将走向灭亡。通过对资本主义生产方式的深入分析,马克思主义经典作家指出,由于资本主义制度内部的对抗性矛盾,这种制度的灭亡具有历史必然性。由此,他们得出一个关于产生新的后资本主义社会(被称之为共产主义社会)的历史必然性。马克思主义经典作家没有试图详尽设计这种社会,强调的仅仅是其一般性特征:消灭剥削阶级,消除城乡之间、脑力劳动和体力劳动之间的对立和重大差别,根据人们的合理需求分配社会财富。他们认为这种社会是人类发展的顶峰。但是"即使是那些居住在山上的人也清楚,从远处可以看到山顶,但是通向山顶之路并不能立即找到"。② 从马克思主义经典著作中寻找资本主义时代和共产主义高级阶段之间的空间(пространство)(现在命名为社会主义),实际上是徒劳的。对此不足以为奇,即马克思主义经典著作中,没有对社会主义进行具体分析。因为,马克思、恩格斯时代,还没有服务于这种具体分析的现实材料。③

---

① Мы не зовём 《 Назад, к прежнему социализму 》. Мы призываем 《 Вперед, к социализму XXI века 》! [EB/OL]. http://kprf. ru/2008 – 11 – 29

② За какую общественную систему необходимо бороться? [EB/OL]. http://www. kprf – smolensk. ru/2010 – 01 – 06

③ Ф. Н. Клоцвог: за какую общественную систему необходимо бороться? [EB/OL]. ht-tp://www. kprf – chel. ru/2011 – 08 – 03

（一）俄共党纲对社会主义本质的阐释

1995 年 1 月俄共第三次代表大会通过的旧版党纲中,将社会主义的定义为:"按照列宁的表述,我们把完全的社会主义定义为消灭人剥削人的无阶级社会,这个社会根据劳动数量、质量和成果分配财富。这是一种依靠科学的计划和管理、依靠劳动和资源节约型的后工业时代技术工艺实现高劳动生产率和高生产效率的社会。这是具有真正民主和发达精神文化的社会,它能调动个体的创造积极性和劳动者的自治。"①

2008 年 11 月俄共第十三次代表大会通过的新版党纲中,将社会主义的定义为:"社会主义是消灭人剥削人的社会,这个社会以公有制为基础,按照劳动数量、质量和成果分配财富。这是一种依靠科学计划和管理、运用知识密集型、资源节约型技术工艺实现高劳动生产率和高生产效率的社会。这是真正的人民政权和发达精神文明的社会,它能调动个体的创造积极性和劳动者的自治。人是社会发展的主要目的和因素。"②

通过对俄共新旧版党纲对比分析,可以发现该党对社会主义的认识是一个不断深化的过程。这里能够看出以下几点变化:

第一,不再采用"完全的社会主义"(полный социализм)的提法。旧版党纲写成对"完全的社会主义"的定义,新版党纲只写成对社会主义的定义,去掉了"完全"字样。1923 年 1 月,列宁在《论合作社》一文中指出,在国家支配着一切大的生产资料,无产阶级掌握着国家权力,建立了工农联盟并实现了无产阶级对工农联盟领导的条件下,通过合作化道路,俄国就能够基本完成对社会的社会主义改造,甚至可以说能够建成"完全的社会主义社会"。可以看出,俄共对社会主义的理解,不完全拘泥于经典著作中对社会主义的传统定义,注重继承和发展。

第二,增加了"以公有制为基础"这一层内容。体现了俄共对科学社会主义基本原理的坚持,反映出俄共近些年一再强调"不解决所有制问题,就不可能根本解

---

① Программа партии КПРФ (старая редакция) ［EB/OL］. http://www. kprf. org/ showthread. php? t = 1558

② Программа партии［EB/OL］. http://kprf. ru/party/program/http://kprf. ru/party/program/

决收入分配差距过大问题"①的主张。列宁在《无产阶级在我国革命中的任务（无产阶级政党的行动纲领草案）》一文中指出："人类从资本主义只能直接过渡到社会主义，即过渡到生产资料公有和按每个人的劳动量分配产品。"②也就是列宁将社会主义的经济特征概括成两点，即公有制和按劳分配。这是俄共对列宁社会主义理论的坚持。久加诺夫在一次接受波兰《论坛报》记者采访时指出，"在俄罗斯重要企业、战略经济领域的国有化不仅可能，而且是必须的。不这样就不能使国家摆脱危机，不能保障经济的现代化和恢复俄罗斯受人尊敬的强国地位，不这样就不能返还公民应该享有的社会经济权利和国家保障。俄共的社会经济发展纲领要求变以下领域为国家所有制，其中包括矿藏、森林、土地、水资源、战略性企业、港口、码头、航空港、江河航道等。"③俄共杜马党团成员、诺贝尔物理学奖获得者饶勒斯·阿尔费罗夫（Жорес Алферов）也指出："社会主义的本质性特征，首先是土地等生产资料的公有制。"④

第三，"真正民主"改为"真正的人民政权"。什么是真正的人民政权（Подлинное народовластие）？目前在俄共正式文件中尚未看到关于这个概念的明确定义。久加诺夫在其 2010 年出版的专著《列宁，斯大林，胜利！》（《Ленин，Сталин，Победа！》）中提出了自己对"真正的人民政权"的理解。其一，政权与公民之间关系融洽。其二，政权尽最大可能为普通群众提供施展才华、实现人生价值的机会。"社会主义从根本上改变普通人的命运，为他们开辟了此前无从想象的发展道路"。其三，政权能够培养出将服务祖国视为自己人生最高价值的劳动群众，他们不以"工资高低和商店商品丰富程度"确定自己是否幸福。⑤

2008 年 6 月，俄共、俄罗斯社会主义取向学者协会举办了一次题为《社会主义：历史经验和 21 世纪的发展前景》（Социализм ： исторический опыт и 《

---

① Социализм XXI века － стратегическая цель КПРФ［EB/OL］. http://bolshoyforum. org/ 2009 － 07 － 08

② 列宁全集（第 29 卷）［M］. 北京：人民出版社，1985：178 ——笔者注

③ Интервью лидера КПРФ Г. А. Зюганова польской газете 《 Трибуна 》. http:// www. qwas. ru/2006 － 07 － 29

④ Жорес Алферов на 《 XIII съезде КПРФ：В начале 90 － х годов к 》 власти в 《 России пришли 》 власовцы？［EB/OL］. http://www. kprfnsk. ru/2008 － 11 － 11

⑤ Читайте в газете 《 Правда 》 публикацию о новой книге Председателя ЦК КПРФ Г. А. Зюганова 《 Ленин. Сталин. Победа！ 》［EB/OL］. http://kprf. ru/2010 － 08 － 20 перспективы развития в 》XXI веке）的科学实践研讨会。大会也认为,社会主义的本质内容包括人民政权,除此之外还包括生产资料公有制、社会公正、对社会经济发展的有计划管理。①

第四,增加"人是社会发展的主要目的和因素"这一层内容。在俄共看来,这一变化,是对关于社会主义庸俗解释的回应。有些人认为,社会主义制度下,教育人们合理消费、节约和大公无私,意味着号召人们依靠精神食粮存活。对这样的解释,俄共坚决反对。苏联在斯大林执政时期,便果断反对这种残缺的社会主义版本。社会主义不是以贫困的生活为基础,不是通过平均人民的物质生活条件来巩固自己。

久加诺夫在其2009年出版的专著《摆脱危机的出路——社会主义》(《 Выход из кризиса—социализм 》)一书中指出:"人是社会主义的最高价值""实际上社会主义的最终胜利,是建立在以下基础之上的,即比资本主义制度下有更高的劳动生产率、各种消费品供应充足、所有社会成员都能过上富足、文明的生活……"。②该书还指出,在斯大林最后的理论著作《苏联社会主义经济问题》(《 Экономические проблемы социализма в СССР 》)中,从马克思主义发展史的角度看,第一次准确表述了社会主义基本经济规律,也就是以高水平的技术为基础,通过社会主义生产的不断提高和完善,保障最大限度地满足整个社会不断增长的物质和文化需求。将人及其需求放到首要位置后,斯大林又提出缩短工作日、根本改善居住条件、提高工人和公职人员的实际工资、稳步降低大众消费品的价格等主张。

卫国战争结束以后,在苏联迅速实施了"恢复国民经济的斯大林纲领",稳步提高了居民的福利水平,消费品价格持续下降。苏联公民对未来充满信心。区别于现在的俄罗斯当局——它们仅仅代表买办资本家、大寡头和银行家的利益,"斯大林、列宁为人民而生活和工作。他们将自己的全部精力都奉献到为劳动人民利

---

① Выводы и 《 рекомендации научно - практической конференции РУСО 》 Социализм: исторический опыт и 《 перспективы развития в XXI веке 》 [EB/OL]. http://www. kprfnsk. ru/2008 – 06 – 27

② Геннадий Зюганов: Выход из кризиса – социализм [EB/OL]. http://kprf. ru/library/book93430. html

益的斗争中,所以他们能够激发千百万普通劳动者的创造能力。他们相信人民,人民也相信他们,响应党的每一次号召⋯⋯"①

俄共新旧版党纲在完成对社会主义的定义之后,均有这样的论述:"随着社会主义的发展,人类历史的未来——共产主义高级阶段确立的必要前提会逐渐形成和成熟。共产主义高级阶段的特点是其公有化程度要比社会主义条件下高得多,它是一个无阶级联合体,在那里每个人的自由发展是所有人自由发展的条件。"②这是俄共对社会主义最终发展方向的明确。

（二）俄共党内关于社会主义本质的其他阐释

1. 利加乔夫的阐释

原苏共中央政治局委员、俄共中央委员会委员利加乔夫在其 2010 年出版的专著《谁出卖了苏联》(《 Кто предал СССР 》)中,提出了自己对社会主义的理解。利加乔夫从经济、政治、道德、社会领域等四个方面分析了什么是社会主义。按照利加乔夫的理解:社会主义的经济基础是不同形式的生产资料公有制,在社会主义经济中计划和市场有机结合。社会主义的政治基础是各级民主苏维埃。在精神方面,社会主义价值观汲取全人类价值的一切有益成分。在社会计划方面,实现公平正义,消灭剥削和民族压迫,在其中没有失业,每个人都有劳动的权利。③

2. 塔尔纳耶夫的阐释

俄共中央委员会委员,俄罗斯法制、国防和安全问题科学院院士亚历山大·塔尔纳耶夫(Александр Тарнаев)在《社会主义——我们的未来》一文中,通过对苏联历史和俄罗斯现实的分析对比,提出了自己对社会主义的理解:

社会主义不是乌托邦,是个性自由和集体利益的和谐结合。社会主义反映了人类对自己应得生活的渴望,这种渴望(стремление)将人们团结起来。所以社会主义理想不可以被战胜。它反映出一种"愿望",即希望所有人都有平等的社会地位,具备生活必需的物质条件,以及相适应的自由度。

---

① Читайте в газете 《 Правда 》 публикацию о новой книге Председателя ЦК КПРФ Г. А. Зюганова 《 Ленин. Сталин. Победа! 》[EB/OL]. http://kprf. ru/2010 - 08 - 20

② Программа партии[EB/OL]. http://kprf. ru/party/program/

③ Лигачев Е. К. Кто предал СССР [M], Издательство: ЭКСМО: Алгоритм (Москва), 2010г. , c. 267.

依据今天的经验描述社会主义,是这样的社会制度,在其中不存在任何剥削和压迫形式,本身具有高经济效率,各种生产资料所有制形式的公平竞争,人民政权、物质福利的自由全面发展。计划、可调控的市场、民主、自治、社会公正、社会机会的平等、集体主义、个性、道德、创新能力,这一切组成了社会主义制度下的"合力"。①

3. 阿福宁的阐释

俄共中央委员会书记、俄罗斯列宁共产主义青年团中央委员会第一书记尤利·阿福宁(Юрий Афонин),从经济角度,提出了自己对社会主义的理解。他认为,社会主义经济是建立在生产资料全民所有制基础之上的统一计划经济。所有社会成员既是劳动者,又是共同所有者(сособственник)。实行"各尽所能、按劳分配"的原则。生产的主要目标是满足社会需求,而不是利润最大化。②

二、对社会主义相关问题的认识

(一)社会主义具有过渡性,不能尽善尽美

马克思在《哥达纲领批判》中把共产主义社会分为第一阶段和高级阶段。同以往社会形态一样,共产主义社会也有一个由低级到高级、由不成熟到成熟、由不完善到比较完善的发展过程。在俄共看来,社会主义是向更高、更公正的共产主义社会高级阶段的过渡阶段。尽管这是一个体系的两个阶段,但是它们彼此之间是有重大差别的。在社会主义条件下,不足的生产力发展水平还不能完全保障为所有人提供丰富的产品。人们在能力、家庭组成、劳动兴趣以及观念等方面还存在差别,人们在收入和生活水平之间也存在差距。马克思在《哥达纲领批判》还指出,这样的不足不可避免,因为社会主义是"从资本主义社会中产生出来的,因此它在各方面,在经济、道德和精神方面都还带着它脱胎出来的那个旧社会的痕迹。"③但是不可能有最主要的不公正——人对人的残酷剥削。仅仅到了共产主

---

① Александр Тарнаев: Социализм － наше будущее[EB/OL]. http://www.cprfspb. ru/6948. html

② Социализм и капитализм: плюсы и минусы с точки зрения экономической эффективности[EB/OL]. http://xn－－－－ptbeca0ahckjkh. xn－－p1ai/2011－02－11

③ 马克思恩格斯选集(第3卷)[M]. 北京:人民出版社,1995:304——笔者注

义社会高级阶段才有这些情况发生：劳动不仅仅只是谋生的手段，而成为第一需求、自觉的需求；生产力获得极大发展；那时关于遵守人类社会生活基本准则的必要性，对每个人而言将成为普通习惯。只有到这个时候才会出现完全满足人们的合理需求的可能。

2009 年 12 月 13 日俄共《政治教育杂志》载文对社会主义发端于资本主义进行说明。文中指出："社会主义生产关系发端于资本主义，它自身还带有之前生产关系的某些因素"，①但还是有本质性区别。经济机制的运行，包括所有制形式、计划和管理体系、交换形式、生产资料和消费品的分配等，为人们的生产活动创造了一定的客观条件。资本主义社会的经济机制先是自发形成，然后通过法律巩固。社会主义社会的经济机制是有意识创建的，并且能够集中全社会力量致力于实现符合社会发展客观规律的积极性社会目标。因此，社会主义的生产关系为发展生产力、提高劳动生产率、保护社会生活的自然条件等，提供了广泛可能。

（二）平等不是平均，普遍贫困不是社会主义

俄共中央委员会委员、俄罗斯自然科学院院士弗拉基米尔·尼古拉耶夫（Владимир Николаевич）在《人类命运中社会主义的地位和作用》一文中指出，平等不是平均，普遍贫困不是社会主义。今天在俄罗斯资产阶级想尽办法掩饰资本主义复辟的罪行，费尽心思把社会主义描绘成全面平等、但又普遍贫困的社会。它们中有些人甚至想出荒唐的笑话，即 1917 年发动人民起义的革命者们为之奋斗的目标是不存在富人。实际上，人们奋斗的目标是不存在剥削者，由于剥削者的存在才出现了大量穷人。共产党人永远主张所有人都生活富裕，但是要依靠自己的劳动、智力、才能和经验，而不是依靠公开或隐蔽地剥削他人。共产党要为所有人提供很好的生活机会，也就是社会主义。只要还有穷人和没有生活保障的人，就有对这种社会的渴求。人为宣传鼓动或恶意"蓄谋"不可能引导群众起义、斗争，最终起作用的还是难以忍受的社会现实，社会主义的根基就在这里。

早在 1934 年联共（布）第十七次代表大会上，斯大林指出："如果以为社会主义能够在贫困的基础上，在缩减个人需要和把人们的生活水平降到穷人生活水平

---

① В. Н. Ембулаев. Вперёд, а не назад, к социализму! ［EB/OL］. http://politpros.com/2009 – 12 – 13

的基础上建成,那就愚蠢了。"①当然,无论何时都不存在绝对平等,平等不是平均主义。个人也是千差万别的。首先,个体在智力和体力潜能方面是有差别的。人们关于幸福的概念、对生活的追求、兴趣和需求也不尽相同。但是所有人在一方面应该是相同的——拥有实现自己潜能的必要条件,然后是满足自己合理需求的必要条件。在俄共看来,今天俄罗斯的现状完全相反,俄罗斯现政府的理念是"抢劫和发财。不惜任何代价获取利润,这就是资本主义的实质。只有通过压制人的意志、剥削他人的智力和体力潜能才能做到,也就是将全社会划分成剥削阶级和被剥削阶级。列宁曾经指出:"如果不把平等理解为消灭阶级,平等就是一句空话。我们要消灭阶级,从这方面说,我们是主张平等的。但是硬说我们想使所有的人彼此平等,那就是无谓的空谈"。② 作为共产党人理解的平等,不是在个人消费和日常生活领域内的平均主义,而是消灭阶级。俄共认为,整个社会付出的所有劳动,生产的所有产品都应该是为全体民众的利益服务,而不是为了个别人。否则出现阶级对抗就不可避免。

苏联解体以后俄罗斯各地经常出现集会和反对政府侮辱人民的活动,不像官方某些代表描绘的那样,是人们受他人鼓动利用,到街头集会闹事。最初的起因——对于绝大多数家庭而言无力承担在住宅和市政公共服务方面的支出,以及其他商品价格的不断暴涨。资产阶级政府同几百年前一样,站在富人一方。对此不应该惊讶。在任何一个资本主义国家永远都是这样。列宁在《国家与革命》("Государство и революция")中强调:"剥削阶级需要政治统治是为了维持剥削,也就是为了极少数人的私利,去反对绝大多数人。"③从这里应该得出一个简单的结论:只要有对他人的剥削,有暴利的愿望,有不择手段发财的企图,就会有阶级对抗,就会有奔向社会主义的愿望存在。无论是总统、政府,还是政党都不能阻止它、停止它。

(三)关于所有制、计划和市场

在俄共看来,如果说所有人物质和精神财富的取得是共产主义及其第一个阶段(社会主义)的主要任务,那么就涉及到所有制问题,这是解决主要任务的基本

---

① 斯大林选集(下)[M]. 北京:人民出版社,1979:338 ——笔者注
② 列宁选集(第3卷)[M]. 北京:人民出版社,1995:816 ——笔者注
③ 列宁全集(31卷)[M]. 北京:人民出版社,1985:23 ——笔者注

条件。1848 年马克思和恩格斯在《共产党宣言》中并不是偶然地强调共产党人的主要任务——"消灭私有制"。但是并不意味着,根据某个法令就能立即消灭它,私有制的消亡需要一个过程。共产主义运动的主要目标是改善人民的生活,不是明天的生活,是今天的生活,每天的生活。所以私有制是社会主义早期阶段(начальный этап социализма)不可或缺的因素。失去竞争和市场的结果是低质量的产品、低效率的生产、劳动的数量和质量与工资不相符、庞大的编制、平均主义。可以这样说,在社会主义早期阶段取消市场和竞争为时过早。在此阶段禁止私有制,不调动私营企业主的积极性是错误的。①

但是要始终明确一点,即生产资料的社会主义公有制决定了用平等、集体主义、团结合作、有计划发展生产、根据向社会提供的劳动质量和数量分配产品等取代剥削关系,最终保障了从事劳动活动的每一名劳动者的物质利益。社会主义生产关系使得经济服从于有意识的计划调控。这种计划调控旨在保障最广大人民群众的利益和需求,为发展生产提供与生产力发展水平相适应的经济机制。②

关于计划和市场的关系。原则上不可以认为它们谁归社会主义或归资本主义所有。在某种程度上它们现在、将来都将共存。主要问题不在它们本身,而在于为什么目的去运用它们。其实早在上个世纪 30 年代,美国经济中便已经开始运用计划的作用。今天,在所有发达资本主义国家,包括英国、法国、日本、瑞典等,计划和国家调控价格的原则日益被广泛运用。当然在这些国家没有社会主义,但是它们明白计划的优越性并加以利用。在世界上完全自由的市场早已不复存在,所有一切都要经过事先的思考和筹划。计划和市场仅仅是经济活动的手段,在不同历史阶段、在不同国家二者之间的关系可以是不同的。生产规模愈大,如果选择的发展战略有误,那么损失便愈大。这是在任何一种制度下越来越需要计划的缘故。谁明白这个道理,谁就更有可能获胜。另一个事实是,在资本主义条件下计划屈从于对政府有相当影响的集团利益。正如有人所言:"所有人都有劳动的权利。自由和幸福的权利仅仅属于被选出来的人。"而社会主义可以为了

---

① "Вперед, к обновленному социализму, очищенному от ошибок прошлого" [EB/OL]. http://www.kprf.org/2009 - 04 - 07

② В. Н. Ембулаев. Вперёд, а не назад, к социализму! [EB/OL]. http://politpros.com/journal/2009 - 12 - 13

共同的利益,使用市场和计划。因为在社会主义国家战略经济领域、土地、森林和水等自然资源为全民所有。否则就不能从整个社会的利益出发实施计划,更不能给人民带来任何实惠。

总之,俄共也坚持列宁主义的基本思想,即反对详细论述社会主义。因为现在还不具备条件,只有未来的建设者才能够逐步、有条件和较为具体地阐述这一问题。正如列宁所言:"要论述一下社会主义,我们还办不到;达到完备形式的社会主义是个什么样子,——这我们不知道,也无法说。"①。俄共认为自己当前最重要的任务就是,通过对资本主义罪恶本质的揭示,让越来越多的群众明白社会主义的本质,并提出在本国建立社会主义制度的科学、合理的方法和途径。

第二节　提出建立"21 世纪革新社会主义"的奋斗目标

明确了社会主义的一般性之后,俄共需要结合历史经验、基本国情和时代发展特点,明确在俄罗斯具体应该建立起什么样的社会主义制度,集中表现在其对自己奋斗目标内容的表述上。经历多年理论探索,在 2008 年俄共十三大通过的新版党纲中正式提出自己的奋斗目标——在俄罗斯"建立 21 世纪革新社会主义"(обновленный социализм - социализма XXI века)。

俄共认为,在俄罗斯资本主义的复辟,导致了民族灾难性的社会退化。摆脱这种状况的出路只有一个——更替方针,替换资本主义、建立社会主义。在苏联社会主义建设暂时失败之后,社会主义和资本主义之间的国际矛盾仍旧存在。尽管在 20 世纪末经历了震荡,但是在全世界社会主义仍然屹立,并坚定不移地巩固和扩大着。今天中国沿着社会主义道路前行,并且取得了巨大成就。古巴、越南、朝鲜等国也在不断探索社会主义发展道路。在拉丁美洲一些左翼力量通过选举开始执政。反而是帝国主义的反动性不断加剧,它的政治和经济问题日益加重,这些都严重影响到世界的稳定和生态环境,也见证了俄共信仰的正确性:世界和

---

① 列宁全集(第 34 卷)[M]. 北京:人民出版社,1985:60 ——笔者注

俄罗斯的未来属于社会主义。①

一、不能复制苏联社会主义

俄共作为苏共的继承者,在坚持马克思列宁主义指导思想下,以俄罗斯重新走上社会主义发展道路为奋斗目标,这是俄共重建伊始便声明的。但俄共欲在俄罗斯重建的不是苏联社会主义,而是面向未来的社会主义。在未来社会主义的具体提法上,对未来社会主义的具体内容表述上也经历了一个渐进探索的过程。正如有俄共党员所言:"在这个社会阶段应该合理保留经证实的苏联社会主义的全部有益经验,抛弃它在组织形式和管理方式上的消极因素,借鉴世界经验,尤其是社会主义中国的成功经验。"②在俄共看来,不能复制苏联社会主义的具体原因,可以从以下几个方面来看。

历史原因。俄共认为,苏联社会主义在取得诸多辉煌成就的同时,也存在不少问题。例如,2009 年 12 月 15 日俄共中央官方网站载文指出:"上个世纪 20 年末到 30 年代初,苏联农业集体化(Коллективизация)中存的过激过火行为在人民群众中造成了一定的负面影响。上个世纪 30 年大镇压(массовая репрессия)期间,一些无辜者受到迫害,社会主义法治原则被破坏。"③又如,2010 年 8 月 4 日俄共中央官方网站载文指出:"自上个世纪 70 年代中期,伴随着巨大的成就,在苏联部分危机的趋势开始蔓延。在应对美国的侵略威胁中,投入了过多的工业、军事和人力资源,进而影响到及时满足苏联人民不断增长的物质需求。同时,经济增长速度开始放缓,科技进步成果推广受到抑制。劳动生产率落后于主要发达资本主义国家。官僚化的因素逐渐显现,社会主义人民政权的民主机制没有充分发挥出来。党政领导干部未能及时更替,领导能力开始实质性下降。"④俄共指出,苏联社会主义建设中一些问题的存在,以及没有得到及时有效的纠正,严重影响到

---

① Профессор Н. А. Медведев о проекте новой редакции Программы КПРФ[EB/OL]. http://kprf. ru/2008 - 07 - 24

② Профессор Н. А. Медведев о проекте новой редакции Программы КПРФ[EB/OL]. http://kprf. ru/2008 - 07 - 24

③ Борьба не за прошлое, а за будущее (130 - летию со дня рождения И. В. Сталина[EB/OL]. http://kprf. ru/2009 - 12 - 15

④ ПОСТАНОВЛЕНИЕ Президиума ЦК КПРФ. http://kprf. ru/2010 - 08 - 04

社会主义制度优越性的发挥。

社会基础原因。在 2007 年 12 月 2 日的俄罗斯国家杜马选举中，坚持社会主义奋斗目标的俄共的选民支持率为 11.57%，为 1993 年以来的最低点。在坚持选举过程中有伪造因素存在的同时，《俄罗斯报》的一组社会调查结果引起了俄共的注意。2007 年国家杜马大选过后，《俄罗斯报》在俄罗斯公民中进行了一次社会调查，提出如下问题：您支持未来俄罗斯实行什么样的社会制度：(1)以市场关系为基础的制度。(2)在苏联存在过的社会主义制度。(3)在其中有市场和社会主义关系因素存在的制度。回答结果依次为 28%、18%、45%，还有 9% 难以作答。从社会调查结果看，18% 的公民支持在俄罗斯恢复苏联社会主义(1996 年这类公民超过全国人口总数的一半)。这部分公民认为苏联时期，居民社会保障是国家工作中的一个优先发展方向，人们有安全感，也不存在贫富差距过大的问题，科学、教育、文化和医疗卫生领域都取得了令世人瞩目的成就。从社会调查结果看，大部分公民不支持在俄罗斯恢复苏联社会主义。这部分公民认为，苏联社会主义中的指令性计划手段和价格形成机制不能使国家积极运用作为经济发展主要火车头的科技进步成果，最终导致经济效率低下；如果在俄罗斯恢复苏联社会主义，那么以下问题将可能重演：大镇压、对持不同政见者的迫害、等额选举、严厉的书刊检查制度，等等。

在俄共看来，今天大部分公民不主张在俄罗斯恢复苏联社会主义，也与多年来的不公正宣传有关。苏联末期，戈尔巴乔夫提出"公开性"、"民主化"、"不留历史空白点"等口号，鼓吹对苏联历史进行全面评价，揭开了否定苏联社会主义的盖子。苏联解体以后，俄罗斯当局通过大众传媒、影视等手段，夸大渲染苏联时期的失误和缺点，全盘否定苏联社会主义。尽管俄共等俄罗斯共产主义政党一直主张公正评价苏联历史、苏联社会主义，但就实力而言与当局无法抗衡。经过苏联末期、苏联解体后 20 年的时间，在俄罗斯大多数民众中，已经对苏联社会主义形成了一定负面印象，在谈及苏联时期取得的辉煌成就时，也基本不提苏联社会主义的作用。尤其是那些在苏联解体以后出生的一代俄罗斯公民已经成长起来，他们不能全面认识、甚至不能理解苏联社会主义。俄共中央委员会书记、俄罗斯列宁共产主义青年团中央委员会第一书记尤利·阿福宁指出："伟大苏联被破坏已经过去了20年。期间没有苏联经历的新一代成长起来。他们不知道什么是免费的教育和医疗，不知道什么是安定有序。他们不敢想象，怎么能免费获得住宅、免费在校学习"。①

基于历史、社会基础等方面的原因，俄共意识到自己的奋斗目标不可能是苏联社会主义，要对传统社会主义注入新的因素，从而在社会中树立新形象。不这样做，自己就没有未来。在俄共第十次代表大会中央委员会政治报告中曾写道："尤其是苏联社会主义的某些建设方法，是那个时代的产物，放到今天已经明显不合时宜，所以不能照抄、照搬。"②正如列宁所说的那样："……大失败给革命政党和革命阶级上了真正的和大有教益的一课，上了历史辩证法的一课，上了使他们懂得如何进行、善于进行和巧妙地进行政治斗争的一课，患难识朋友。战败的军队会很好地学习。"③

二、建立"21世纪革新社会主义"

在俄罗斯资本主义道路行不通，也不能复制苏联社会主义。所以俄共面临着一项重要任务，即"依据对过去成就、错误和不足的客观分析，通过对当代社会发展过程的正确认识，创造一种科学的、革命性的和能够吸引大众的社会主义模式（образ социализма）"，④从而振兴社会主义在人民心目中的地位。上述愿望贯穿于俄共对社会主义奋斗目标和具体内容的阐述之中。俄共成立至今，一项主要任务就是找到能够被群众接受、适应现实政治斗争需要的社会主义模式，并进行科学的表述。在俄罗斯建立"21世纪革新社会主义"提法被正式确立之前，俄共在寻求科学的社会主义模式过程中，曾经有过几种提法，下文按照提出的时间顺序加以归纳。

（一）"21世纪革新社会主义"之前的几种提法

1. "最佳的社会主义发展"（оптимальное социалистическое развитие）。在

---

① Г. А. Зюганов：《Нам предстоит выбрать судьбу страны》[EB/OL]. http://www. kprf - smolensk. ru/2010 - 01 - 06

② Десятый съезд КПРФ. http://kprf. ru/party/2004 - 07 - 03

③ 列宁选集（第4卷）[M]. 北京：人民出版社，1995：138～139 ——笔者注

④ Наша главная цель—социализм. Образ социализма в новой Программе[EB/OL]. http:// kprf. ru/ 2008 - 05 - 20

1995 年通过的俄共旧版党纲中对"最佳的社会主义发展"进行了阐释。俄共认为,对于俄罗斯而言,选择最佳的社会主义发展,是最有充分根据、最符合国家利益的,在这个过程中社会主义作为一种学说、群众运动和政治制度将获得第二次复兴。分析生产力发展的客观趋势,可以发现 21 世纪最佳的社会主义发展的总轮廓:逐渐克服资本主义生产和消费的浪费性质,以新社会的前进运动为基础,以全面保护劳动力的、物质的、生产的、消费的和自然的资源为原则。① 在旧版党纲中,又从以下几个方面对"最佳的社会主义发展"进行了描述:生产劳动的性质将彻底改变、劳动的创造性动机和激励的意义将显著提高、消费的性质将根本改变、人和自然的相互关系将发生巨大变化等。②

2."俄罗斯社会主义"(русский социализм)。2004 年 7 月 4 日久加诺夫在俄共第十次代表大会的报告中首次提出"俄罗斯社会主义"。2006 年 4 月 6 日,俄共《真理报》刊发了久加诺夫的文章《俄罗斯社会主义——对俄罗斯问题的回答》,文中对"俄罗斯社会主义"有所解释。

久加诺夫认为,在认识规律过程中,每一个民族和国家都应该考虑到自己的特殊性和历史经验。在吸取过去经验教训的过程中,依据俄罗斯共产主义运动的理论和实践可以证明,只有"俄罗斯社会主义"才能解决俄罗斯社会中的病态问题。欲准确表述这一目标,共产党人首先要指出它的本质特征。"俄罗斯社会主义"要求以下方面协调结合:政府权威与人民自由,国家调控与民主体制,民族自治与民族友谊,俄罗斯几个世纪的历史经验与苏维埃制度的成就、世界文明的最优秀成果有机结合等。"俄罗斯社会主义"是有这样特点的社会主义,在其中有能适应当代生产力水平的革新形式、有居民高水平的生活质量、有个性发展的基本条件。③

2008 年 11 月召开俄共第十三次代表大会,大部分代表不赞成"俄罗斯社会主义"的提法。例如,诺贝尔物理学奖获得者、俄共杜马党团成员饶勒斯·阿尔费罗

---

① Программа партии КПРФ (старая редакция) ［EB/OL］. http://www. kprf. org/showthread. php? t = 1558

② Программа партии КПРФ (старая редакция) ［EB/OL］. http://www. kprf. org/showthread. php? t = 1558

③ Геннадий Зюганов. 《 Русский социализм — ответ на Русский вопрос 》［EB/OL］. http://www. russovet. org/2006 - 06 - 04

夫认为,如同物理学中不存在俄罗斯物理学或美国物理学一样,不存在"俄罗斯社会主义"。俄共杜马党团成员奥列戈·斯莫林(Олег Смолин)赞成阿尔费罗夫关于社会主义是一种国际现象的说法。俄罗斯政治活动家、俄共中央委员会委员尤利·别洛夫(Юрий Белов)不赞成在党的文件中使用"俄罗斯社会主义"。他表示:"'俄罗斯社会主义'不是一个严格的科学概念,不能在党的文件特别是纲领性文件中使用。"①

俄共十三大次代表大会表决新版党纲之前,俄共中央监督—检查委员会主席弗拉基米尔·尼基京在做工作报告时表示赞成"俄罗斯社会主义"的提法。在他看来"俄罗斯社会主义"的一个鲜明特点是被俄罗斯主体民族世界观净化过了的社会主义。他指出,俄共有自己的纲领和章程,正如列宁所言,精神统一是胜利的重要因素。精神统一建立在全体党员对俄罗斯主体民族——俄罗斯族世界观理解基础之上。俄罗斯人口 80% 是俄罗斯族,这是现实情况。所以"俄罗斯社会主义"应该建立在俄罗斯族世界观之上,而不是建立在美国、英国、以色列等民族世界观之上。历史实践证明,不被主体民族世界观净化过的抽象社会主义没有生命力。"这就是为什么被中华民族、越南民族、古巴民族、朝鲜民族世界观净化过的社会主义能够存在并发展的原因。"②

3. "考虑到过去成就和不足的、被重建的社会主义"(это социализм, воссозданный с учетом как достижений, так и ошибок прошлого)。2007年 9 月 22 日,俄共第十二大次代表大会确定"俄共的当前任务"包括,必须用马克思主义的观点来思考苏维埃国家危机的原因、苏联社会主义失败的原因,及其相关过程。必须分析社会发展的当前阶段、社会结构和阶级结构,制定革新社会主义的模式,推翻资本主义的战略和战术。俄共第十二大次代表大会确认,党的战略任务和俄罗斯惟一真正的未来——"考虑到过去成就和不足的、被重建的社会主义。"③

---

① Русский публицист Юрий Белов о противостоянии в президентской кампании. http://kprf. ru/2008 – 11 – 28

② Заключительное слово В. С. Никитина по отчетному докладу ЦКРК XIII Съезду КПРФ: Партия высказалась за русский социализм! [EB/OL]. http://kprf. ru/2008 – 12 – 03

③ Образ КПРФ XXI века[EB/OL]. http://www. cprf. info/2002 – 04 – 10

（二）正式提出建立"21 世纪革新社会主义"

从上一节俄共对社会主义本质性的阐释中可见,其视域中的社会主义一般性特征包括:(1)摆脱人剥削人的社会,以公有制为基础,根据劳动的数量、质量和结果分配生活财富;(2)以科学计划和管理、贯彻知识密集型和资源节约型技术为基础、高劳动生产率和生产效益的社会;(3)真正的人民政权和发达精神文化的社会。该社会能够激发个体的创造积极性和劳动者的自治;(4)人既是社会发展的主要目的,也是社会发展的主要因素。①

在俄共看来,在苏联具备社会主义的所有一般性特征,但是这些特征并未得到充分发展,有的时候还被变形。在苏联,社会主义的优越性和人民政权的潜能还没有充分发挥出来。上个世纪 70 至 80 年代,苏联遇到了早期社会主义发展阶段的瓶颈。2008 年 11 月俄共第十三次代表大会上通过的新版党纲中,首次提出自己的战略目标是在俄罗斯建立"21 世纪革新社会主义"。

俄共新版党纲引言部分,不再像旧版党纲那样分述七条"主要目标"和十条"基本任务",而是开宗明义、旗帜鲜明地提出自己的战略性目标——在俄罗斯稳步建立"21 世纪革新社会主义"。② 俄共新版党纲又对"21 世纪革新社会主义"做了进一步说明,即"要么是伟大的强国和社会主义,要么是国家继续遭受破坏,最终变成殖民地。不是要回到过去,而是要向前发展,迈向厘清了过去的错误和迷惑的、完全适应现实要求的革新社会主义。"③

久加诺夫在俄共第十三次代表大会上对"21 世纪革新社会主义"做了解释说明。他指出,"21 世纪革新社会主义"的核心思想是要以马克思列宁主义理论为指导,要考虑到苏联社会主义的光辉成就,要吸取苏联社会主义的痛苦教训和负面经验。他号召全党创造性发展马克思列宁主义,而不是让其机械适应现时代的条件。④

俄共中央委员会第一副主席伊万·梅利尼科夫（Иван Мельников）在俄共第

---

① Программа партии[EB/OL]. http://kprf. ru/party/program/

② Программа партии[EB/OL]. http://kprf. ru/party/program/

③ Программа партии[EB/OL]. http://kprf. ru/party/program/

④ Зюганов:КПРФ будет строить социализм XXI века[EB/OL]. http://www. vesti. ru/2008 – 11 – 29

十三次代表大会上指出，"21 世纪革新社会主义"应该克服苏联社会主义的缺点和不足，因此要进行革新。同时它也应该吸收借鉴现有社会主义国家的经验教训。在他看来，可以从以下几个方面理解"21 世纪革新社会主义"：（1）是真正人民的、民主的社会主义，而不是执政者独裁的社会。创建不允许官僚主义的、可靠的人民监督体系（2）是真正的公正社会，在其中对所有人而言机会和权利平等，在社会关系总和中包含集体主义和兄弟关系。（3）是真正人道的制度和社会，在其中人是最高价值和优先方向不是体现在口头上，而是见诸于实际行动中。动用所有社会进步成果满足人的需求与和谐发展，同时要注意提高在促进社会进步中人的积极性。（4）是全面发展、进步的社会，其以科学、技术和工艺的最新成果为基础，以管理的自治为基础，以各种各样的创新和突破为基础。①

俄共中央委员会委员、俄罗斯农业科学院院士、俄罗斯社会主义取向学者协会主席维克多·舍维卢哈（Виктор Шевелуха）在俄共第十三次代表大会上指出，俄共号召建立社会主义，不是后退，而是向前。俄共很清楚地知道苏联时期的失误和不足，知道应该怎样不重复这些。未来的社会主义同苏联存在过的社会主义早期形式，在政治制度结构、全民所有制形式、有计划管理国家的方法上要有重要区别。社会主义社会基本细胞——劳动集体在国家政治生活中的地位和作用将被提高。"如果在 21 世纪不考虑这些教训，那么 20 世纪的教训将重演。对待社会主义应同对待科学一样，如果不考虑其失败的原因，那么任何未来的方案都是祝福语。"②

依据当前俄罗斯社会的主要矛盾及相应任务，俄共对"21 世纪革新社会主义"有了进一步认识。俄共认为，在俄罗斯建立"21 世纪革新社会主义"要求实现一种统一：社会阶级运动（социальн—классовая борьба）和民族解放运动

---

① Методические рекомендации к занятию по теме 《 Стратегическая цель партии – построение в России обновленного социализма – социализма XX1 века. Реставрация капитализма в СССР и ее последствия 》［EB/OL］. http://ivkprf – inf. narod. ru/2011 – 06 – 05

② Е. К. Лигачев，Ф. М. Рудинский. Ученые РУСО о программе Д. Медведева［EB/OL］. http:// kprf. ru/2008 – 02 – 01

(национальн—освободительная борьба),变二者为统一的人民战线。① 俄共第
十三次代表大会中央委员会的政治报告写道:"现在俄罗斯的主要矛盾是非法窃
取社会财富主要部分的寡头资本家同失去政治和经济权利的劳动人民之前的矛
盾。这种矛盾具有阶级性质和民族性质。前者为劳动和资本之间的矛盾,后者为
亲西方'阶层'利益和国家民族利益之间的矛盾。俄共视将社会阶级斗争和民族
解放斗争联合起来为自己的重要任务。这种合二为一是俄罗斯向"21 世纪革新
社会主义"过渡的重要条件。"②

2011 年 9 月俄共召开第十四次代表大会,对"21 世纪革新社会主义"作了进
一步解释说明。俄共指出,捍卫民族国家利益要同为社会主义和苏维埃形式的人
民政权有机结合起来。不号召后退,而是向前,奔向这样的社会主义,即建立在本
民族传统和价值观之上(非西方的)的"21 世纪革新社会主义"。③ 久加诺夫在这
次俄共代表大会上还将"21 世纪革新社会主义"定义为一种"社会制度的现代化
模式"(современная модель общественного устройства)。他在发言中指出:"俄
共是目前俄罗斯惟一能够对抗政权专横跋扈、亲西方力量盲动主义的政治力量。
只有我们党提出的纲领能够使国家复兴。只有俄共才能保障向作为一种社会制
度的现代化模式——'21 世纪革新社会主义'的过渡"。④

当前,在俄罗斯还有关于"21 世纪新社会主义"(Новый Социализм XXI
века)的提法,这里就其与"21 世纪革新社会主义"的区别做扼要说明。2007 年 2
月 26 日谢尔盖·米罗诺夫(Сергей Миронов)⑤在"公正俄罗斯"党第一次代表大

---

① Предвыборная программа КПРФ. 10 ключевых тезисов[EB/OL]. http://www. gazeta. ru/
   2011 -02 -05

② Политический отчет Центрального комитета КПРФ ХIII Съезду партии. Краткий
   вариант,для публикации в партийных СМИ[EB/OL]. http://kprf. ru/2008 -12 -16

③ В. С. Никитин:ХIV Съезд КПРФ - смысл и действия[EB/OL]. http://www. kprf - smo-
   lensk. ru/2010 -01 -06

④ На пороге больших перемен! Доклад Г. А. Зюганова на ХIV Съезде партии (втором
   этапе)[EB/OL]. http://www. kprf - smolensk. ru/2010 -01 -06

⑤ 谢尔盖·米罗诺夫(Сергей Миронов)(1953—),俄罗斯政治活动家、国务活动家,2000—
   2011 年任俄罗斯联邦委员会(俄罗斯议会上院)主席。2006 年 10 月 28 日至 2011 年 4 月
   16 日,任"公正俄罗斯"党主席。现任"公正俄罗斯"国家杜马议员委员会主席。米罗诺
   夫曾经指出,"公正俄罗斯"党成立,在俄罗斯打破了两个"垄断",一是政权党"统一俄罗
   斯"党的政治垄断;二是俄共对惟一代表劳动者利益的垄断。

会上的报告中首次宣布,党的指导思想是"21 世纪新社会主义"。2007 年 9 月 23
日,米罗诺夫在"公正俄罗斯"党第二次代表大会上又宣称,该党的新社会主义既
不同于苏联社会主义,也不同于欧洲民主社会主义,而是"第三社会主义"。2008
年 4 月 25 日,米罗诺夫在"公正俄罗斯"党第三次代表大会上宣布把"21 世纪新
社会主义"作为党的意识形态写进党的纲领草案。2009 年 6 月 25 日,在"公正俄
罗斯"党第九次代表大会上,通过了该党的纲领。其中写道:"我们认为符合社会
发展趋势和我们民族精神文化传统的俄罗斯未来方案,应该是'21 世纪新社会主
义'"。①

俄共的"21 世纪革新社会主义"同"公正俄罗斯"党的"21 世纪新社会主义"
虽然仅有一字之差,但笔者看来,内容完全不同。俄共的"革新社会主义",在很大
程度上是以苏联社会主义为蓝本,突出在此基础之上的完善,全力纠正过去的失
误和不足。"公正俄罗斯"党的"新社会主义"是建立在否定苏联社会主义之上
的,突出重新建立,并且不以马克思列宁主义为指导思想。如果说"革新社会主
义"和"新社会主义"有相同或相似之处,笔者认为,体现在一点上,即都是面向未
来的,所以二者都有一个大前提,即"21 世纪社会主义"。现实中俄共指责"公正
俄罗斯"党的社会主义是"假社会主义",米罗诺夫则指责俄共领导人企图退回苏
联社会主义。

俄共关于"21 世纪革新社会主义"的提法也遭到了国内一些共产主义政党的
质疑和反对。俄罗斯共产主义工人党——俄罗斯共产党人党领袖维克多·秋利
金(Виктор Тюлькин)在《为新社会主义的老斗争》一文中指出,当前社会中普遍
流行关于"21 世纪"、"革新"的提法。不难看出其是不科学的,甚至还带有某些粗
制的怪相。并讽刺道,"在 21 世纪他们能够建成什么样的社会主义? 不是 19 世
纪的,大概也不是 32 世纪的?"②

---

① Программа партии [EB/OL]. http://www.spravedlivo.ru/information/section _ 11/ppro-
gramm2011
② Тюлькин В. А. Анализ новой программы КПРФ[EB/OL]. http://www.mexnap.info/2009 –
02 – 11

第三节　和平途径实现社会主义

久加诺夫在2009年7月召开的俄共中央委员会、中央监督—检查委员会联合会议上指出:"任何一项政治斗争,最终都是为了政权的斗争,为了争取根据人民意愿、自己的纲领性目标而领导国家的权力。我们的首要任务是恢复人民政权和人民代表苏维埃。我们的奋斗目标是'21世纪革新社会主义',也就是俄罗斯全体人民的福利和应该享有的生活。"①在俄共看来,实现"21世纪革新社会主义"奋斗目标的首要任务是通过和平途径取得执政党地位。

一、以和平途径执政为取向

关于实现社会主义的道路,以往占主流地位的观点认为暴力革命是无产阶级革命的普遍规律。越来越多的俄共党人认为,不能把暴力革命绝对化,一切取决于具体的国情和现实革命形势。

如何实现从资本主义向社会主义过渡,资本主义制度下的共产党如何取得执政地位,这是世界社会主义运动史上的重大理论问题,也是各国共产党人及左翼力量一直在探索的现实课题。按照马克思主义经典作家的论述,无产阶级和共产党要夺得政权,必须通过暴力打碎资本主义国家机器才能实现。俄共认为,一国社会主义革命的道路应该具有本国特色。俄共指出,在俄罗斯当前不具备暴力革命形势,通过暴力革命夺取政权不现实,主张在多党竞争的民主制度内,通过和平途径恢复社会主义。在进行合法斗争的具体形式上,主张采取议会内外斗争相结合的和平方式,并同其他左翼力量结成统一战线,不断壮大自己的力量。当前世界社会主义处于低潮的情况下,共产党通过议会选举上台执政的可能性虽然很小,但也有摩尔多瓦共产党人党、塞浦路斯劳动人民进步党、尼泊尔共产党(毛主义)在选举中获胜的范例,增强了俄共通过和平途径上台执政的信心。

1993年俄共第二次非例行代表大会通过了党的章程,其中第1章第4款规

---

① Председатель ЦК КПРФ Г. А. Зюганов: Двадцатилетие переворота и крах контрреволюции[EB/OL]. http://kprf. ru/2009 - 07 - 08

定："俄共根据自己的纲领和章程开展活动的同时,必须遵守俄罗斯联邦宪法、联邦宪法性法律、俄罗斯联邦《政党法》、其他联邦法律、以及其他俄罗斯联邦标准性法律决议。"①可见,俄共自恢复重建之初,便将自己定义为体制内政党,在现行法律框架内开展活动,决定了俄共要通过和平途径向社会主义过渡。俄共章程自1993 年被通过以后,1997 年、1998 年、2002 年和 2005 年先后 4 次被修改,但其中第 1 章第 4 款关于在国家现行法律框架内开展党的活动的内容均未发生改变。

俄共领导人亚历山大·塔尔纳耶夫(Александр Тарнаев)在《社会主义——我们的未来》一文中指出:大概,不能通过对剥削阶级暴力革命执政。尽管,不排除武力手段的可能。所有这些都取决于现实条件。如果失去了通过诚实选举获胜的机会,那么有必要武力夺权。然而社会主义的拥护者首先要通过民主机制执政。因为稳定和发展是当代俄罗斯民众的诉求。②

二、和平执政的途径

久加诺夫指出:"按照《俄罗斯联邦宪法》的规定,俄共获取国家政权的方式有两种,分别为全民公决和选举。"③《俄罗斯联邦宪法》规定,公民实现自己权力的方式有两种,一是直接实现自己的权力,二是通过自己选举的代表(比如,总统、议员等实现自己的权力)。也就是规定了在俄罗斯联邦直接民主的基本形式(又称人民政权的最高直接表达)——全民公决(референдум)和选举(выбор)。二者就实施形式是相同的——投票表决,但是意愿表达的对象不同。全民公决的对象是公民应该表达自己见解的国家生活中的某些重大问题,选举的对象是候选人和政党。④

（一）全民公决

1993 年 12 月颁布的《俄罗斯联邦宪法》规定,全民公决是直接民主的最高制

---

① 　Устав КПРФ[EB/OL]. http://kprf. ru/party/charter/

② 　Александр Тарнаев:Социализм － наше будущее[EB/OL]. http://www. cprfspb. ru/2011 －09 －08

③ 　Г. А. Зюганов:Кому принадлежит власть в России[EB/OL]. http://kprf. ru/2007 － 09 － 22

④ 　Референдум в РФ и практика его проведения[EB/OL]. http://knowledge. allbest. ru/2012 － 01 －07

度,是人民的直接立法权,是全社会参与表决对国家、每个公民而言重要决定的一种方式。1995 年 11 月在俄罗斯通过了《俄罗斯联邦全民公决法》,其中规定依据俄罗斯联邦多个主体的不少于 200 万公民的倡议,国家总统和宪法法院协商指定全民公决的具体日期。

按照《俄罗斯联邦全民公决法》规定,可以提交全民公决的问题包括:(1)宪法委员会有权将俄罗斯联邦新宪法草案提交全民公决。(2)按照俄罗斯联邦国际条约的相关规定,必须将该条约中的规范性文件草案或相关问题提交全民公决。(3)某些具有国家战略意义的问题。(4)可以将属于俄罗斯联邦管辖,以及俄罗斯联邦和联邦主体共同管辖的问题,提交全民公决。①

《俄罗斯联邦全民公决法》规定,认定全民公决的程序包括:(1)成立不少于100 人的倡议委员会,并在俄罗斯联邦中央选举委员会注册。(2)在被成功注册以后,倡议委员会应该征集到不少于 200 万份倡议举行全民公决的参加者的签名。征集签名从倡议委员会被成功注册之后第二日算起,45 日内实施,最终将签名册递交中央选举委员会。(3)中央选举委员会自收到签名册和相关申请文件后,30 日内审查征集签名的合法性情况。(4)根据审查结果,中央选举委员会就倡议委员会关于举行全民公决的申请作出决定。(5)在具备 200 万份符合要求的签名,或有不超过 5% 不生效签名的情况下,中央选举委员会向俄罗斯联邦总统递交自己的决定。(6)如若全民公决的签名数量不足,或不可信和无效的签名占总数的 5% 及其以上,中央选举委员会有权终止关于实施倡议举行全民公决的程序,并写明审查情况。(7)俄罗联邦总统将相关材料递交俄罗斯联邦宪法法院。(8)宪法法院审查相关材料,作出决定,将这一决定提交给俄罗斯联邦总统。(9)如果宪法法院认定关于举行全民公决的倡议符合宪法,那么俄罗斯联邦总统在宪法法院作出决定后 15 日内,认定全民公决。如果关于举行全民公决的倡议被认定为不符合宪法,那么实施关于倡议举行全民公决的程序,自宪法法院决议生效之时起就要被终止。(10)经俄罗斯联邦总统和宪法法院协商,最终以总统令的形式确定举行全民公决的具体日期。全民公决仅可以在自关于认定全民公决的决定正

---

① Федеральный конституционный закон от 24 апреля 2008 года №? 1 - ФКЗ О внесении изменений в Федеральный конституционный закон 《 О референдуме Российской Федерации 》 [EB/OL]. http://www. rg. ru/2008 - 04 - 30

式被公布之日起 60 日至 100 日内的某个星期日举行。全民公决投票表决不可以在节日前一天、节日当天和节日后一天，以及宣布为工作日的某一星期日举行。①从以上关于认定全民公决的程序看，举行一次全民公决是十分复杂和困难的事情。自 1993 年 12 月《俄罗斯联邦宪法》被颁布以后，尚未举行过一次全国性的全民公决。② 包括俄共在内的俄罗斯不同政治力量都曾发起过就不同问题举行全民公决的倡议，但是这些倡议都处于提出阶段。俄共中央委员会法律部主任瓦季姆·索洛维约夫（Вадим Соловьёв）指出，俄共提醒俄罗斯联邦宪法法院注意这样的事实，即自 1993 年 12 月《俄罗斯联邦宪法》颁布以后，在俄罗斯没有举行过一次全民公决。在 2004 年 6 月"统一俄罗斯"党、自由民主党联合投票支持的新版《俄罗斯联邦全民公决法》颁布以后，在俄罗斯没有成立和注册过一个举行全民公决的倡议团体。这见证了公民通过全民公决参与国家管理的宪法性权力正在被逐步剥夺。③

俄共成立至今，曾经发起过许多次关于举行全民公决的倡议，其中组织过两次倡议举行全民公决的签名。一次征集签名时间为 2005 年 9 月 17 日至 2005 年 9 月 25 日，倡议公决的内容包括福利货币化、工资和退休金标准的确立、住房和公共服务支出在家庭总收入中的份额等 7 项内容。第二次征集签名时间为 2011 年 2 月 1 日至 2011 年 9 月 30 日，倡议公决的内容包括自然资源和战略经济领域国有化、国家税收政策改革等。两次关于倡议举行全民公决的签名均被俄罗斯宪法法院认定为无效。按照俄罗斯联邦宪法法院的说法，鉴于 2011 年 12 月 4 日俄罗斯举行第六届国家杜马选举，2011 年俄共关于倡议全民公决的签名被认定无效的原因是，依据《俄罗斯联邦全民公决法》第 7 章第 3 款规定，在俄罗斯联邦总统、俄罗斯联邦杜马行使全权的最后一年，以及在俄罗斯联邦全境同时举行选举运动期

---

① Реферат на тему Референдум в РФ и практика его проведенияПлан［EB/OL］. http://www. coolreferat. com/2012 – 02 – 11

② 苏联解体以后，在俄罗斯举行过两次全民公决，一次是 1993 年 4 月 25 日，表决的主要问题为"是否信任总统叶利钦"。第二次是 1993 年 12 月 12 日，表决的问题为"新宪法草案"。

③ Битва за референдум［EB/OL］. http://www. vff – s. ru/2007 – 02 – 01

间,不能发起举行全民公决的倡议,更不能举行全民公决。①

在俄共看来,实践证明俄罗斯公民不想放弃自己的权力,准备直接参加对国家的管理。俄共时刻准备领导人民行使这方面的权利。俄共中央委员会主席团《关于在俄罗斯联邦境内筹备和举行全民公决》的决议中指出:"俄共倡议举行全民公决,为的是捍卫公民的政治和社会经济权利,为的是人民意愿表达结果成为国家社会政治生活中的决定性因素。俄罗斯公民有权对当局的方针发表自己的意见。"②

俄共认为,发起全民公决的过程,也是加强党与群众联系、增进了解的过程。期间,俄共能够获悉群众的意见、要求和愿望。通过2005年9月征集倡议全民公决签名,俄共进一步加深了对社情民意的了解,这在以后陆续制定通过的俄共新版纲领、俄共反危机纲领、俄共杜马竞选纲领等中都得以体现,从而提升了党的影响力,争取到了更多支持者。

(二)选举

多年来,为了夺取政权,使国家走上社会主义道路,俄共把主要精力放到各级政权机关选举,尤其是国家杜马③大选上。2004年7月3日俄共召开了第十次代表大会,会上久加诺夫集中谈到了俄共执政的可能性道路。他指出,依据俄罗斯的现实国情,俄共通过议会途径"不流血"执政最可取。④ 在俄共看来,可以从《俄罗斯联邦宪法》赋予国家杜马的全权中概见自己做出这种选择的原因。

《俄罗斯联邦宪法》第103章第1条规定,国家杜马拥有以下职权:(1)同意俄罗斯联邦总统对俄罗斯联邦政府总理的任命。(2)决定关于信任俄罗斯联邦政府的问题。(3)听取俄罗斯联邦政府年度工作报告,其中包括国家杜马提出的问题。(3)任免俄罗斯联邦中央银行行长。(4)任免审计院主席及其半数审计员。(4)

① Инициированный КПРФ референдум не будет иметь никаких правовых последствий [EB/OL]. http://www. pravda. ru/2011 - 10 - 06
② Постановление Президиума ЦК КПРФ 《 О подготовке и проведении Народного референдума В Российской Федерации 》 [EB/OL]. http://kprf. ru/2010 - 12 - 23
③ 俄罗斯议会分为上下两院,分别为联邦委员会和国家杜马。国家杜马是议会活动的核心,较联邦委员会相比,拥有更多实质性权力。
④ Возможные пути прихода КПРФ к власти[EB/OL]. http://www. hayka. progtech. ru/2004 - 07 - 27

任免依据俄罗斯联邦宪法行事的人权问题全权代表。(5)宣布大赦。(6)提出罢免总统的指控。①

《俄罗斯联邦宪法》第 105 章规定:(1)俄罗斯联邦国家杜马通过联邦法律(Федеральные законы)。(2)国家杜马多数议员投票赞成,联邦法律视为被通过。(3)国家杜马通过的联邦法律在 5 日内提交联邦委员会审查。(4)如果有一半以上联邦委员会成员认可,那么视为联邦委员会确认联邦法律;联邦委员会 14 日内还未审查的联邦法律,视为认可通过。(5)国家杜马不同意联邦委员会决定的情况下,对某一联邦法律进行二次投票,如果有三分之二以上杜马议员赞成,那么视为此联邦法律被通过。②《俄罗斯联邦宪法》第 108 章第 2 条规定:如果有不少于四分之三的联邦委员会成员、不少于三分之二的国家杜马成员认可联邦宪法性法律草案,那么就视为通过。③

由以上宪法内容可见,如果俄共单独或联合盟友在国家杜马中拥有多数席位(большинство голосов)(226 席及以上),就有修改或通过俄罗斯联邦法律的能力,比如,"统一俄罗斯"党在国家杜马中的席位,由第五届(2007 年 12 月 24 日—2011 年 12 月 4 日)的 315 席,降至在第六届(2011 年 12 月 21 日—)中的 238 席,但是该党仍然可以没有其他党团的支持,通过俄罗斯联邦法律。④ 如果拥有宪法多数席位(конституционное большинство голосов)⑤(300 席及以上),就有修改或通过俄罗斯联邦宪性法律、弹劾国家总统的能力,也就涉及改变国家体制的实质和发展道路。

俄共也清楚,目前自己在国家杜马中是少数派,任何一项立法性倡议,都很难被通过。所以,在现行条件下俄共的杜马活动,首先是最大限度地动用与议会讲坛有关系的一切,为的是宣传俄共的思想、主张和倡议,为的是让人民了解俄共的立场主张,看清当局对他们的迷惑。为捍卫人民群众的合法权益,俄共杜马党团

---

① Федеральное Собрание[EB/OL]. http://www. constitution. ru/2010 - 11 - 03
② Федеральное Собрание[EB/OL]. http://www. constitution. ru/2010 - 11 - 03
③ Федеральное Собрание[EB/OL]. http://www. constitution. ru/2010 - 11 - 03
④ Госдума шестого созыва собирается на первое заседание. КПРФ выдвинет на пост спикера парламента И. И. Мельникова[EB/OL]. http://kprf. ru/2011 - 12 -21
⑤ 依据俄罗斯宪法规定,克服总统否决权、通过宪法性法律,必须具备国家杜马三分之二的席位。在俄罗斯这些国家杜马席位通常被称之为"宪法多数席位"。

定期提出包括改善公民生活、提供可靠的公民社会保障、公正的预算政策、财政保障市政公共服务等方面的立法性倡议。①

2011 年 12 月 4 日举行的俄罗斯联邦第六届国家杜马选举中,俄共在国家杜马中的席位由 57 席增至 92 席。意味着俄共在国家杜马中的影响力进一步扩大,其中包括可以向俄罗斯联邦宪法法院、审计院提出有关不信任政府的建议。按照俄罗斯相关法律规定,拥有 90 个席位的国家杜马议会党团可以向俄罗斯联邦宪法法院、审计院提出有关不信任政府的建议,可以在国家杜马会议上提出有关不信任政府的问题。②

在俄共看来,就围绕进入国家杜马的选举活动本身而言,可以也应该具有多重社会政治目的。其中包括培养和锻炼了干部。在每一次全联邦范围内的选举中,俄共都会创建自上而下的选举司令部(избирательные штабы),其中包括动员群众支持杜马选举中的共产党。在各级选举司令部中,有指挥员、签名征集员、宣传鼓动员、宣传材料制作者、监督员、分析员、记者等,这些人都是经层层选拔出来的、宝贵的干部,他们清楚自己的工作领域,具备同群众打交道的丰富经验。恰恰是这些干部成为俄共任何一次果断政治进攻的骨干。依靠这些知识和经验丰富的干部,俄共才能够巩固和发展,才能够领导几百万人参加的群众运动。在党内没有这些人,任何抗议行动、任何对当局有影响社会活动都是不可能的。通过选举运动,培养和锻炼了大批干部。

增进了党和人民群众之间的沟通联系。选举运动初期,在每一个地区,俄共都能征集到支持自己的几十万份签名。换句话说,俄共保持了同广大群众的直接联系,对于俄共而言,一些重要问题的解决直接依靠这部分群众支持。所以,在全国范围内的选举运动中几乎形成了俄共有意识的、千万名拥护者群体。这一群体不仅仅是抗议活动的巨大潜能,还是巨大的干部储备(кадровый резерв)和俄共的第二支宣传鼓动网。它不是在外部开展活动,而是在居民内部——通过亲密的、友谊的和服务性的关系开展活动。在俄共看来,对于形成这种力量的有利条件,在当今条件下,不能找到比选举运动更有利的了。

---

① Возможные пути прихода КПРФ к власти[EB/OL]. http://www.hayka.progtech.ru/2004 -07 -27

② Коммунисты считают, что им остался один шаг до власти. http://ria.ru/2011 -12 -17

久加诺夫在俄共第十次代表大会上指出:围绕选举,俄共明确了和平途径执政的三个组成因素:深入社会(врастание в социальную ткань)、开展选举活动(выборная деятельность)、利用议会讲坛(использование думской трибуны)。"这三个组成因素在需要的时候有机结合在一起,保障党的社会政治领导权,也就是胜利。"①"深入社会"是俄共在选举中获得高支持率,进入议会后其纲领主张被立法确认的前提和保障。从"深入社会"之组成因素,可以推演出俄共执政的另一个问题,即俄共的社会基础。也可以这样说,即在俄共夺取国家政权的道路上,哪些社会力量可以、可能支持共产党。

三、俄共的社会基础

1993 年 2 月 14 日,俄共第二次非例行代表大会通过的章程规定:"党徽由互相协调的、合在一起的镰刀、锤子和打开的书本组成图案。"②象征着工、农和知识分子的无产阶级团结。俄共章程也规定,"俄罗斯联邦共产党捍卫自己的理想,捍卫工人阶级、农民、知识分子及所有劳动者的利益。"③由以上内容可以概见,俄共将哪些社会力量作为自己的社会基础。

通过对俄共新版党纲、2009 年 10 月俄共第四次中央委员会全体会议文件《捍卫劳动者的权利和加强俄共的政治影响》、2011 年 7 月久加诺夫在俄共中央委员会和中央监督—检查委员会第四次联合会议上的报告《实施俄共的纲领——国家安全和社会进步的保障》、久加诺夫的著作《转择》(На переломе)等材料的梳理。下文从四个方面对俄共的社会基础展开论述。

(一)工人阶级(рабочий класс)

俄共认为,现在首先是工人阶级拥护社会主义,但是工人阶级已经完全不同于以前,面临着严峻形势。资产阶级害怕作为有影响的社会政治力量——工人阶级的复兴。由于现实的社会阶级利益,现政权总是自主或不自主地挤压以工人阶级和其他劳动者为传统支撑的共产党。随着社会主义经济遭到破坏,俄罗斯工人

---

① Возможные пути прихода КПРФ к власти[EB/OL]. http://www. hayka. progtech. ru/2011 - 08 - 11

② Устав КПРФ[EB/OL]. http://kprf. ru/party/charter/

③ Устав КПРФ[EB/OL]. http://kprf. ru/party/charter/

阶级被打碎,其人数缩减,战斗力下降。国家的非工业化使几千个劳动集体消失,大中企业的数量大幅度缩减,剩下来的企业也被分成小规模公司,相应地工人集体被分割。所以集中化程度下降,短期合同大为普及,将工人束缚到面临失业的危险状态中,劳动集体被破坏。几百万名工人失去专业技能,并且泯流化(люмпенизация)。工人的社会地位发生了根本改变,降到无权的雇佣工人的地位,变成了带有"工人"牌子的商品。工人现在完全疏远于劳动工具、生产手段和自己的劳动成果,业务能力、职业技术水平都已下降。对于当代工人环境的评价,不仅仅是支离破碎的,而且还被培植了市场心理。工人界受到社会中占主流的道德的腐蚀:"金钱决定一切"。很自然,这阻碍了在工人中阶级意识的形成。①

但是俄罗斯工人阶级还存在,它还是重要的政治力量。俄罗斯工人阶级缺少阶级成熟度,这是暂时现象。俄共正在致力于俄罗斯工业的恢复,同时包括工人阶级的复兴、工人间关系的拉近和独立工会的成立。像 1917 年一样,共产党人的战略任务是将社会主义的阶级意识传播到工人、工人集体中,发展工人的阶级意识。共产党人必须支持无产阶级团结的任何萌芽,支持工人改善生活条件的斗争,支持反对剥削者的专横。劳动者应该明确,俄共的纲领付诸实践将保障为了人民群众的利益重新研究劳动法典,保障八小时工作日,保障劳动安全,保障工人工资、社会保障的提高和完善。俄共的组织和宣传活动应该从满足包括工人阶级在内的无产阶级的具体需求出发,提高工人捍卫自己经济和社会权利的积极性,引导他们参与政治活动,参与为左翼爱国主义力量胜利的斗争。在党的活动中工人问题应该是重要方面。

久加诺夫指出,俄共中央和地方组织必须明确自己在发展工会运动中的作用。中央委员会主席团应该继续这样的实践,即同行业工会联盟及其他工会团体达成双边协定。共产党必需找到影响被反动分子掌控的工会的方式,在其中有进步的、富有战斗力的力量在活动。党报党刊和党的网络资源在团结工人阶级方面要发挥特殊作用。在党的主要刊物——《真理报》中,工人阶级的话题应该成为重

---

① Методические рекомендации к занятию по теме 《 Стратегическая цель партии - построение в России обновленного социализма - социализма XXI века. Реставрация капитализма в СССР и ее последствия 》 [EB/OL]. http://ivkprf - inf. narod. ru/2011 - 06 - 05

要内容。①

俄共中央委员会委员、库尔茨克州党委第一书记尼古拉·伊万诺夫(Николай Иванов)指出,今天工人阶级不仅仅是站在机床、传输带或炼钢炉旁的人。在当代复杂的生产中,所有按雇佣关系开展工作的人,都属于工人阶级。马克思谈论办公室无产阶级、恩格斯谈论智力劳动无产者、列宁谈论工程师无产阶级,都不是偶然的。今天有规模庞大的国民阶层在办公室工作,就其实质而言,属于工人阶级。②

(二)农民阶级(крестьянство)

俄共认为,在复兴社会主义的斗争中,农民是俄共的同盟者。当前资本主义破坏了农村,农民的状况比工人阶级还要糟糕。从 1992 年开始国内几千个农村消失,4000 万公顷土地无人耕作,野草丛生。发给农民的、所谓的土地份额,同丘拜斯的有价证券一样,实际上没有使农民成为土地所有者,而成为受骗者。那些经济和政治态度更积极的中青年农民被迫去城市谋生,并很快加入城市失业大军。农民阶级实际上已经被非阶级化、非政治化。农村被失业、贫困和酗酒包围,各类投机和犯罪分子在农村活动。政府已经看到这些情况,但是根本不想采取任何措施,害怕让其为土地改革的破产承担责任。农村、农民需要保护。俄共表示站在农民一方,站在维护他们合法权益的立场上。俄共要求当局必须对荒芜的农业用地实行轮作制,创造几百万个工作岗位。在俄罗斯土地是国家的财产,应该实行国有制,俄罗斯人民应该成为土地的真正使用者。这样才能保存农民阶级。在为社会主义的斗争中,农民阶级永远都是共产党的同盟军(союзником)和后备资源。③

2011 年 7 月,久加诺夫在俄共中央委员会、中央监督—检查委员会第四次联合全体会议上的报告中指出,当前在俄罗斯农村,由居民组成的社会阶级组织的

① Реализация Программы КПРФ – гарантия безопасности страны и социального прогресса общества[EB/OL]. http://deputat – ipatov. ru/2011 – 07 – 03

② КПРФ и социализм XXI века[EB/OL]. http://www. kprf – kursk. ru/2012 – 04 – 05

③ Методические рекомендации к занятию по теме 《 Стратегическая цель партии – построение в России обновленного социализма – социализма XXl века. Реставрация капитализма в СССР и ее последствия 》 [EB/OL]. http://ivkprf – inf. narod. ru/2011 – 06 – 05

情况极其复杂,俄罗斯农村极其可怕的衰退过程成为其破碎的原因。在这些组织中是无权的、没办法生活的和遭难的农民,被抛向生活边缘的个体,农村集体经济工作人员仅占很小的比例。在这样难以置信的复杂条件下,生存下来的经济单位证明了自己的优势。在俄共党组织领导下出现了一些成功的农村集体经济:在斯塔夫罗波尔边疆区由俄共党员领导下的"Терновский"集体农庄,在马里埃尔共和国①由俄共中央委员会委员伊万·卡攒科夫(Иван Казанков)领导的"Звениговский"农产品加工企业,在伊尔库茨克州由俄共党员领导的乌索里耶畜牧综合体,这些都证明了集体经济无可争辩的效率。"恢复农村集体经济是农民阶级团结、巩固和壮大的重要途径"②

(三)知识界(интеллигенция)

俄共也依靠这样的社会力量,即知识界。基本上都是教育、卫生、科学、文化、艺术等领域的雇佣工作人员。他们遭受剥削、获得微薄的收入和极少的退休金,这些人是俄共潜在的同盟者,是社会主义的拥护者。当前知识界经历着十分严峻的考验:许多作家、艺术工作者、演员、音乐家、设计师、建筑师、教师等被置于生死存亡的边缘,创造团体的意义也被贬低。国家经历着真正的文化大屠杀,官员和寡头致力于寻找歪曲历史事实的文章,培植渲染暴力、金钱、不负责任、个人主义和利己主义的作品。文化问题日益成为解决国家向社会主义过渡这一战略任务的重要组成部分。在俄罗斯资本主义改造过程中文化衰落不断加剧,一些不道德的价值观被强加给国家,对金钱和暴力的迷恋填充了整个信息空间——电视、广播、报刊和杂志。高雅创作被低俗的粗制滥造偷换,苏联、俄罗斯文明的荣誉和优越性已经被践踏,优秀文化的杰出代表或被抹黑,或被遗忘。俄罗斯已经不是世界上最爱读书的国家,居民的文盲率不断上升,孩子的读书量约为 20 年前的五分之一。现在 40% 的家庭没有书房。在这种情况下,俄共用精神文化进步纲领同文化递减政策抗衡。在履行这个纲领过程中教师、学者等知识分子的作用是巨大

① 马里埃尔共和国位于东欧平原东部、伏尔加河在南部边界流过,俄罗斯联邦主体之一,前身为成立于 1920 年 11 月 4 日的马里埃尔自治州。1936 年 12 月 5 日改称马里埃尔苏维埃社会主义自治共和国。1990 年 12 月 22 日改称马里埃尔苏维埃社会主义共和。1992 年 7 月 8 日改为今名。

② Реализация Программы КПРФ – гарантия безопасности страны и социального прогрессаобщества[EB/OL]. http://deputat – ipatov. ru/2011 – 07 – 03

的。对社会主义事业而言,思想进步、有创造能力的知识界能够完成许多事情。当然知识分子之间需要交流。俄共的任务是为这样的交流、联系创造条件,将更多的知识界代表吸引到全面支持在俄罗斯建立社会主义的斗争中。① 2007 年俄共中央委员会主席团通过了《关于在捍卫多民族国家统一的精神基础——俄罗斯文明方面俄共的任务》的决议,在知识界中引起广泛共鸣。②

（四）其他社会力量（другие общественные силы）

在为社会主义的斗争中,俄共还有一些社会力量可以依靠,其中包括:中小商人、服务领域的工作者、某些官员、退休者、战争和劳动老战士等人数众多的社会群体。

在为社会主义的奋斗中俄共注重团结中小商人。在俄共看来,中小商人尽管力量分散,但是在俄罗斯社会中占有很大比重。诚然,这一阶层具有小私有者的心理,这一阶层不稳定、时常有变化,但他们的冷漠可以用积极性的火花逐渐替代。俄共认为,现在大部分中小商人逐渐打消了这样的幻想,即从政府那里获得发展自己事业的支持。他们的代表越来越明白:俄罗斯官僚们感兴趣的仅仅是自己的利益和满足大资本家的胃口。对俄共关于寡头财产国有化的要求,中小商业也表现出了理解和支持。③

（五）俄共的社会基础不断巩固和扩大

俄共认为,在当今时代,将工人阶级视为国家社会主义转变的惟一主体不利于团结其他进步力量。当前,许多共产主义政党面临着危机,很大程度上是由于片面定位于传统的(工厂的)工人阶级,对其他社会阶级的现实要求重视不够。④在俄共看来,自己的社会基础持续扩大。2008 年 11 月在俄共第十三次代表大会

---

① Методические рекомендации к занятию по теме 《 Стратегическая цель партии – построение в России обновленного социализма – социализма XX1 века. Реставрация капитализма в СССР и ее последствия 》［EB/OL］. http://ivkprf – inf. narod. ru/2011 – 06 – 05

② Обращение XIII Съезда КПРФ "К российской интеллигенции!" ［EB/OL］. http://www. kprf – kaluga. ru/2008 – 12 – 02

③ Реализация Программы КПРФ – гарантия безопасности страны и социального прогресса общества［EB/OL］. http://deputat – ipatov. ru/2011 – 07 – 03

④ Александр Тарнаев: Социализм – наше будущее ［EB/OL］. http://www. cprfspb. ru/6948. html

上,俄共中央委员会副主席梅利尼科夫解读新版党纲时指出:"共产党的社会基础比传统理解的工人运动要广泛,当时体力劳动方面的工人占优势。"最终找到了这样的表达方式:"带着自己的理想俄罗斯共产党人向当代工人阶级发出号召,更准确地说是劳动的俄罗斯阶级和阶层,也就是那些通过自己的劳动创造物质和精神价值、向居民提供日常生活服务的个人"。因此,社会基础要包括得更为广泛。例如,工程技术和科学工作者,服务领域内的劳动者。"我们把他们列入党的社会基础之中。类似的内容需要继续分析,因为党的社会基础持续扩大"。①

俄共认为,欲使党的社会基础群体积极参与到实现社会主义的奋斗目标中,需要做到以下几点:

第一,必须不断加强与党的社会基础的联系。俄共中央监督—检查委员会主席弗拉基米尔·尼基京指出:"在融入社会、加强与群众联系方面要向列宁领导下的布尔什维克学习。"②十月社会主义革命前,就人数而言布尔什维克并不是一个大党,但它熟知大众的生活和习惯,知道用何种方式将大众吸引到自己的周围。对于胜利而言,大众的赞同是必需的。需要得不仅仅是无产阶级的大多数,而是劳动者的大多数,是所有受压迫者、被剥削者的大多数。只有这样才能真正取得胜利。可惜,今天类似的情况并没有发生。在弗拉基米尔·尼基京看来,目前俄共还没有获得大众应有的赞同,不能很好地影响到他们的情感,这严重阻碍了俄共的胜利进程。

第二,必须不断提高党的社会基础的政治觉悟。历史经验表明,只有当劳动者和全体人民正确认识到自己的根本利益并坚决去捍卫它时,才能够取得最终成功。共产党人的义务就是千方百计促进并领导这一进程。俄共要想尽一切办法促使广大劳动人民认识到自己的利益所在,认识到他们在拯救祖国、使国家转向进步发展之路中的决定性作用,实现这些目标的必要条件是提高劳动人民的政治觉悟,吸引他们参与到争取俄罗斯的自由和完整、实现国家稳定和发展的社会运动来。

第三,必须不断向党的社会基础灌输社会主义意识。借助大众传媒,经过20

---

① Наша Программа - удобный для восприятия,мощнейший по своему содержательному заряду, современный политический документ[EB/OL]. http://moskprf.ru/2008 - 11 - 29

② КПРФ:Курс на победу! [EB/OL]. http://kprf.ru/2006 - 12 - 16

多年时间,资本主义的复辟者成功腐蚀了大部分劳动者的思想。俄共认为,必须恢复人们的思想意识。没有这方面的努力,俄共的任何号召都将无人响应。俄共的纲领性任务是将以马克思列宁主义为基础的社会主义意识灌输到广大劳动群众中。这是俄共党员日常工作的中心,所有的宣传和组织工作都应该为其服务。在对党的社会基础灌输社会主义意识方面,俄共要求中央和地方思想宣传部门积极有效地行动起来,实施以下活动:个人交谈、集体会晤、见习班、研讨会和圆桌会议,在自己的党报党刊上开辟宣传专栏,等等。①

四、国家渐进发展的三个阶段

俄共新版党纲中包括五个基本问题,第一是"俄罗斯与当代世界",第二是"俄罗斯的历史教训和拯救祖国之路",第三是"国家发展的三个阶段",第四是"最低纲领",第五是"在思想和组织上加强俄罗斯联邦共产党建设"。其中第三个问题"国家发展的三个阶段",集中阐述俄共通过和平途径执政以后,领导国家经历三个连续的、渐进的和平阶段,最终在俄罗斯建立起社会主义制度。"现实生活使俄共不再对社会主义很快在俄罗斯获得胜利抱有幻想,意识到这一目标不是短期内能够实现的,需要长期奋斗。"②

单独形成"国家发展的三个阶段"部分,这是 2008 年俄共新版党纲一个特点。在 1995 年通过的旧版党纲中,这部分内容置于"俄罗斯的历史教训和拯救祖国之路"的后半部分,不是一个单独的问题。2008 年俄共第十三次代表大会上,俄共中央委员会副主席伊万·梅利尼科夫指出:"在纲领中第一次就通向战略目标的逻辑专辟一章。此章被称之为'国家发展的三个阶段'。这是在解决党的任务中的特殊补充。曾经有人多次提出,社会需要明确的示意图:俄共,准确地说,劳动人民执政,将是什么样的?"③

为挽救俄罗斯,俄共提出要经历三个阶段:所有民主力量共同的阶段、恢复阶

---

① Профессор Н. А. Медведев о проекте новой редакции Программы КПРФ. http://kprf. ru/2008 – 07 – 24

② о социализме [EB/OL]. http://www. kprf. ryazan. ru/2006 – 03 – 17

③ Наша Программа – удобный для восприятия, мощнейший по своему содержательному заряду, современный политический документ. Доклад И. И. Мельникова XIII Съезду о новой редакции Программы КПРФ[EB/OL]. http://moskprf. ru/2008 – 11 – 29

段、建立在符合社会主义发展要求的经济基础之上的社会主义关系最终形成阶段。① 有俄罗斯学者指出,俄共新版党纲中的国家发展的三个阶段,实际上是俄共向全社会表明,为实现自己的战略目标,该党在近期和未来"应该如何行事"的问题。现将这三个阶段分述如下:

(一)第一个阶段(维稳)

在第一个阶段,俄共执政以后迅速组建自己领导下的劳动人民和人民爱国力量参与其中的民主政权,形成人民信任的政府。

其一,俄共要组织人民群众为争取自己的社会经济和政治利益而斗争,为各级机关的公正选举和形成人民信任的政府创造条件。久加诺夫在《斯大林与当代》一书中对确立公正选举进行了说明:"建立透明的选举制度,在其中绝不允许有暗箱操作、恐吓威胁等违规违法行为。政权机关的选举将是透明的,消除私人资本和黑手党对其的干扰。共产党人要打碎俄罗斯官僚打造的全面舞弊系统。在选举过程中破坏法律的罪犯将被严惩。国家政权和地方自治机关的选举将在参加者绝对平等和公民自由自愿的情况下进行。"②

俄共将积极恢复和发展直接的人民政权:人民代表地方苏维埃、劳动集体委员会、自治委员会,支持劳动人民对国家执行权和代表权进行监督。将恢复国家政权的苏维埃体制的倡议拿到全民公决中去。

其二,人民信任的政府要消除"改革"的灾难性影响,将那些被非法窃取的基本生产资料返还给人民,并置于国家监督之下。国有化将为进步的改革创造牢固的经济基础(久加诺夫曾指出,国家的复兴需要巨额资金,有两种渠道:一是战略经济领域的国有化,二是进步的税收),人民信任的政府禁止农业用地买卖,禁止将森林和水域转移到私人手中;人民信任的政府将对超额收入实行进步的税收政策,贫困的居民阶层要免于支付相关税收。③ 将终止大资本家、官员和黑手党集团对小商品生产者的掠夺。

---

① Спасение в три этапа[EB/OL]. http://www. gazeta. ru/2008 - 04 - 10

② Геннадий Зюганов: Сталин и современность [EB/OL]. http://kprf. ru/library/book93427. html

③ Коммунисты в случае прихода к власти обещают национализировать сырьевую базу и ввести прогрессивный подоходный налог[EB/OL]. http://kprf. ru/2011 - 12 - 17

久加诺夫在一次接受记者采访时，曾对这一阶段的任务进行了高度概括。指出，俄共执政以后，要对国家进行改革，为了广大人民群众的利益改变国家命运，为在俄罗斯建立"21 世纪革新社会主"义迈出非常重要的一步。在第一个阶段要完成三项任务：保障国家安全，从经济衰退向加速发展过渡，消除贫困和社会退化。"为了实现这三项目标，我们的团队要实施新的社会经济政策和外交方针，更换社会优先发展方向。"①

（二）第二个阶段（过渡）

在第二个阶段，实现政治和经济稳定之后，社会主义生产形式的主导作用将发挥出来，劳动人民的生活水平将稳步提高，公民参与管理国家的权力将进一步扩大。②

在这一阶段，将保留由生产力水平决定的多种所有制结构。将自然资源和战略生产领域集中到国家手中之后，国家要制定好国民经济的基本发展规划，形成真正为民的预算。人民政权借助于计划和市场机制积极调控经济和社会领域的发展。农业生产将获得国家支持，将取消农业和工业产品之间的价格"剪刀差"。停止对农村和农民的掠夺，建立将农产品生产、加工和销售统一起来的大企业，这些是俄罗斯农村恢复发展的基础之一。③ 俄共中央委员会副主席、俄罗斯农业科学院院士·卡申坚信，挽救农村是俄罗斯经济和道德复兴的保障。

俄共领导人亚历山大·塔尔纳耶夫（Александр Тарнаев）在《社会主义——我们的未来》一文中对国家发展第二阶段的经济政策进行了说明：在严格遵守国家利益和法律的前提下，私有者在国内外市场中都应占有一定的活动空间。确定好国家、混合、私有资本的积累形式和生产方式的份额。创建被紧密一体化的社会，这个社会关心的是实现俄罗斯的基本发展目标——稳定、扩大再生产和快速的科技进步。在这个阶段国家所有制是主导的。依靠国家所有制，人民政权能够集中社会资源到需要的地方，为每一个地区、经济主体和劳动者提供活动的土壤。在这一阶段要确定能够保障俄罗斯一些生产领域的全面优先发展，包括国防、农

---

① Председатель ЦК КПРФ Г. А. Зюганов: Двадцатилетие переворота и крах контрреволюции[EB/OL]. http://zakprf17.ru/2011 - 08 - 11

② КПРФ и социализм XXI века[EB/OL]. http://www.kprf - kursk.ru/2009 - 01 - 02

③ Против глобального рабства[EB/OL]. http://gazeta - pravda.ru/201 - 02 - 14

业、燃料动力综合体、交通、通信、知识密集型产业,及其他战略领域。通过各种所有制形式参加者的一体化合作,在国内生产出需要的产品。①

在这一阶段将通过以下方式为中小企业的发展创造条件,消除通过税收掠夺般对待小私有者的可能,鼓励在中小企业中发展集体合作形式。如果中小企业发展成为大企业,那么它就应该承担相应的税收义务。毋庸置疑,在房屋租赁、税收等方面,中小企业均能享有一定优惠。

(三)第三个阶段(建制)

致力于最终形成社会主义生产关系、保障社会主义制度按其自身原则稳步发展等方面的工作,将是第三阶段的主要任务。生产资料公有制形式将占据支配地位,随着劳动和生产社会化程度的不断提高,将逐步确立它们在经济中的决定性作用。尤其是科技作为直接生产力的意义将表现得极为明显。依据科技革命的成果,将开展国民经济改造,将能更为全面和广泛地满足人民的需求,将促进文化的加速发展。总之,这一阶段在俄罗斯将最终建立起社会主义制度,社会主义建设也随之开展起来。

俄共认为,在社会主义建设方面,要借鉴中国共产党的丰富经验,其中包括:

1. 实现三个结合

中国共产党的辩证思维具有重要意义。他们完成了几项重要任务——将社会主义与中国具体国情相结合,将国家管理同有效率的市场相结合,将干部培养同当代科技进步相结合,三种结合产生了巨大的成效。所以这种情况的发生合情合理,即在当前国际金融危机形势下,中国、中国共产党、中国经济证明,可以克服恶化的全球趋势,成功同危机做斗争,解决最复杂的社会和经济任务。毋庸置疑,这种经验值得研究和推广。这是中国共产党胜利法宝的一个有力展示。②

2. 理论联系实际

中国共产党最宝贵的经验是理论联系实际,对现实情况持实用主义的方法(прагматический подход к действительности)。1930 年 5 月毛泽东写了《反对本

---

① Александр Тарнаев: Социализм – наше будущее [EB/OL]. http://www.cprfspb.ru/6948.html

② Социалистическое будущее человечества—это реально [EB/OL]. http://politpros.com/2011 – 06 – 11

本主义》一文，这篇文章的中心思想是一切从实际出发（во всём исходить из практики）。这种思想是中国共产党纲领和中国特色社会主义建设的基础，也是中国现代化的基础。

3. 善于自我批评、一切向前看

中国特色社会主义、中国共产党领导者一个非常重要的特征是善于进行自我批评性分析（самокритичный анализ）。这种分析在邓小平的著作和中华人民共和国的建设实践中得以充分体现。中国共产党不同过去作斗争，而是提出传承过去优良品质的任务，在拒绝教条主义的同时，实现创新发展。1981年正式重新评价毛泽东在党和国家中的历史地位，中国共产党将应该继承的宝贵财富同必须放弃的东西区别开来。中国共产党得出以下明智的结论：应该熟知自己的历史，应该以自己历史中的宝贵经验为基础，纠正错误、弥补不足，同时应该面向未来，开展全面的现代化。这样的方法可以稳步实现工业现代化、农业现代化、国防现代化和科学技术现代化，最终取得了令世界瞩目的伟大成就。①

4. 重视研究苏联解体苏共垮台教训

1991年苏联解体苏共垮台，中国共产党人非常重视研究这一灾难及其引发的问题。当时中国共产党代表多次与俄共领导人、原苏共中央政治局委员和原苏联政府领导人交谈。中国共产党关于苏联解体苏共垮台原因的分析非常准确和令人信服。

科学分析共产主义运动，这在中国共产党的工作中表现得尤为明显。中国共产党将重要的科学力量团结起来，将他们集中到对世界重要问题的调查研究中。关于苏联解体苏共垮台的原因和教训，出版了许多部专著、发表了许多篇文章、召开了许多次研讨会。中国专家的结论是这样的：苏联被在上个世纪70、80年代繁盛起来的教条主义杀死，由此错过了科技革命，影响了经济发展，然后就是国家走向另一个极端，最终放弃马克思主义、社会主义。对苏联解体苏共垮台原因的分析，促进了中国共产党形成一系列重要的思想。2000年中国共产党提出了"三个代表"重要思想（концепция тройного представительства）。依据此思想，中国共产党必须始终代表代表中国先进生产力的发展要求，代表中国先进文化的前进方

---

① Г. А. Зюганов в газете 《Правда》: Необходимость перемен всё очевиднее[EB/OL]. http://kprfnsk. ru/2010 – 10 – 14

向,代表中国最广大人民的根本利益。①

5. 学习他国之长处、保持自己本色

中国成为真正开放的国家,吸纳世界一切文明成果开放。中国共产党领导下的中国人民正在向发达国家、发展中国家和新兴国家学习一切有益经验,尤其是在生产和管理方面的经验。中国保留着对苏联精神领域内的美好回忆,经常播放苏联的经典爱国影片《钢铁是怎样炼成的?》、《这里的黎明静悄悄》等。中国向全世界开放,互联网用户超过5亿,手机用户超过9亿。但是,在影视屏幕上没有美式暴力、色情和不道德,永远宣传健康的生活方式。②

---

① Китай – ключ к новой цивилизации[EB/OL]. http://www. kprf – org. ru/2010 – 11 – 05

② Пока в России хоронят социализм, социалистический китай догонят америку [EB/OL]. ht-tp://www. sovross. ru/ 2004 – 05 – 08

结束语

通过以上对俄共相关内容的研究,笔者尝试性提出以下几个值得思考的问题。

一、打破一个误区

通过俄共关于苏联社会主义成就资料的整理和分析,结合当前国内外对苏联历史的研究视角,笔者认为,今后需要打破一个误区。苏联社会主义失败的原因值得研究,苏联社会主义辉煌业绩背后的原因也不能忽视。正如著名苏联史学专家、中国社会科学院研究员吴恩远教授在其专著《苏联史论》再版序言中指出:"苏联 70 年历史,既拓展了多少令人赞叹的波澜壮阔的画卷,又演绎了多少令人扼腕的凄风苦雨的历程,但其无论是成功的经验或者失败的教训,都是可以攻玉的它山石头。"①苏联解体以后,一提到苏联、苏共、苏联社会主义,人们可能首先想到的是解体、垮台和失败。苏联解体以后,国内外学者对苏联、苏共、苏联社会主义的研究,大都是带着解体、垮台、失败的倾向,去梳理有关苏联的各种史料、研究在苏联发生过的各种事情。笔者认为,这是一种误区,或者说是应该纠正的现象。要坚持"论从史出"的态度,客观研究苏联历史,做具体地、历史地分析。苏联社会主义失败的原因必须研究,以为我国社会主义建设、为我党自身建设,提供警示作用。苏联社会主义辉煌业绩背后的原因也需要研究。因为这是世界上一个社会主义国家的成就,对其研究有助于我们开展社会主义现代建设,有助于我们坚定

---

① 吴恩远. 苏联史论[M]. 北京:人民出版社,2007:11

走中国特色社会主义道路的信心,可以为我们提供一些宝贵的经验。也就是要站在客观立场上,研究苏联历史。

近些年在俄罗斯国内客观看待苏联历史的迹象已经开始显现。这里举一个比较突出的例子——"俄罗斯重编历史教科书重新认识苏联历史"。2007年6月18—21日,在莫斯科市召开了全国社会科学教师会议,专门研讨教科书及学校历史教育等问题。来自俄罗斯各地的一线教师、人文社科工作者以及俄罗斯教育部和科学院等相关负责人到会。这是继2003年俄罗斯教育部公开取消一部抹黑历史的教科书资格①和2004年重版《联共(布)党史简明教程》之后历史教育和科研领域的又一次重大举动,在俄罗斯和西方社会引起强烈反响。②此次会议上推出两部新编教师必读书:《俄罗斯现代史(1945—2006年)》和《社会知识:21世纪全球化的世界》。其中《俄罗斯现代史(1945—2006年)》一书面向10—11年级的中学教师,初版印刷1万部。与过去的历史教科书充满对苏联历史的否定不同,该书认为,虽然苏联有这样那样的缺点,但也曾有辉煌显著的成就,苏联历史绝不单单是肃反和劳改营。③ 在《俄罗斯现代史(1945—2006年)》一书中指出,编写出版这部书的任务在于分析和解释与俄罗斯现代史(1945—2006年)有关的七个问题。其中第一个问题是"我们1945年的胜利对其他国家和人民具有怎样的影响?",第二个问题是"我们这个因战争而濒临消亡边缘的国家,如何能够迅速恢复国民经济并在探索宇宙、和平利用原子能、大规模建设以及其他许多方面取得惊人的成就?"④笔者认为,这些问题同样值得我们思考和研究。

近年来俄罗斯学界比较注意研究1930年6月在联共(布)第十六次代表大会上斯大林代表中央委员会所做的政治报告。他们认为通过斯大林对当时发生的

---

① 2003年12月俄罗斯教育部取消了伊戈尔·多卢茨基(Игорь Долуцкий)编写的教科书《20世纪祖国历史》("Отечественная история XX века")进入课堂的资格。关于做出这一决定的原因,俄罗斯教育部联邦专家委员会认为,《20世纪祖国历史》一书中有关苏联和俄罗斯历史的观点或不清楚,或带有偏见。

② 张树华. 俄罗斯重编历史教科书重新认识苏联历史[N]. 中国社会科学院院报,2007-09-04

③ 张树华. 俄罗斯重编历史教科书重新认识苏联历史[N]. 中国社会科学院院报,2007-09-04

④ [俄]亚·维·菲利波夫. 俄罗斯现代史(1945—2006年)[M]. 吴恩远,等译. 北京:中国社会科学出版社,2009:3

世界经济危机的分析,比较苏联社会主义制度和资本主义制度在危机中的不同表现,应该会找到摆脱危机的根本出路,希望借鉴当时苏联应对危机的方法。① 俄罗斯农业科学院院士、俄共中央委员会副主席弗拉基米尔·卡申指出:"斯大林善于利用席卷资本主义国家的危机。按照最低价格,西方国家很恭敬地、心甘情愿地将最先进的生产设备和技术工艺出售给我们。20世纪30年代初期,苏联得到普遍承认。西方各国的资本家们迫使本国政府,尽快承认苏联,为的是和我们做买卖。因此,我们获得了双重标准的胜利,包括经济和政治两个方面。"②

再比如,关于对苏联第四位执政者勃列日涅夫的评价。以往我们经常能听到对他这样的评价——"庸才治国"。2008年11月初,全俄社会舆论研究中心在俄罗斯进行了一项社会调查,主题是评选出近100年来俄罗斯优秀的国家领导人。调查结果显示,普京位居榜首,排名第二位的是勃列日涅夫(在执政方针错误的国家领导人排行榜中,叶利钦第一,戈尔巴乔夫第二)。这位"庸才"在俄罗斯民众心目中留下抹不去的光辉形象的原因何在? 按照俄共的说法,人们始终怀念勃列日涅夫执政时期的强国地位和较好的居民社会保障。笔者认为,在对勃列日涅夫做出全面、客观评价的同时,其令俄罗斯人民至今念念不忘的居民社会保障政策等值得我们特别研究。

我们不能进入一个误区。要知道苏联社会主义也有诸多辉煌业绩,这些业绩背后的原因值得我们分析和研究。谈到苏联的政治体制,可以说它高度集权,并导致官僚化的趋势;谈到苏联的经济体制,可以说它僵化,并导经济生产低效率。但是回过头来,苏联在建设社会主义过程中确实有许多值得我们汲取的正面经验,比如,苏联对科教人才培养的重视程度及其切实举措。据俄共统计,1956—1978年仅在俄罗斯共产生过10位诺贝尔奖获得者(不包括在俄罗斯出生、获奖时不具有苏联国籍的俄裔)。

如果对苏联社会主义建设历史持公正、客观的态度,探寻其发展轨迹、成就和

① 吴恩远. 苏联社会主义体制与20世纪30年代的世界经济危机[J]. 世界历史,2009(3):14

② Спасение России – в единстве трудового народа. Доклад заместителя председателя ЦК КПРФ, руководителя Общероссийского штаба протестных действий В. И. Кашина[EB/OL]. http://clck. yandex. ru/2010 – 01 – 30

问题,那么在这一过程中必将得出关于苏联社会主义失败的较为全面、客观和具体的原因,期间也必将能够加深对"什么是社会主义、怎样建设社会主义"等重大问题的认识。如果事先自定一些结论,再搜罗一些搭边的资料,评逻辑和经验进行推演,这样的结果往往是靠不住的,也是有害的。

二、考据一种说法

通过对俄共发展历史、对俄共反思苏联社会主义部分的梳理分析,笔者认为应该考据当下一种比较流行的说法,即在 20 世纪 80 年代末期、90 年代初期"苏共蜕化变质"。是"苏共蜕化变质",还是"部分党员干部蜕化变质",还是"爬到党和国家领导岗位上的部分党员蜕化变质"。通过对苏共最大继承者——俄共的研究,笔者发现戈尔巴乔夫改革期间,有大批苏共党员干部为马克思列宁主义、社会主义同"改革者"做斗争。苏联解体以后,由于一些原苏共党员干部的不懈努力,共产主义政党在苏联各加盟共和国都相继恢复重建。一些原苏共党员,尤其是原苏共领导干部,现今虽已进入耄耋之年,但仍在为社会主义理想而不懈奋斗。笔者认为,关于"苏共蜕化变质"的说法需要进一步考据。下文结合笔者占有的资料,从以下几个方面尝试性说明。

（一）从苏共内部的传统派和"8.19"事件看

20 世纪 80 年代后期,在苏共内部形成了三派:以戈尔巴乔夫为首中间派;以利加乔夫为首的传统派;以叶利钦为首的自由民主派。传统派主张在马克思列宁主义思想指导下,在社会主义基本原则范围进行体制改革。

1991 年 8 月 19 日,苏联部分领导人为了维护苏联,宣布成立"国家紧急状态委员会",并接管国家权力。即通常所说的"8.19"事件。其领导成员包括:苏联副总统根纳季·亚纳耶夫、苏联总理瓦连京·帕夫罗夫、苏联内务部部长鲍里斯·普戈、苏联国防部部长德米特里·亚佐夫、苏联国家安全委员会主席弗拉基米尔·克留奇科夫、苏联国防委员会第一副主席奥列格·巴克拉诺夫、苏联农民联盟主席瓦西里·斯塔罗杜布采夫,以及苏联国有企业和工业、建筑、运输和邮电设施联合会会长亚历山大·季贾科夫,共 8 人。① 2011 年 8 月 11 日,俄共中央官方

① 李慎明. 苏联解体——二十年后的回忆与反思[M]. 北京:社会科学文献出版社,2012:245

网站上发布了一篇久加诺夫纪念"8.19"事件二十周年的文章,其中写道:"在副总统亚纳耶夫的领导下,在为社会主义和苏维埃政权的斗争中,成立了'国家紧急状态委员会。'""'国家紧急状态委员会'的成立是那些希望阻挡蔓延的灾难——消灭苏联和苏共、消灭社会主义、消灭我们祖国劳动人民所有生活方式的公民勇敢精神的表现。"①

(二)从"共产党联盟—苏联共产党"看

苏联解体以后的几年中,在部分原苏共党员干部的努力下,在苏联各加盟共和国共产党组织相继恢复重建,并于1993年3月结成前苏地区共产党组织联盟"共产党联盟—苏联共产党",宣布自己是苏共的继承者。当前"共产党联盟—苏联共产党"包括苏联各加盟共和国的17个共产党组织,它们分别是俄共、乌克兰共产党、白俄罗斯共产党、摩尔多瓦共产党人党、德涅斯特河左岸共和国共产党、哈萨克斯坦共产党、吉尔吉斯斯坦共产党人党、乌兹别克斯坦共产党、土库曼斯坦共产党、亚美尼亚共产党、格鲁吉亚统一共产党、阿塞拜疆共产党、阿布哈兹共产党、南奥塞梯共产党、立陶宛共产党、拉脱维亚共产党、爱沙尼亚共产党。② 该共产党国际组织先后选举产生两位领导人,分别是原苏共中央政治局委员舍宁③和俄共领袖久加诺夫。

需要说明的是,苏联解体以后,在苏共废墟基础之上,苏联每一个加盟共和国均出现了多个共产主义政党。"共产党联盟—苏联共产党"成员,一般是本国势力最强的共产党组织。例如在俄罗斯出现了俄罗斯共产主义工人党—共产党人党、全联盟布尔什维克共产党、俄罗斯共产党—苏共、共产党联盟—苏共,以及俄共等。在乌克兰出现了乌克兰共产党、乌克兰革新共产党。在白俄罗斯出现了白俄罗斯共产党和白俄罗斯共产党人党。在摩尔多瓦出现了摩尔多瓦共产党人党和德涅斯特河左岸共产党。

---

① Г. А. Зюганов: Над пропастью во лжи. 20 – летие антисоветского переворота в СССР. Горбачев дал согласие на введение ЧП, но сам объявлять о нем не желал [EB/OL]. http://kprf.ru/2011 – 08 – 11

② СОЮЗ КОММУНИСТИЧЕСКИХ ПАРТИЙ – КПСС[EB/OL]. http://kprf.ru/2011 – 05 – 14

③ 奥列格·舍宁(Шенин Олег)(1937—2009),1990—1991任苏共中央委员会书记、苏共中央政治局委员。

（三）从俄共党内的原苏联党政领导干部看

目前许多原苏联党政领导干部是俄共成员。可以从三个方面来看：

一是俄共中央顾问委员会。由苏联最后一位最高苏维埃主席卢基扬诺夫领衔，该委员会成员绝大部分是原苏联党政高层领导人。一般委员会成员人数在30人左右。此外，在俄共各地区党组织中也有顾问委员会，成员包括原苏联党政中央和地方领导人。

二是俄共中央干部队伍。2009 年 2 月 4 日召开了俄共中央委员会、中央监督——检查委员会第三次联合会议，久加诺夫在其所做的政治报告《现代化条件的干部政策》中对俄共中央的干部组成进行了说明。① 久加诺夫指出，俄共中央层面形成了稳固的干部核心。他将这一干部核心分成三个梯队：第一个梯队第一部分是由具有丰富国务经验和国际知名度的党员组织，其中包括原苏共党员、诺贝尔物理学奖获得者饶勒斯·阿尔费罗夫，原苏共政治局委员、俄罗斯联邦政府原第一副总理尤利·马斯柳科夫，原苏联外交部部长尤利·克维齐斯基（Юлий Квицинский），原苏共党员、彼得罗夫斯克科学和艺术科学院院士、俄罗斯联邦工程科学院院士彼得·罗曼诺夫（Петр Романов），原苏共党员、俄罗斯联邦黑海舰队原司令员弗拉基米尔·科莫叶多夫（Владимир Комоедов），原苏共党员、世界上第一个在太空行走的妇女斯韦特兰娜·萨维茨卡娅（Светлана Савицкая）、原苏联农民联盟主席、苏联"8.19"事件成员、瓦西里·斯塔罗社布采夫，等等。

久加诺夫特别提到了一些因年龄原因不再担任俄共领导职务的、但仍然继续发挥余热的原苏联党政领导人，其中包括利加乔夫、卢基扬诺夫、原俄罗斯苏维埃联邦社会主义共和国副总理阿尔贝特·伊万诺夫（Альберт Иванов）、原苏联农业部部长瓦连京·麦夏茨（Валентин Месяц）、原苏共中央书记瓦连京·库普佐夫（Валентин Купцов）、原俄罗斯苏维埃联邦社会主义共和国果品蔬菜部部长弗拉基米尔·瑙莫夫（Владимир Наумов）、原苏共中央政治局委员伊万·波洛兹科夫（Иван Полозков）等。久加诺夫还列举了俄共中央第一梯队第二部分的 25 位领导人，这些人大都是原苏共地方党委领导。

---

① 《О работе с кадрами в современных условиях》. Доклад Председателя ЦК КПРФ Г. А. Зюганова на III совместном Пленуме ЦК КПРФ и ЦКРК КПРФ［ЕВ/OL］. http://kprf. ru/2009 – 07 – 04

三是 2010 年 4 月 27 日俄共中央委员会副主席卡申向俄共中央委员会农工综合体委员会 33 位成员颁发了纪念章。① 33 位成员中有原苏共中央、苏联政府、俄罗斯苏维埃联邦社会主义共和国部长级领导 16 人。他们平均年龄在 70 周岁以上，还有几位耄耋老人。这些老者不顾年老体弱，至今仍为国家走上社会主义道路而不懈奋斗。能说这些原苏共领导人蜕化变质吗？

三、承认一个事实

至今，俄共还没有形成成熟的理论体系，理论创新尚处于初始阶段。

（一）俄共的振兴首先取决于理论创新

理论创新是俄共振兴的突破口。俄共一个重要任务便是冷静客观总结经验教训，全面探索和总结发展社会主义的新理论。俄共必须根据时代的发展和国内的政治经济现实状况，逐步总结形成一套新的理论。该理论既要能够深刻地总结苏联解体苏共垮台的原因和教训，与苏共的历史错误划清界限，又要能对新时代和俄罗斯的现状进行全面深入的总结和概括，做出准确的判断和具有前瞻性的科学分析，在科学的理论指导下勇于实践，把俄罗斯的社会主义运动推向高潮。

（二）俄共的理论创新尚处于初始阶段

当前，在俄共那里传统的理论尚未彻底扬弃，新的理论尚未最终形成。在新的形势下，俄共一方面还不愿意彻底抛弃传统的理论，另一方面还没有创新发展出系统的、成熟的科学理论，以指导俄共的社会主义实践。俄共处于多重两难选择的境地。实事求是地讲，其理论观点中有很多成熟的地方。在俄共的理论观点中呈现以下几方面特点：

一是偏重可读性。集中表现在俄共的宣传材料上，大部分俄共的宣传材料具有普及读本特点。在俄共看来，自己是一个以取得执政地位为首要目标的共产主义政党，宣传材料必须照顾到不同选民的知识水平和接受能力，要具有可读性，要不同于学者和理论团体的纯学理性论述，这样有助于获得更多的选民支持。所以，俄共的宣传材料一般不具有较深的理论水平。

二是有些问题分析不到位。通过俄共在反思苏联社会主义、批判俄罗斯现实

---

① В. И. Кашин вручил награды группе работников агропромышленного комплекса[ЕВ/OL]. http://kprf.ru/2010 - 04 - 28

资本主义、展望社会主义未来等方面理论观点的分析和总结,可以发现,该党对一些问题分析不到位、不透彻。比如,对苏联时期某一个历史性事件的分析上,结论性话语过多,对事件背后的原因和影响没有进行系统分析,所以其理论观点中显现出一个不足——分析不到位、不深刻,最终群众信服度不高。

三是有些观点偏颇。俄共对俄罗斯现实资本主义的批判,有激进和偏颇的地方。例如关于俄罗斯的人口问题,根据苏联人口普查情况看,从 1970 年开始,苏联人口增长速度呈放缓趋势,这对苏联解体以后俄罗斯人口形势不能说完全没有影响。所以,今天看待俄罗斯的人口问题,应该从历史因素、经济因素和思想观念因素等方面做全面分析。再比如,俄罗斯自普京执政以来,社会趋于稳定、人民生活水平逐渐提高、国力逐步恢复,这些都是实际情况,绝不能全盘否定。

当然我们也不能期望俄共一下子就创造出比较成熟的理论。毕竟需要一个长期探索的过程。俄共虽然是苏共最大的继承者、俄罗斯最大的反对派和政坛第二大党,但是其成立至今,也不过刚刚走过了 22 年的历程。22 年对于一个政党来说,可能还处于少年、甚至是童年阶段。所以就其理论观点的客观性、全面性和深刻度而言,我们不能有过高要求。

(三)理论创新是一个树立新形象的过程

在国际共产主义运动处于低潮时期,作为坚持以马克思列宁主义为指导思想,以社会主义为奋斗目的俄共,一直努力避免在俄罗斯民众中形成两个不好的印象,一个是俄共怀旧、复古,以复制苏联社会主义为目标;另一个是俄共具有乌托邦的思维,提出的纲领主张脱离实际,不靠谱,是空想主义者。俄共的顾虑是有道理的,因为它们还没有获得大多数民众的理解和支持,这在历年的杜马大选中表现出来。所以俄共一直在为打消民众的误解或可能性误解而努力。

怎样去掉复古形象。突出表现在俄共党纲中确定以在俄罗斯建立"21 世纪革新社会主义"为奋斗目标,也就是向民众表态、声明立场,绝不简单复制苏联社会主义。这是一股很大的勇气。毕竟在俄共的支持者中,怀念苏联者占有很大比例。怎么样去掉空想主义者形象。首先表现为对战略目标的表述由"完全、最佳社会主义"改写成"21 世纪革新社会主义",这一点是很明智的。何为"完全"、何为"最佳"要有个标准和尺度。这样的表述过于主观,太理想化。其次,向俄罗斯民众讲清楚"21 世纪革新社会主义"是俄共的奋斗目标,但是需要一个长期的奋斗过程。

无论是奋斗目标,还是最低纲领,以及首要任务,归根结底还需要俄共这个党带领人民去实现,所以党的自身建设至关重要。过去,尤其是在20世纪90年代末期,新世纪初期,俄共经历了几次较大规模的分裂。因为党内有斗争、有分歧,有派系。如果没有这几次分裂,今天俄共的实力会很强大。这也是俄共,尤其是那些高层领导者应该认真吸取的教训。不违反原则、讲民主、讲程序、讲团结,什么问题都能解决。一定要高度重视党的自身建设,这是理论创新的重要保障,是实现自己奋斗目标的前提条件。否则自己党内不团结,自身建设出问题,怎能集中精力做理论创新工作,怎能在民众中树立良好形象,更不能赢得大多数民众的拥护。

(四)俄共的理论成果值得我们研究

不成熟不代表不值得我们跟踪研究,毕竟俄共在国际和国内政治舞台上有极为特殊的多重身份。该党20年在逆境中做马克思主义信仰、社会主义理想的守护者。这种精神值得我们敬仰,更值得我们学习。以坚定我国公民对马克思主义的信仰,对中国特色社会主义道路的拥护。

该党对关于苏联社会主义成就和不足的反思、对俄罗斯现实的分析,都值得我们长期跟踪研究。例如,俄共关于苏联社会主义还处于社会主义早期阶段的认识,以及苏共一个严重失误——不能认清苏联社会主义发展阶段,对我们而言,有警示作用。一定要正确定位中国特色社会主义的当前发展阶段,要牢牢把握社会主义初级阶段的基本路线和方针不动摇。

每年中共中央对外联络部、中央编译局、中国社会科学院等部门都会组织与俄共代表的会晤。就某些共同关心的问题,一起切磋、探讨。例如,2011年9月在莫斯科市,中共和俄共代表团进行了一次会晤。在对俄罗斯国情和现实发展情况向我方代表简要介绍以后,久加诺夫语重心长地指出一国开展社会主义建设必须注意以下问题:①

其一,改革必须坚持正确的方向;

其二,社会主义初级阶段不能搞生产领域的全面国有化;

---

① Г. А. Зюганов встретился с китайской делегацией [EB/OL]. http://kprf. ru/2011 – 09 – 28

其三,共产党要牢牢把握住宣传舆论阵地;

其四,注重学习他国先进经验;

其五,严厉打击腐败;

其六,注重发扬党内民主、健全监督机制;

其七,严防西方和平演变。

以上几点看法,值得我们长期思考。

参考文献

一、中文文献

[1] 马克思恩格斯选集(第1—4卷)[M]. 北京:人民出版社,1995.

[2] 列宁选集(第3卷)[M]. 北京:人民出版社,1995.

[3] 列宁全集(第29卷)[M]. 北京:人民出版社,1985.

[4] 斯大林文选[M]. 北京:人民出版社,1962.

[5] 斯大林与英国作家威尔斯的谈话[M]. 北京:人民出版社,1952.

[6] 斯大林选集(上下卷)[M]. 北京:人民出版社,1979.

[7] 勃列日涅夫言论集[M]. 上海:上海译文出版,1979.

[8] 安德罗波夫言论集[M]. 北京:世界知识出版社,1984.

[9] 契尔年科言论选集[M]. 北京:三联书店,1985.

[10] 邓小平文选(第2—3卷)[M]. 北京:人民出版社,2008.

[11] 苏联历史档案选编(第13卷)[M]. 北京:社会科学文献出版社,2002.

[12] 社会主义通史(第1—6卷)[M]. 北京:人民出版社,2011.

二、中文译著

[1] [俄]叶·利加乔夫. 戈尔巴乔夫之谜[M]. 赫崇骧,等译,北京:新华社参考新闻编辑部,1992.

[2] "十月的选择"——90年代国外学者论十月革命[M]. 刘淑春,等译,北京:中央编译出版社,1997.

[3] [俄]谢尔盖·格拉济耶夫. 俄罗斯改革的悲剧与出路——俄罗斯与新的世界秩序[M]. 佟宪国,刘淑春译,北京:经济管理出版社,2003.

[4] [俄]谢·卡拉·穆尔扎. 论意识操纵(上下册)[M]. 徐昌翰,等译,北京:社会科

学文献出版社,2004.

[5][俄]久加诺夫.全球化与人类的命运[M].何宏江,等译,北京:新华出版社,2004.

[6][俄]弗拉基米尔·卡尔波夫.大元帅斯大林[M].何宏江,等译,北京:社会科学文献出版社,2005.

[7][俄]鲁·格·皮霍亚.苏联政权史(1945—1991)[M].徐锦栋,崔寿智,等译,北京:东方出版社,2006.

[8][俄]罗·麦·德维杰夫.普京总统的第二任期[M].王尊贤译,北京:社会科学文献出版社,2007.

[9][俄]普京.普京文集(2002—2008)[M].徐葵,张达楠,张树华,等译,北京:中国社会科学出版社,2008.

[10][俄]罗·麦德维杰夫.苏联的最后一年[M].王晓玉,姚强,等译,社会科学文献出版社,2009.

[11][俄]亚·维·菲利波夫.俄罗斯现代史(1945—2006年)[M].吴恩远,等译,北京:中国社会科学出版社,2009.

三、中文著作

[1]刘克明,吴仁彰,等.从列宁到戈尔巴乔夫:苏联社会主义理论的演变[M].北京:东方出版社,1992.

[2]刘克明.刘克明集[M].北京:中国社会科学出版社,1999.

[3]肖枫.两个主义一百年[M].北京:当代世界出版社,2000.

[4]叶书宗.俄国社会主义实践研究[M].合肥:安徽大学出版社,2005.

[5]徐天新.平等、强国的理想与苏联的实践[M].合肥:安徽大学出版社,2005.

[6]郑异凡.史海探索[M].合肥:安徽大学出版社,2005.

[7]柳植.世纪性的实践[M].合肥:安徽大学出版社,2005.

[8]刘淑春,等.《当代俄罗斯政党》[M].北京:中央编译出版社,2006.

[9]黄立茀.苏联社会阶层与苏联剧变研究[M].北京:社会科学文献出版社,2006.

[10]周新城,张旭.苏联演变的原因与教训[M].北京:社会科学文献出版社,2008.

[11]邢广程.梅德韦杰夫和普京——最高权力的组合[M].长春:长春出版社,2008.

[12]谭索.叶利钦的西化改革与俄罗斯的社会灾难[M].北京:社会科学文献出版社,2009.

[13]沈志华,等.一个大国的崛起与崩溃:苏联历史专题研究(1917—1991)(上中下

册）

[M]. 北京:社会科学文献出版社,2009.

[14]李慎明. 历史的风——俄罗斯学者论苏联解体和对苏联历史的评价[M]. 北京:
人民出版社,2009.

[15]张建华. 激荡百年的俄罗斯——20 世纪俄国史读本[M]. 北京:人民出版
社,2010.

[16]陆南泉,黄宗良,郑异凡,等. 苏联真相:对 101 个重要问题的思考(上中下册)
[M].

北京:新华出版社,2010.

[17]周尚文. 苏共执政模式研究[M]. 上海:上海世纪出版社,2010.

[18]李慎明. 全球化背景下的中国大党建[M]. 北京:人民出版社,2010.

[19]周淑真. 政党政治学[M]. 北京:人民出版社,2011.

[20]李慎明,陈之骅,等. 居安思危——苏共亡党二十年的思考[M]. 北京:
社会科学文献出版社,2011.

[21]李慎明,王立强,等. 苏联解体二十年后的回忆与反思[M]. 北京:
社会科学文献出版社,2012.

四、俄文著作

[1] Г. Жуковский. Социализм:ошибки и перспектива[M]. Москва:Петит, 2004.

[2] Б. И. Макаренко. партийная система России в 2008—2009гг [M]. Москва:
ИНИОН РАН, 2009.

[3] Г. М. Михалева. Россиийские партии в контексте трансформации [M]
. Москва:Книжный

дом"Либроком",2009.

[4] Геннадий Зюганов. Правда и ложь в зеркале кризиса[M]. Москва: Молодая
гвардия, 2010.

[5] Геннадий Зюганов. Эпоха Сталина: цифры, факты, выводы [M]
. Москва:Молодая

гвардия,2010.

五、俄文网络资料

[1] Китай - ключ к новой цивилизации[EB/OL]. http://www. kprf - org. ru/2007 - 07

－14

［2］КПРФ и клерикальный национал－социализм［EB/OL］. http://left. ru/2009－09
－11

［3］Г. А. Зюганов: КПРФ и Православная Церковь стремятся к конструктивному
диалогу［EB/OL］. http://kprf. ru/ 2010－11－16

［4］русский вопрос,православие и социализм［EB/OL］. http://www. kprf－org. ru/2007
－02－11

［5］Г. А. ЗЮГАНОВ: Ответы на вопросы журнала《 Столичный стиль 》［EB/OL］.
http://www. kprf－org. ru/2006－02－06

［6］Встреча Г. А. Зюганова с зарубежными журналистами Путин так и не выбрался из
ельцинской колеи［EB/OL］. http://www. kprf－org. ru/2007－01－22

［7］Г. А. ЗЮГАНОВ: Мы верим в коммунизм и новый Союз［EB/OL］. http://
www. kprf－org. ru/2006－07－12

［8］ Интервью Г. А. Зюганова еженедельнику 《 Вестник Кипра 》: Правда и
справедливость － основа нравственностиСоюз［EB/OL］. http://www. kprf－org. ru/2008－
07－10

［9］ Ю. В. Афонин, секретарь ЦК КПРФ: О молодежной политике КПРФ в
современных условияхСоюз［EB/OL］. http://www. kprf－org. ru/2008－04－26

［10］Молодостью партия будет прирастать［EB/OL］. http://www. kprf－org. ru/2008－
05－11

［11］Г. А. Зюганов: КПРФ—партия будущего. Обращение к молодежи России［EB/
OL］. http://aturenko. ru/2008－04－12

［12］ Г. А. Зюганов: Вы, молодежь, должны это знать! ［EB/OL］. http://
www. amurkprf. ru/ 2010－11－10

［13］КПРФ готова к омоложению［EB/OL］. http://www. rg. ru/2008－03－24

［14］Отдел молодежной политики ЦК КПРФ:О праздновании 85－летия Всесоюзной
пионерской организации имени В. И. Ленина в регионах России［EB/OL］. http://
www. kprf－org. ru/2007－05－25

［15］ О праздновании 86－летия Всесоюзной пионерской организации имени
В. И. Ленина. Сводный отчет ЦК СКМ РФ Праздник у стен Кремля［EB/OL］. http://
www. kprf－org. ru/2008－05－22

［16］И. И. Мельников:Об итогах выборов Президента Российской Федерации. http://www. kprf - org. ru/2008 - 04 - 26

［17］《 Об итогах финансово - хозяйственной деятельности ЦК КПРФ в 2007 году и об утверждении Сметы поступления и расходования денежных средств ЦК КПРФ на 2008 год 》 Кремля［EB/OL］. http://www. kprf - org. ru/2008 - 03 - 25

［18］Об усилении партийного руководства и повышении ответственности депутатских фракций и групп коммунистов по выполнению программных положений КПРФ и наказов избирателей［EB/OL］. http://www. kprf - org. ru /2008 - 07 - 01

［19］Выполнение решений XI съезда КПРФ по организационному укреплению партии и усилению взаимодействия руководящих и контрольных органов КПРФ? ［EB/OL］. ht-tp://www. kprf - org. ru/2008 - 07 - 12

［20］Г. А. ЗЮГАНОВ, Председатель ЦК КПРФ: ПОЛИТИЧЕСКИЙ ОТЧЕТ ЦК КПРФ XIII СЪЕЗДУ ПАРТИИ［EB/OL］. http://www. kprf - org. ru/2008 - 09 - 11

［21］ПЛАН работы Президиума и Секретариата ЦК КПРФ на январь - июнь 2007 года［EB/OL］. http://www. kprf - org. ru/2007 - 02 - 28

［22］Геннадий Зюганов: Я верю в правду, добро и справедливость［EB/OL］. http://www. kprf - org. ru/2009 - 07 - 12

［23］У партии не должно быть два центра,《 две головы 》［EB/OL］. http://www. krasnoetv. ru/2009 - 06 - 14

［24］Е. К. Лигачев разоблачил политическую провокацию［EB/OL］. http://www. kprf - org. ru/2009 - 07 - 12

［25］《 Итоги Народного референдума и задачи КПРФ и агитационно - пропагандистской деятельности партии 》 ДОКЛАД ПРЕЗИДИУМА ЦК КПРФ НА VI ПЛЕНУМЕ ЦК КПРФ［EB/OL］. http://www. cprf. info/2006 - 05 - 25

［26］Одним из главных показателей работы интернет - сайта является егообновляемость［EB/OL］. http://www. kprf - org. ru/2009 - 07 - 29

［27］Использование интернет - технологиий в политической коммуникации, организационной и агитационной работеобновляемость ［EB/OL］. http://www. kprf - org. ru/2011 - 09 - 16

［28］ПОСТАНОВЛЕНИЕ《 О задачах региональных комитетов КПРФ по организации работы партийных Интернет - сайтов 》［EB/OL］. http://www. kprf - org. ru/2009 - 07 - 03

［29］Об едином информационном пространстве КПРФ［EB/OL］. http://www. kprf - org. ru/2009 - 07 - 03

［30］ПОСТАНОВЛЕНИЕ? О совершенствовании системы распространения газеты《Правда》［EB/OL］. http://www. kprf - org. ru/2012 - 03 - 08

［31］О работе региональных отделений КПРФ по сбору членских взносов［EB/OL］. http://www. kprf - org. ru/2007 - 07 - 13

［31］Сбор пожертвований в фонд КПРФ: Рейтинг региональных отделений［EB/OL］. http://www. kprf - org. ru/2007 - 08 - 19

［32］Постановление II（мартовского）совместного Пленума ЦК и ЦКРК КПРФ《Об итогах финансово - хозяйственной деятельности ЦК КПРФ в 2008 году и об утверждении Сметы поступления и расходования денежных средств ЦК КПРФ на 2009 год》［EB/OL］. http://kprf. ru/2009 - 04 - 01

［33］Источник поступления средств и виды расходов［EB/OL］. http://politpros. com/2012 - 02 - 12

［34］Положение о порядке сбора, учёта и расходования членских партийных взносов［EB/OL］. http://www. cprfspb. ru/2011 - 06 - 24

［35］О результатах сбора членских взносов и пожертвований в 2006 году［EB/OL］. http://www. kprf - org. ru/2008 - 07 - 10

［36］итоги финансово - хозяйственной деятельности в 2007 году［EB/OL］. http://www. annews. ru/2008 - 03 - 04

［37］Как наполняется касса КПРФ［EB/OL］. http://gazeta - pravda. ru/2010 - 04 - 20

［38］Лигачёв:《социалистическая модернизация》общества［EB/OL］. http://www. sovross. ru/2009 - 11 - 02

［39］Постановление Президиума ЦК КПРФ《О совершенствовании партийной учёбы и просветительской работы КПРФ в 2010—2011 учебном году》общества［EB/OL］. http://politpros. com/2010 - 01 - 15

［40］Примерная тематика политзанятий, бесед, лекций, докладов,《круглых столов》, конференций при организации партийно - политической учебы и просветительской работы на 2010—2011 учебный год［EB/OL］. http://politpros. com/2010 - 01 - 16

［41］Рекомендации по организации и повышению эффективности партийной учёбы, просветительской и агитационно - пропагандистской работы в 2010—2011 учебном году［EB/OL］. http://politpros. com/2009 - 08 - 07

［42］Д. Г. Новиков, секретарь ЦК КПРФ: ПАРТИЙНАЯ АГИТАЦИЯ И

ПРОПАГАНДА: некоторые итоги прошедшего года и задачи на 2007 – й［EB/OL］. http://www. kprf – org. ru/2010 – 07 – 13

［43］научный социализм и《русский социализм》. http://marxkr. narod. ru/9. htm Как вступить в КПРФ［EB/OL］. http://kprf. ru/2008 – 07 – 06

［44］АНКЕТА вступающего в КПРФ Приём в партию в региональных отделениях КПРФ за январь – ноябрь 2006 года［EB/OL］. http://www. kprf – org. ru/2011 – 03 – 08

［45］Новые принципы кадровой политики КПРФ. О работе с кадрами в современных условиях［EB/OL］. http://gazeta – pravda. ru/2009 – 07 – 14

［46］Партией взят курс на кадровое омоложение［EB/OL］. http://www. kprf – org. ru/2008 – 03 – 07

［47］В. С. РОМАНОВ, председатель Кадровой комиссии ЦК КПРФ: Вопросы о кадрах КПРФ［EB/OL］. http://www. kprf – org. ru/2011 – 12 – 17

［48］Кадры – решающее звено партийной работы［EB/OL］. http://www. kprf – org. ru/2009 – 01 – 07

［49］Г. А. Зюганов: Подготовка кадров – ключевое звено партийной работы［EB/OL］. http://www. kprf – org. ru/2008 – 11 – 15

［50］В. Ф. РАШКИН, член Президиума, секретарь ЦК КПРФ: Об очередных задачах организационно – партийной и кадровой работы на современном этапе［EB/OL］. http://www. kprf – org. ru/2011 – 12 – 15

［51］ИНФОРМАЦИЯ о работе Отдела организационно – партийной и кадровой работы ЦК КПРФ в 2006 году［EB/OL］. http://www. kprf – org. ru/ 2011 – 12 – 18

［52］《система по политической подготовке партийного акти》［EB/OL］. http://www. kprf – org. ru/2011 – 01 – 12

［53］《О работе с кадрами в современных условиях》［EB/OL］. http://www. kprf – org. ru/2009 – 07 – 04

［54］Г. А. Зюганов, Председатель ЦК КПРФ: О работе с кадрами в современных условиях［EB/OL］. http://www. kprf – org. ru/2009 – 07 – 04

［55］ПОСТАНОВЛЕНИЕ Президиума ЦК КПРФ《Об организации и проведении партийной учёбы и политического просвещения》［EB/OL］. http://www. kprf – org. ru/2021 – 02 – 13

［56］ЗАПИСКА《О работе Комиссии ЦК КПРФ по рабочему, профсоюзному движению и связям с общественными организациями》［EB/OL］. http://www. kprf –

org. ru/2011 – 05 – 11

［57］ПОСТАНОВЛЕНИЕ Президиума ЦК КПРФ 《 О работе Комиссии ЦК КПРФ по рабочему,профсоюзному движению и связям с общественными организациями 》 ［EB/OL］. http：//www. kprf – org. ru/2012 – 02 – 13

［58］Постановление XXIII пленума ЦКРК КПРФ 《 О нарушении партийных норм в ходе подготовки и проведения VII отчетно – выборной конференции Санкт – Петербургского 》 городского отделения КПРФ? ［EB/OL］. http：//kprf. ru/2012 – 02 – 17

［59］ Контрольные органы КПРФ в партийной жизни ［EB/OL］ . http：// www. cprfspb. ru/1497. html

［60］И. В. СТАЛИН КАК ФИЛОСОФ［EB/OL］. http：//www. cprfspb. ru/2009 – 02 – 01

［61］ПОСТАНОВЛЕНИЕПрезидиума ЦК КПРФ 《 О 140 – летии со дня рождения Владимира Ильича Ленина 》 ［EB/OL］. http：//www. kprf – org. ru/2009 – 11 – 05

［62］Г. А. Зюганов：Обновленная редакция? Программы КПРФ – ответ на вызовы времени［EB/OL］. http：//www. kprf – org. ru/2010 – 05 – 14

［63］Постановление Президиума ЦК КПРФ "Об обсуждении новой редакции

Программы Коммунистической партии Российской Федерации" ［EB/OL］ . http：// www. kprf – org. ru/2008 – 02 – 11

［64］ Ю. П. Синельщиков： Меня удивляет та простота， с которой некоторые политики и

чиновники относятся к созданию в Ульяновске военной базы НАТО［EB/OL］. http：// kprf. ru/2012 – 04 – 24

［65］Модернизация партии – наша главная и безотлагательная задача. Выступление Г. АЗюганова на XIII Пленуме ЦК КПРФ［EB/OL］. http：//kprf. ru/2008 – 03 – 22

［66］Первый зампред ЦК КПРФ Иван Мельников об итогах международной работы партии и фракции в 2006 году［EB/OL］. http：//www. kprf – org. ru/2008 – 07 – 09

［67］член ЦК КПРФ Р. Г. Гостев：Не надо превращать марксизм в догму［EB/OL］. http：//kprf. ru2010 – 07 – 03

［68］《 О защите прав трудящихся и усилении политического влияния КПРФ 》 ［EB/ OL］. http：//www. kprf – org. ru/2009 – 11 – 03

［69］ В. С. Никитин, председатель ЦКРК, первый секретарь Псковского обкома КПРФ：Наша

главная задача – приход к власти［EB/OL］. http：//www. kprf – org. ru/2012 – 02 – 18

［70］ОТЧЕТ О РАБОТЕ ЮРИДИЧЕСКОЙ СЛУЖБЫ ЦК КПРФза период с 1 января 2006 г. по 31 декабря 2006 г［EB/OL］. http：//www. kprf－org. ru/2007－02－11

［71］ В. Ф. Рашкин：Укрепление Московской парторганизации было просто необходимо［EB/OL］. http：//www. kprf－org. ru/2012－01－04

［72］ Высокое призвание коммунистов. Десять тезисов о текущем моменте. Выступление Председателя ЦК КПРФ Г. А. ЗЮГАНОВА на VI совместном пленуме ЦК и ЦКРК КПРФ［EB/OL］. http：//www. samkprf. ru/2010－07－06

［73］ Геннадий Зюганов：Мы？не желаем, чтобы наша партия повторила судьбу КПСС［EB/OL］. http：//kprfnsk. ru/2011－07－13

［74］ О причинах развала КПСС［EB/OL］. http：//stepanov－karel. livejournal. com/2009－04－11

［75］ Г. А. Зюганов：Без науки России не выжить！［EB/OL］. http：//www. kprf－org. ru/2010－05－14

［76］ Доклад на VII Пленум ЦК КПРФ《Спасение села－залог экономического и духовного возрождения России》［EB/OL］. http：//kprf. ru/2010－10－23

［77］ Геннадий Зюганов, Председатель ЦК КПРФ：О РАБОТЕ ПАРТИИ В УСЛОВИЯХ ФИНАНСОВО－ЭКОНОМИЧЕСКОГОКРИЗИСА［EB/OL］. http：//www. kprf－org. ru/2008－06－11

［78］ Г. А. Зюганов：Ваше правительство обречено！［EB/OL］. http：//www. kprf－org. ru/2010－04－20

［79］ О политическом будущем Путина［EB/OL］. http：//www. kprf－org. ru/2012－01－14

［80］ КПРФ знает, как вывести страну из кризиса, и готова это сделать［EB/OL］. http：//www. kprf－org. ru/2009－02－09

［81］ Г. А. Зюганов：Все попытки установить монополярный мир всегда оканчивались безуспешно［EB/OL］. http：//www. kprf－org. ru/2010－03－15

［82］ Д. Г. Новиков：О международном положении и задачах СКП－КПСС в современных условиях［EB/OL］. http：//kprf. ru/ 2011－05－15

［83］ Репортаж о пленуме Совета СКП－КПСС［EB/OL］. http：//kprf. ru/ 2011－05－14

［84］ Член ЦИК РФ Е. И. Колюшин："Результат Путина получен за счет нарушения принципа свободных выборов"［EB/OL］. http：//kprf. ru/2012－03－12

［85］ Г. А. Зюганов: Наша программа определила повестку дня этих выборов! Заявление Председателя ЦК КПРФ［EB/OL］. http://kprf. ru/2012 – 03 – 05

［86］ "Черная книга" нарушений. Учительнице из Тамбова угрожают увольнением за отказ участвовать в фальсификациях. Протокольное поручение депутата – коммуниста ［EB/OL］. http://kprf. ru/2012 – 03 – 16

［87］ Пригвоздить махинаторов к позорному столбу! ［EB/OL］. http://gazeta – pravda. ru/2012 – 03 – 06

［88］ Г. А. Зюганов поздравил с профессиональным праздником работников торговли, бытового обслуживания населения и ЖКХ［EB/OL］. http://kprf. ru/2012 – 03 – 18

［89］ Обращение ЦК КПРФ к гражданам России. Путь России – вперёд, к социализму! ［EB/OL］. http://www. kprf – smolensk. ru/2009 – 12 – 23

［90］ Г. А. Зюганов:Десять выводов из кризисного года［EB/OL］. http://kprf. ru/2010 – 05 – 30

［91］ Решительно бороться с фракционностью в КПРФ. Доклад Председателя Центральной контрольно – ревизионной комиссии В. С. НИКИТИНА на VII пленуме ЦКРК 2 июля 2010 года［EB/OL］. http://kprf – zelenograd. ru/ 2010 – 07 – 10

［92］ А. М. Троегубцев. Выход – на пути социализма ［EB/OL］. http://www. politpros. com/2005 – 04 – 28

［93］ КПРФ и клерикальный национал – социализм［EB/OL］. http://left. ru/2009 – 09 – 11

［94］ Коммунисты отмежевались от социал – демократии ［EB/OL］. http://www. gazeta. ru/ 2008 – 11 – 29

［95］ А. Зюганов на семинаре партактива в Пятигорске: "Социализм – наше будущее, и мы его добьемся!" ［EB/OL］. http://kprf. ru/2011 – 06 – 05

［96］ Программа, устремленная в социализм［EB/OL］. http://www. kprf – org. ru/2009 – 11 – 02

［97］ Марксизм – ленинизм и русская философия совершенства［EB/OL］. http:// kprf. ru/ 2006 – 05 – 15

［98］ Известный русский публицист Ю. П. Белов в « Правде » о судьбе русского вопроса. ［EB/OL］. http://kprf. ru/ 2009 – 08 – 21

［99］ « Правда »: Программа, устремленная в социализм. Некоторые итоги семи месяцев общепартийной дискуссии[EB/OL]. http://kprf. ru/2008 – 11 – 18

［100］траницы истории: Мифы и правда о коллективизации, репрессиях и внутрипартийной борьбе[EB/OL]. http://kprf. ru/2011 – 08 – 06

［101］Ленин и социализм в Китае[EB/OL]. http://kprf. ru/2009 – 01 – 23

［102］Р. И. Косолапов. Маркс современен всегда[EB/OL]. http://kprf. ru/2003 – 02 – 18

［103］В. И. Ленин и социализм[EB/OL]. http://kprf. ru/2005 – 01 – 13

［104］Против глобализации по – американски[EB/OL]. http://kprf. ru/2006 – 11 – 07

［105］《 Правда 》: Программа, устремленная в социализм. Некоторые итоги семи месяцев общепартийной дискуссии[EB/OL]. http://kprf. ru/2011 – 08 – 06

［106］Резолюция XIII Съезда КПРФ:《 Будущее мира – социализм! 》 [EB/OL]. http://kprf. ru/2008 – 01 – 28

［107］Е. К. Лигачёв: "Вера в социализм не угасла в народе!" [EB/OL]. http://kprf. ru/2007 – 12 – 13

［108］Ленин и социализм в Китае[EB/OL]. http://kprf. ru/international/63089. html

［109］Доктор философских наук Виктор Трушков:Ленин и реставрация капитализма [EB/OL]. http://kprf. ru/2010 – 04 – 18

［110］Северная Осетия: Россия, молодость, социализм! [EB/OL]. http://kprf. ru/2011 – 04 – 20

［111］Творец и Социализм[EB/OL]. http://kprf. ru/2003 – 09 – 15

［112］Загадка социализма[EB/OL]. http://kprf. ru/2003 – 09 – 16

［113］Комментарии к новому проекту программы партии[EB/OL]. http://kprf. ru/2008 – 04 – 17

［114］О Китае, Марксизме – Ленинизме и частной собственности[EB/OL]. http://kprf. ru/2005 – 01 – 12

［115］Эпоха Сталина: цифры, факты, выводы [EB/OL]. http://kprf. ru/library/book93425. html

［116］XVII съезд Коммунистической партии Китая: Путь социализма, политика реформ и открытости[EB/OL]. http://kprf. ru/2007 – 10 – 18

［117］Россия вновь будет великой и социалистической! [EB/OL]. http://kprf. ru/2009 – 12 – 22

［118］Реставрация капитализма не является окончательной и бесповоротной[EB/OL]

. http://kprf. ru/2009 - 11 - 12

[119] 24 марта. IX пленум ЦК КПРФ[EB/OL]. http://kprf. ru/2007 - 03 - 24

[120] Г. А. Зюганов о предложениях Н. В. Левичева об альянсе между КПРФ и 《 Справедливой Россией 》 [EB/OL]. http://kprf. ru/2011 - 08 - 23

[121] В. Ф. Рашкин: "Наша цель - приход к власти левопатриотических сил в России и в ее столице"[EB/OL]. http://kprf. ru/2011 - 08 - 01

[122] Р. И. Косолапов. Маркс современен всегда[EB/OL]. http://kprf. ru/ 2003 - 02 - 18

[123] За новый Союз и новый социализм! [EB/OL]. http://kprf. ru/2011 - 06 - 06

[124] Людвиг фон Мизес. СОЦИАЛИЗМ. Экономический и социологический анализ [EB/OL]. http://kprf. ru/2003 - 01 - 12

[125] Что такое социализм или роковые ошибки Гайдара и Чубайса[EB/OL]. http:// kprf. debesi. ru/2010 - 02 - 24

[126] Резолюция XIII Съезда КПРФ:《 Будущее мира - социализм! 》 [EB/OL]. http://kprf. ru/2008 - 12 - 02

[127] Через трезвость - к социализму! [EB/OL]. http://kprf. ru/2010 - 06 - 07

[128] В. Максимов. XXI век - капитализм или социализм? [EB/OL]. http://kprf. ru/ 2002 - 12 - 01

[129] Ещё один китайский прорыв[EB/OL]. http://politpros. com/2012 - 11 - 03

[130] Прошёл 7 - й отчетно - выборный съезд общероссийской общественной организации " Российские ученые социалистической ориентации " [EB/OL]. http:// www. kprforel. ru/2009 - 05 - 19

[131] Идеи социализма - главное оружие ученых: О VII съезде российских ученых социалистической ориентации[EB/OL]. http://moskprf. ru/2007 - 06 - 07

[132] 《 Эффективность федерального законодательства по борьбе с коррупцией и меры его совершенствования 》 [EB/OL]. http://kprf. ru/2011 - 03 - 21

[133] Зюганов: КПРФ будет строить социализм XXI века [EB/OL]. http:// news. mail. ru/2008 - 11 - 29

[134] За новый Союз и новый социализм! [EB/OL]. http://gazeta - pravda. ru/2011 - 06 - 06

[135] Газета 《 Правда 》: За новый Союз и новый социализм! [EB/OL]. http:// kprf. ru/2011 - 06 - 06

［136］Двадцать лет после СССР. Великую страну можно и нужно было сохранить ［EB/OL］. http://politpros. com/events/2011 – 11 – 12

［137］Доклад под редакцией Михаила Делягина［EB/OL］. http://geopolitika. ucoz. ru/ 2011 – 08 – 17

［138］Россия на пороге демографической катастрофы［EB/OL］. http://kprf. ru/2011 – 07 – 01

［139］Чёрный ров между двумя эпохами［EB/OL］. http://politpros. com/2011 – 07 – 02

［140］Болгария на пороге демографической катастрофы［EB/OL］. http://kprf. ru/2010 – 09 – 06

［141］И. Кашин：Политика нищеты и коррупции［EB/OL］. http://kprf. ru/2011 – 01 – 16

［142］20 лет без СССР. Экономические итоги［EB/OL］. http://www. alternativy. ru/2011 – 07 – 06

［143］Почему в богатой России народ живёт в нищете? ［EB/OL］. http://army – news. ru/2011 – 03 – 14

［144］Итоги 2010 Года как катализатор нарастания народного протеста［EB/OL］. http://kprf. ru/2011 – 01 – 27

［145］Говорить о сокращении пропасти между богатыми бедными в России не приходится. Росстата［EB/OL］. http://kprf. ru/2008 – 06 – 17

［146］А. В. Багаряков：Забрать у богатых – отдать бедным. http://kprf. ru/2010 – 04 – 15

后　记

　　本书是在博士毕业论文的基础上修改而成,距离正式毕业已过去 3 年多时间。

　　读博期间,基于我的俄语教育背景、硕士阶段的研究基础,在导师丁军教授的指导下,我决定以俄罗斯联邦共产党为博士毕业论文的研究对象。我认为,从目前情况看,该党至少具备这样六重身份,即苏共最大的继承者,前苏地区最大的共产主义政党,俄罗斯最大的共产主义政党,俄罗斯最大的反对派,俄罗斯政坛第二大党,俄罗斯社会基础最稳定、纲领最完备和组织机构最健全的政党。研究这个政党的意义何在,从其多重身份中便可透视,在此无需赘述。

　　记得我在撰写博士毕业论文过程中,逐步给自己定下了这样的写作目标:准确客观、角度新颖、有思想性。准确客观指,在充分占有一手俄文资料的基础,做到对俄罗斯联邦共产党相关方面的概括要真实,原汁原味地将该党展现给读者;角度新颖指,同国内现有的相关研究成果相比较,研究角度、论述方式要有自己的新特点;有思想性指,在准确客观、角度新颖基础上,要提出些能引读者进一步思考的内容和观点。当然,实际完成的博士毕业论文同计划的写作目标之间,还是有很大的差距。不过,我确实在有限的时间内尽了最大努力。为撰写毕业论文,曾经一年半未回东北老家看望父母,因当时每天超负荷手握电脑鼠标阅读外文留下了腱鞘炎的毛病。这些为我留下了攻读博士学位期间有形和无形的奋斗记忆。其中的甘苦只有自知。

　　本书的基础是博士学位论文,自然其中凝聚了我的导师、南开大学丁军教授的大量心血。从论文框架的宏观把握、到章节之间的内在逻辑设计、再到论文具体内容的修改,都渗透着导师浓浓的爱。毕业后在工作、学术、生活等方面,仍然令导师操心劳神,深感内疚。我想唯有不断努力,用自己的成绩向老师汇报,这才是最好的报答。

本书的出版与哈尔滨工程大学马克思主义学院陈坤院长的督促和帮助密不可分。本书稿提交出版社时,我还没有正式入职哈工程,但陈院长还是从学院专项出版经费中拨款资助我出版本书。这样的厚爱令我感动。陈院长极具领导魅力和工作能力,为人公正,坦诚待人,学术严谨,是我学习的榜样。哈工程马克思主义学院秦军主任在专著出版过程中,热情帮助向出版社报送选题、内容简介等事宜。在此表示深深的感谢!

我的博士后导师,中央编译局季正矩教授对本书的出版也十分关注,多次问及出版事宜,并就提高书稿质量和水平、后续研究等问题进行了高屋建瓴的指导。季老师是学术大家,在国际共产主义运动、世界政党、廉政建设等诸多方面著述丰厚。能在季老师指导下从事博士后研究工作,是我的幸运。

感谢我的家人,感谢一直关心和帮助我的师长、朋友、同学、同事,你们的鞭策和期望是我前行的动力。

奋斗无止境,永远在路上!

(本书也是作者参与的黑龙江省教育科学规划重点课题"基于文化自觉的高校青年学生马克思信仰教育研究"的阶段性成果,项目编号:GJB1214012。)

李世辉

2016 年 6 月 18 日　哈工程寓所